AtV

GUDRUN SCHURY, geboren 1959 in München; Studium der Neueren deutschen Literaturwissenschaft und Kunstgeschichte; seit Anfang 2001 freiberufliche Autorin und Dozentin; Mitherausgeberin der *Bamberger Schriften zur Kunst- und Kulturgeschichte*; schreibt für die SZ, die ZEIT, die FR und die *Wiener Zeitung*; lebt in Bamberg.

Publikationen u. a.: *Karl-May-ABC* (1999; zusammen mit Rolf-Bernhard Essig); *Lebensflut. Eine Kulturgeschichte des Blutes* (2001); *Bilderbriefe. Illustrierte Grüße aus drei Jahrhunderten* (2003; zusammen mit Rolf-Bernhard Essig).

Dichterfürst, Olympier, Götterliebling – reichlich pomadig kommt zumeist die Goethe-Literatur daher. Zu schmunzeln, gar zu lachen gibt's da wenig. Anders in Gudrun Schurys handlichem und kurzweiligem Goethe-Abc. Ihr originelles und sorgfältig arrangiertes Alphabet von »Achtundzwanzigster August« bis »Zwischenkieferknochen« erzählt Leben und Werk des Geheimrats neu. Eine amüsante, mit Ironie gewürzte Einführung, bei der auch Kenner des Werks Entdeckungen machen können.

»… allerliebstes Potpourri … entzückendes Goethe-Lesebuch … glänzend die Einträge zu ›Hasig‹, zu ›Otto‹, zu ›Dioskuren‹ und zu ›Nicht Ich‹.«

Süddeutsche Zeitung

»Das ABC ist ein köstlicher Aperitif für Goethe-Freunde und solche, die es werden wollen.«

Fränkischer Tag

Gudrun Schury

Alles über Goethe

*Ein Sammelsurium
von A bis Z*

Aufbau Taschenbuch Verlag

Erweiterte und verbesserte Ausgabe des Reclam-Bandes
»Goethe-ABC«, Leipzig 1997

Dem Meister meiner Lehrjahre, Heinz Gockel

ISBN 3-7466-2182-8

1. Auflage 2005
© Aufbau Taschenbuch Verlag GmbH, Berlin 2005
Umschlaggestaltung Dagmar und Torsten Lemme
unter Verwendung einer Illustration von Hans Traxler
Druck und Binden Druckerei C. H. Beck, Nördlingen
Printed in Germany

www.aufbau-taschenbuch.de

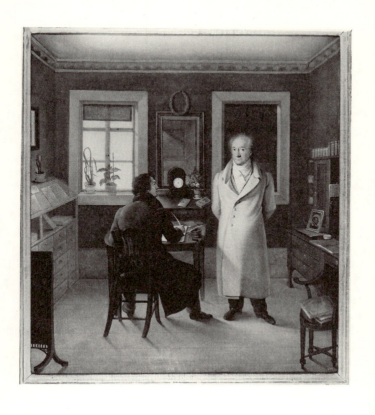

Goethe, seinem Schreiber John diktierend
Ölgemälde von Johann Joseph Schmeller, 1829/31

Inhalt

Achtundzwanzigster August 11
Äugelchen 16
Alecktrüogallonax 17
Amalia 18
Apolda 21
Bibliothek 24
Billett 27
Botschanper oder: Mehr Licht! 28
Busen 29
Camarupa 33
Cervelat 38
Cestius-Pyramide 40
Dauer im Wechsel 42
Dichtung und Wahrheit 43
Dioskuren 44
Durchgebrochen 51
Ehe, dutzendweise 55
Eigenhändig 57
Ein gleiches 61
Ekelnamen 61
Finis 63
Franzosen 64
Freiexemplare 66
Friederike 66
Gartenzwerge 71
Geheimnis 72
Gerührt 75
Gestalt, schwankende 76

Inhalt

Gift und Schlange	78
Ginkgo biloba	80
Größe	81
Halbfußlang	82
Hälfte des Lebens/Hälfte des Erlöses	84
Hasig	87
Hund	90
Hypsistarier	95
Ideal	99
Im Grünen	99
Iste	104
Italien	107
Jour fixe	109
Judenkrämchen	110
Kahnfahrt	112
King Coal	112
Klassisch	113
Koriander	116
Lebensfrage	117
Leipzig	117
Lichtenberg	120
Lieb' ohn' Unterlaß	121
Lob des Lektorats	121
Mahlzeit!	123
Melkvieh	123
Montan	124
Munter (Der Dichter an die Interpreten)	130
Musterstück	130
Nächtige Weile	136
Nicht Ich	147
Nobody	152
Non olet	152
Oder	157
Operosere	160

Inhalt

Otto 160
Paralipomena 165
Philister 170
Prismatisch 170
Prüfung 174
Quark 175
Quecksilber 177
Rechtschreibreform, gewisse Tendenzen der 181
Regelrecht 181
Reim 183
Schade 189
Schibboleth 189
Schöne 190
Sempervivum 190
Späne 191
Spiritus 192
Sportelfrei 196
Teil, heilsamer 199
Tollhaus 200
Trennung 201
Tüchtighaft 206
Übertrieben 210
Unerhört 212
Urinos 214
Urworte 216
Velociferisch 222
Venezianer 223
Volksetümelogisch 224
Von 227
Wer ist welches Tier? 229
Whimsical 229
Whist 232
Xenien 236
Yorick 239

Inhalt

Yo-Yo 241
Zensur 243
Ziemlich klar 243
Zuckererbsen 244
Zwischenkieferknochen 244

Anhang
  Chronik 251
  Literaturverzeichnis 255
  Register
    Personenregister 258
    Register der erwähnten Werke Goethes 266

A

Achtundzwanzigster August

»Libs Bettine-Kind, du fragst mich nach ein umständl. bericht von meine damahlige Wochen. Weis nit obs unzihmlich seyn möcht – jedoch wir Weibßleut muessen sammenhalten u solten kein schaam noch Scheu hegen voreinandt. So hör denn, liebs Kind: Die Nacht von 27 auff 28 August war schon recht kräncklich und elendt zumuth obwol die neun Monath bißher mit vil geduld und gotgebner freüden ertragen. Innerlich danckte Got das er mich so gesundt und starck gemacht bey meiner ersten Schwangerschafft auch mich behuet vor Beschwerlichkeiten, grillen p p. – O mit welcher Emfindung hab ich jeden morgen der seynsollenden Entbindung erwartt – doch Gott der mich bißhieher gebracht wolt auch weiterhelffen! Die Frau Mama war hier seit ich in die Wochen komen bin und hett auch tausendt Anstalten gemacht das mir das Hertz nicht schwer worden. Den gantzen morgen hab vil Leidt ausgestanden von denen Kolicken so eine nach der andern kamen, die liessen mich schier nimmer zu Odem komen. Um die acht stundt kam die WehMutter und die Mägdte brachten den Gebährstuhl; schaut ihn blos an so von ungefehr aber die Mama zeigt den gebrauch davonn, wie ich mich anlehnen solt an dem aufgestelleten Rükkentheile und sie die Küßen hinter mich stopfen wolten und wie ich die hendt an die Griff solt legen und die Füss auff die Fußstüzzen stempen und wo die Wehmutter zu sizzen hett. Ach da war die Beklemtung so gross weil das Kindlein nicht komen wolt und der HErr mich vielleicht in mein erst Wochenbett wolt zu sich nemen – und wenns denn für uns beyde nicht hett seyn sollen! aber ich decht Seyne Wege

Achtundzwanzigster August

sind unerforschlich. Gantz entkräfftet saße da mit Zittern der Pulß fast weg und kalter Schweiß am gantzen Cörpper. Aber der grausamste anblik solt mir erst bevorstehn nemlich wenn die kalten Instrument angelegt worden als da warn die Gerethschafften zum AderLaßen womit sie wolten beschleünigen das Wehgeschäfft und die Haken und die Zang Fortzeps mit denen lange Leffel womit sie wolten mein Kindlein heraußziehn. Wie lang ich mogt gesessen und gegreint haben weiss nicht mehr, und irr geredt vor Quall und bald an die Stubendekke gestarrt und bald auf mein Kleid darunnter Gott wolt entscheiden mein Weh und Freüd. Schlißlich um die Mittags-Stundt mein Schooß konts nicht lenger tragen – – und mit Beyhülfe der guten WehMutter war's geschehen. War kaum bey sinen vor Entkräfftung auch hielten die Leipschmertzen an, und da sah ich mich nach mein Kindlein um und da sagten sie das sies hevorgezogen für todt. Ich glaubt im Elend zu vergehn; doch war alles gescheffig nach hülff und verschiedne Mittel wurden angewendt und O welche Seeligkeit das Söhnlein schepft Odem und ward ins leben zurükk geruffen und drauß vor mein WochenZimmer voller leüte denen stürtzen die Thränen herab. So hatt den Gott eine glükliche Entbindung bescheert, dem Himmel sey Danck ewig. Und ist mein Johann Wolfgang ein gar wolgestalt Söhngen und entzükkend Knab und ein lieber Mensch worden der seyner Mutter immer nur Freüd gebracht.«

Hätte der liebe Mensch seine Mutter nach den ganz genauen Umständen der eigenen Geburt befragt, Catharina Elisabeth Goethe hätte vielleicht auf so einen Brief an Bettine Brentano verwiesen, wie er ihr oben (man verzeihe die Anmaßung) als Pseudo-Paralipomenon zu der letzteren *Briefwechsel mit einem Kinde* untergeschoben ist, um Leserin und Leser auch einmal in die weibliche Seite eines zelebren Lebensbeginns hineinzuversetzen.

Des Sohnes Bericht, mit dem das *Erste Buch* von *Dichtung*

und Wahrheit anhebt, ist sattsam bekannt: »Am 28. August 1749, mittags mit dem Glockenschlage zwölf, kam ich in Frankfurt am Main auf die Welt. Die Konstellation war glücklich; die Sonne stand im Zeichen der Jungfrau, und kulminierte für den Tag; Jupiter und Venus blickten sie freundlich an, Merkur nicht widerwärtig; Saturn und Mars verhielten sich gleichgültig: nur der Mond, der soeben voll ward, übte die Kraft seines Gegenscheins um so mehr, als zugleich seine Planetenstunde eingetreten war. Er widersetzte sich daher meiner Geburt, die nicht eher erfolgen konnte, als bis diese Stunde vorübergegangen. Diese guten Aspekten, welche mir die Astrologen in der Folgezeit sehr hoch anzurechnen wußten, mögen wohl Ursache an meiner Erhaltung gewesen sein: denn durch Ungeschicklichkeit der Hebamme kam ich für tot auf die Welt, und nur durch vielfache Bemühungen brachte man es dahin, daß ich das Licht erblickte.«

Hier geht es nicht um das persönliche Schicksal einer schweren Geburt für Mutter und Sohn, aber auch nicht um ein astrologisch eindeutiges Horoskop (»das Jahr der Geburt eines jeden enthält ... eigentlich das wahre Nativitätsprognostikon, mehr in dem Zusammentreffen irdischer Dinge als im Aufeinanderwirken himmlischer Gestirne«, heißt es in der *Geschichte der Farbenlehre*); hier ist sich das Leben von der ersten Stunde an selbst Symbol. Mit dem Bild der Sterne, unter deren Einfluß man zur Welt komme, huldigt Goethe mythischen Vorstellungen von der Bestimmung des Menschen, wie sie auch seinen morphologischen Betrachtungen über Natur und Welt zugrunde liegen. Ähnlich antiker Überlieferung waltet für ihn ein individueller Genius seit dem Moment der Zeugung über eines jeden Schicksal, und jeder Mensch steht von Anfang an unter dem Gesetz der allem innewohnenden notwendigen Formkraft der Natur, die seinen Charakter prägt. Die *Urworte. Orphisch* mit ihrer *Dämon* überschriebenen ersten Strophe (von Goethe selbst als »Individualität, Charakter«

übersetzt) formulieren den gleichen Gedanken, der den Anfang der Autobiographie bildet, weit weniger lakonisch:

> Wie an dem Tag, der dich der Welt verliehen,
> Die Sonne stand zum Gruße der Planeten,
> Bist alsobald und fort und fort gediehen
> Nach dem Gesetz, wonach du angetreten.
> So mußt du sein, dir kannst du nicht entfliehen,
> So sagten schon Sibyllen, so Propheten;
> Und keine Zeit und keine Macht zerstückelt
> Geprägte Form, die lebend sich entwickelt.

Und noch ein zweites Gedicht gibt es, das diesen Gedanken ausspricht. Er ist verborgen in Zeilen, die inzwischen vor lauter fideler Zitierbarkeit jeglichen Sinns zu entbehren scheinen und die überdies das Schicksal so vieler Zitate teilen, deren Gedächtnisquelle nach den ersten drei Zeilen versiegt, bei Unterschlagung der eigentlichen zweiten Zeile, versteht sich:

> Vom Vater hab' ich die Statur,
> Des Lebens ernstes Führen,
> Von Mütterchen die Frohnatur
> Und Lust zu fabulieren.
> Urahnherr war der Schönsten hold,
> das spukt so hin und wieder,
> Urahnfrau liebte Schmuck und Gold,
> das zuckt wohl durch die Glieder.
> Sind nun die Elemente nicht
> Aus dem Komplex zu trennen,
> Was ist denn an dem ganzen Wicht
> Original zu nennen?

Die Verehrung des persönlichen Genius hat ihren natürlichen Zeitpunkt an dem »Tag, der dich der Welt verliehen«.

Achtundzwanzigster August

Aus diesem Grunde, und vielleicht auch, weil gebürtigen Protestanten die Feier des Wiegenfestes weit näherliegt als den Katholiken mit ihrer Hervorhebung der Namensheiligen, waren seine Geburtstage für Goethe stets wichtige Daten. (Man vergleiche die große Bedeutung dieser Anlässe in seinen *Wahlverwandtschaften*!) Am 28. August 1768 verläßt Goethe Leipzig, am 28.8.1771 stellt er den Antrag an den Frankfurter Magistrat auf Zulassung als Advokat, die Flucht nach Italien will er zu diesem Zeitpunkt im August 1786 bewerkstelligen, wichtige Werkredaktionen, Übersichtspläne und Studien werden auf die Geburtstage gelegt, und nicht wie andere Dichter meidet er scheu den Rummel um seine Person, sondern läßt sich feiern: am 28.8.1781 durch ein für ihn erfundenes Schattenspiel im Tiefurter Park, am 28.8.1819 durch die Ehrenmitgliedschaft in der »Gesellschaft für ältere deutsche Geschichtskunde«, am 28.8.1823 durch die Textsammlung *Goethe in den wohlwollenden Zeugnissen der Mitlebenden*, am 28.8.1827 durch den Besuch König Ludwigs I., am 28.8.1828 in Dornburg durch festlich gesonnene Gäste, auch die Übersendung von Kränzen und ausgesucht schönen Früchten, am 28.8.1831 durch die Huldigungsadresse von 15 englischen Verehrern. (*Den funfzehn englischen Freunden* ist denn auch ein Dankgedicht, *Weimar, 28. August 1831*, gewidmet: »Worte, die der Dichter spricht, / […] Wirken gleich, doch weiß er nicht, / Ob sie in die Ferne wirken. / Briten! habt sie aufgefaßt«.)

Auch einer der Briefe der *Campagne in Frankreich* datiert vom 28.8. (»So wunderlich tagte mir diesmal mein Geburtstagsfest«), daneben ein fiktiver aus den *Leiden des jungen Werthers*; er verrät mit seinen Worten »Heute ist mein Geburtstag« etwas von der Wahlverwandtschaft zwischen Autor und Held. Wohlweislich nicht erwähnt wird dagegen der Geburtstag des Mannes, der für den Albert aus dem *Werther* Porträt saß: Johann Georg Christian Kestner hatte wie Goethe am 28. August Geburtstag. Buchenswert war da schon eher die Tatsache, daß

Achtundzwanzigster August

Charlotte von Stein und Goethes Sohn am gleichen Tag feierten (»Daß du zugleich mit dem heil'gen Christ / An diesem Tage geboren bist, / Und August auch, der werte, schlanke, / Dafür ich Gott im Herzen danke.«).

Sicher hat Goethe unzählige Male Huldigungsverse, Gratulationsbriefe und Kinderzettelchen zu seinen Geburtstagsfeiern erhalten. Bezeichnend aber ist, daß er sich an solchen Tagen mitunter selbst historisch wurde und seiner selbst gedachte. Das Gedicht, das *Am acht und zwanzigsten August 1826* betitelt ist, thematisiert eine jener melancholischen Feiertagsstimmungen – »Des Menschen Tage sind verflochten, / Die schönsten Güter angefochten, / Es trübt sich auch der freyste Blick; / Du wandelst einsam und verdrossen, / Der Tag verschwindet ungenossen / In abgesondertem Geschick.« Die Befreiung aus den Banden der Melancholie naht indes in Gestalt teilnehmender Freunde, des Tages Antlitz vermag sich aufzuklären, der Blick gewinnt die Heiterkeit zurück, der Festtag hat neuen Sinn erhalten – »Wohlwollen unsrer Zeitgenossen / Das bleibt zuletzt erprobtes Glück.«

Äugelchen

Ob Partnerbörse im Internet, Singleparty im Club oder Herzblattshow im Fernsehen: Mit dem Zauberwort »Flirt« läßt sich gut verdienen. Goethe hätte dafür nichts ausgegeben, ja er hätte das erst sechzig Jahre nach seinem Tod von den Briten importierte Lehnwort gar nicht verstanden; für ihn hätte es lauten müssen »Äugelchen machen«.

Zwischen ihm und Christiane Vulpius gehörte es zum neckenden Liebeston, den anderen nach attraktiven Blicktauschern auszuforschen und mit solchen »Äugelchen« aufzuziehen. Während Mamsell Vulpius ihren Liebsten ermahnte, nicht so viel »Äuglichen« zu machen, und beichtete, daß »ein Äuglichen« sie »zum Picknik eingeladen« habe oder es so viele »Äuglichen« gebe, »dass man sich nicht zu retten weiß«, beteuerte ihr reisefreudiger Lebensgefährte aus Frankfurt: »Äugelchen hat es gar nicht gesetzt«, oder erhob auch schon einmal den Zeigefinger Richtung Bad Lauchstädt, wo sein Bettschatz zur Kur weilte: »Mit den Äugelchen geht es, mercke ich, ein wenig starck, nimm dich nur in Acht daß keine Augen daraus werden.«

Alecktrüogallonax

Hier war es, wo Goethe Anfang September 1780 über allen Gipfeln weilte (die Vögelein schwiegen im Walde) und jenes Gedicht, das er 35 Jahre später als *Ein gleiches* neben *Wandrers Nachtlied* rückte, an die Bretterwand seines Nachtlagers schrieb. Der Name des Berges, welchen er lieber so – »in einer klingernden Sprache« – wiedergab (an Charlotte von Stein, 6. 9. 1780), lautet eigentlich und also auf deutsch: Kickelhahn.

Goethe hat offenbar das doppelte Hühnchen aus umgangssprachlichem »Kickel-« und hochdeutschem »-hahn« in ein griechisch-lateinisches Kunstwort verwandelt, indem er zum griechischen »alektryon« für Hahn das lateinische Wort »gallus« fügte und das Kompositum mittels eines Fugenelements »-n-« und einer gräzisierenden Endung »-ax« zusammenband. Daß er mit dem Wortausklang auf Naxos anspielte, die dem Dionysos geweihte Insel, auf der Theseus seine Ariadne zurückließ, muß als reine Spekulation verworfen werden.

Amalia

Erster Grad: Einweihung. Der Lehrling.

Eine »angesehne wohlgegründete Freimaurerloge« habe im Frankfurt des Jahres 1775 versucht, »auf schickliche Weise seine Annäherung einzuleiten«, erinnert sich Goethe. Aber »aus einem Unabhängigkeitsgefühl« heraus, welches ihm »später als Verrücktheit erschien, lehnte« er »jede nähere Verknüpfung ab«. Goethe wäre zu dieser Zeit ein ungewöhnlich junger Freimaurer gewesen; die meisten Logen erwarteten eine gewisse Reife von ihren Lehrlingen. Erst in Weimar wandelt sich Goethes verrückter Freiheitsdrang, und er bittet, sich dem Männerbund anschließen zu dürfen. Am 23. 6. 1780 wird er in die Loge »Amalia« aufgenommen; sie huldigt mit ihrem Namen der Herzoginmutter. Die Damenhandschuhe, welche er laut Initiationsritus für die »seinem Herzen am nächsten stehende Frau« erhält, sendet er an Charlotte von Stein.

Zweiter Grad: Lehrbrief. Der Geselle.

Genau ein Jahr später wird der masonische Neophyt in Weimar zum Gesellen befördert. Nun obliegt ihm die Anwendung der während des ersten Grades erfahrenen symbolischen Inhalte für die Gemeinschaft. War der unbehauene Stein Goethes Lehrlingszeichen, so erhält er als Geselle den bearbeiteten, mauerbaren Stein. Gewisse Lebensregeln werden ihm bei diesem Ritual mit auf den Weg gegeben.

»Nicht lange konnte er nachdenken« – er, Wilhelm, allein im geheimnisvollen Gemach des alten Turms vor dem an Altares statt stehenden profan-heiligen Tisch –, »als der Abbé hervortrat und sich hinter den grünen Tisch stellte. ›Treten Sie herbei!‹ rief er seinem verwunderten Freunde zu. Er trat herbei und stieg die Stufen hinan. Auf dem Teppiche lag eine kleine Rolle. ›Hier ist Ihr Lehrbrief‹, sagte der Abbé«. Die Turmgesellschaft, welche Wilhelm Meister eine sporadische, unsichtbare und mysteriöse Leitung angedeihen läßt, gibt sich endlich zu erkennen: »Wir können Sie nun so sicher als den Unsern ansehen, daß es unbillig wäre, wenn wir Sie nicht tiefer in unsere Geheimnisse einführten. Es ist gut, daß der Mensch, der erst in die Welt tritt, viel von sich halte, daß er sich viele Vorzüge zu erwerben denke, daß er alles möglich zu machen suche; aber wenn seine Bildung auf einem gewissen Grade steht, dann ist es vorteilhaft, wenn er sich in einer größern Masse verlieren lernt, wenn er lernt, um anderer willen zu leben und seiner selbst in einer pflichtmäßigen Tätigkeit zu vergessen. Da lernt er erst sich selbst kennen«. Diese Worte Jarnos hätten in einem Maurertempel gesprochen werden können. Die Schlüsselbegriffe »Geheimnisse«, »einführen«, »Grad«, »um anderer willen«, »pflichtmäßige Tätigkeit« und »sich selbst kennen« sind auch Schlüsselbegriffe der Königlichen Kunst. Und der maximenreiche Lehrbrief, den Wilhelm in jener Prozedur erhält, entspricht so sehr alten Steinmetzbräuchen und damit freimaurerischem Denken, daß manche Logen ihn nach Erscheinen des *Wilhelm Meister* in das Ritual des II. Grades aufnahmen, in dessen Verlauf er den neuen Gesellen vorgelesen wurde.

Dritter Grad: Symbolum. Der Meister.
Auf eigenen Antrag wird Goethe am 2.3.1782 zum Meister der Amalien-Loge erhoben. Er wolle sich »dem Wesentlichen mehr nähern« und qualifiziere sich auch für diesen Aufstieg: »Die Bemühungen die ich mir bisher in nüzlichen Ordenskenntnissen gegeben, haben mich vielleicht nicht ganz eines solchen Grades unwürdig gelassen« (an Jacob Friedrich von Fritsch, 31.3.1781). Die Kenntnisse hatte er wohl, allein es mangelte an Ordensdisziplin; trotz regelrechten Durchwanderns der Grade blieb Goethe den »Arbeiten« (Zusammenkünften) oft fern. Kurz nach seiner Meistererhebung (und Herzog Carl Augusts Aufnahme) zerfiel die Weimarer Loge sogar, wurde aber durch Goethes Initiative im Juni 1808 wiedereröffnet.

Amalia

Eines ihrer ersten prominenten Mitglieder war jetzt Christoph Martin Wieland. Bei dessen Tod 1813 entstand Goethes Rede *Zu brüderlichem Andenken Wielands*, in der er den Dichter als »vollkommenstes Zeugnis« der freimaurerischen Gesellschaft Weimars bezeichnet. Zu deren Ruhm trug auch der Jüngere bei, indem er seinem Orden die Logenlieder *Verschwiegenheit, Gegentoast der Schwestern, Trauerloge, Dank des Sängers* sowie das dreiteilige *Zur Logenfeier des dritten Septembers 1825* widmete. Als heimliche Logenhymne gilt das geheimnisvollste aus diesem Werkkreis, sein Gedicht *Symbolum*, welches zum Fest der Aufnahme August von Goethes in die »Amalia« entstand. Parallel zum Beginn des *Gesangs der Geister über den Wassern* (»Des Menschen Seele / Gleicht dem Wasser«) hebt das sechsstrophige Werk an: »Des Maurers Wandeln / Es gleicht dem Leben, / Und sein Bestreben / Es gleicht dem Handeln / Der Menschen auf Erden.« Schrittweise verfolgt es die Grade der Unterweisung auf dem Weg durch Schrecken und Gefahr hin zu immer größerer Klarheit, wobei es einen verblüffend passenden Seitentext zu Paminas und Taminos Weg im 28. Auftritt des zweiten *Zauberflöten*-Akts abgibt. Dem Uneingeweihten spricht es von »Hüllen«, »Gräbern«, »Kronen«, dem Wissenden von freimaurerischen Zeichen und Zeremonien. Der Titel zitiert eine zentrale masonische und gleichzeitig eine zentrale Goethische Vokabel – in nuce seine Theorie vom Allgemeinen im Besonderen.

Der Meistergrad ist der transzendierende Abschluß der freimaurerischen Unterweisung, getragen von den fünf Meistertugenden: Weisheit des Herzens, Wahrheit in Worten, Vorsicht im Handeln, Unerschrockenheit bei unvermeidlichen Übeln, unermüdlicher Eifer in Bewirkung des Guten. Solch ein Meister ist Wilhelm geworden, freilich kein Freimaurer im abbildenden Sinne, sondern Angehöriger eines im Wandel begriffenen Humanitätsbundes, dessen sanfter Führung er Ausweg und Gewinn aus seinen Irrungen verdankt. Die Eroberung von Bildung, Menschlichkeit und Liebeserkenntnis konnte in der schrittweisen Annäherung an die Turmgesellschaft am besten ausgedrückt werden; ihr schuldet der Held das »Glück, das er nicht verdient, und das er mit nichts in der Welt vertauschen möchte« (Wilhelm Meisters Schlußsatz der *Lehrjahre*). Eine Steigerung dieser Lebensbildung ist nur noch außerhalb des Bundes möglich – in Form von Pilgrimschaft. »In diesen stillen Mauern lernt der Mensch sich selbst und sein Innerstes erforschen. Er bereitet sich vor, die Stimme der Götter zu vernehmen; aber die erhabene Sprache der Natur, die Töne der bedürftigen Menschheit lernt nur der Wandrer kennen, der auf den weiten Gefilden der Erde umherschweift.« Die Rede ist nicht von *Wilhelm Meisters Wanderjahren*, es ist Sarastro, Vorsteher des »brüderlichen Ordens, / Der, still in sich gekehrt, die Weisheit lehrt und lernt« aus Goethes *Zauberflöten*-Fortsetzung, welcher von Tamino spricht. Ziel der Meister-Wanderschaften sind gelebte Utopien, in den *Wanderjahren* wie in der zweiten *Zauberflöte* wie im Fragment *Die Geheimnisse*, das Freimaurer bis heute als Schlüsselepos betrachten. Dort soll es einem weisen Pilger gelingen, im Geiste des heiligen Humanus aus allen Weltreligionen das Beste zu einem universalistischen und toleranten Rosenkreuzer-Bund der »Demut, Ergebenheit, treuen Tätigkeit im frommen Kreise« zusammenzufassen. Ort dieser Utopie sollte nach Goethes Auskunft »eine Art ideeller Montserrat« sein; die endgültige Darstellung dieses heiligen Anachoreten-Berges aber wagt erst das späteste Großwerk Goethes – in seiner letzten Szene.

Apolda

Nach dem Mythos, wie ihn beispielsweise Euripides überliefert, hauste auf der Halbinsel Krim einst das barbarische Skythenvolk der Taurier, das seinen Göttern Menschenopfer

Apolda

darbrachte. Dieses Volkes Heimat wird Goethe zur Insel machen und »Tauris« nennen, seine blutrünstigen Gebräuche wird er abschaffen, seinem Herrscher wird er zum Humanum der Aufklärung verhelfen.

Apolda ist eine kleine Stadt, 15 km von Weimar in nordöstlicher Richtung gelegen; im Jahre 1779 zählte sie ca. 3 000 Einwohner. Apolda ist nicht Tauris, es liegt gegenüber, am barbarischen Ufer.

Auf seiner Reise ins Thüringische war Goethe, nachdem er die Dornburger Schlösser besucht hatte, am 5. März 1779 auch in Apolda abgestiegen. Als Vorsitzender der Kriegskommission hatte er dort die Rekrutenaushebung zu betreuen. Was ihn aber innerlich umtrieb, beschrieb er kurz darauf dem Herzog Carl August damit, er »koche an seinem Töchtergen« (8.3. 1779). Das Leib-Gericht hieß *Iphigenie*. Mit dem 14. Februar 1779 hatte das Diktat an dem Schauspiel begonnen, und das Tagebuch vom 28. März desselben Jahres verzeichnet: »Abends: Iphigenie geendigt.« Noch herrscht nicht die poetische Muße Italiens, wo Goethe sieben Jahre später dem grob gewandeten Prosatöchterchen das klassische Kleid des Blankverses überstreifen wird; die sechs Wochen zwischen Beginn und Schluß der ersten Niederschrift sind dem Alltag abgetrotzt: »So ganz ohne Sammlung, nur den einen Fus im Steigriemen des Dichter Hippogryphs, wills sehr schwer seyn etwas zu bringen das nicht ganz mit Glanzleinwand Lumpen gekleidet sey.« (An Charlotte von Stein, 14.2.1779) Mitten im Getriebe Apoldas, »indess die Pursche« zum Zwecke der Soldatwerdung »gemessen und besichtigt werden« (an Carl August, 8.3.1779), soll die jungfräuliche Priesterin der Artemis ein großes Wort gelassen aussprechen! Apolda wird zu Antitauris: »Hier will das Drama gar nicht fort, es ist verflucht, der König von Tauris soll reden als wenn kein Strumpfwürcker in Apolde hungerte.« (An Charlotte von Stein, 6.3.1779)

Seit 1593 der gestrickte Strumpf als Wadenwärmer etabliert

worden war, hatte sich Apolda der Unterschenkelbekleidung verschrieben. Zunächst handelte man mit handgefertigten Artikeln, ab 1690 mit den Produkten mechanischer Erzeugung. Im Jahre 1771 sind 740 Wirkerstühle in Betrieb, die jährlich über 600000 Paar Strümpfe fertigstellen. Die Prosperität des Städtchens nimmt jedoch ein Ende, als die Ware infolge des Bayerischen Erbfolgekrieges den wichtigen Absatzmarkt Österreich verliert. Genau das hat Goethe in Apolda gesehen, bevor er jene »tiefen, unvergesslichen Worte« äußerte (»von allen, die Goethe gesprochen, trägt ihm vielleicht kein anderes größere Ehre ein«, meinte Charles du Bos in seiner Rede zum 100. Todestag Goethes mit dem Titel *Der König von Tauris und die Strumpfwirker von Apolda*). Aber hat Goethe wirklich das Elend der Handwerker verflucht? Ist ihm etwa dieser philanthropische Heiligenschein zu Unrecht aufgesetzt? Hat er nicht einfach nur gemurrt, seinen Thoas-Passagen zuliebe hätten die thüringischen Stricker gefälligst auf das Hungern verzichten sollen?

Verwünscht hat Goethe nicht die Ruhestörung durch proletarisches Magenknurren und nicht die Lebensfremdheit des Dichtens. Beklagt hat er die Dichotomie von Apolda und Tauris, von Real und Ideal, von Gegenwart und Gegenwelt, die er selbst am besten beschrieb, indem er viele Jahre später seine *Iphigenie* Schiller gegenüber mit einem Oxymoron charakterisierte als »ganz verteufelt human« (19. 1. 1802).

B

Bibliothek

Kinder- und Haus-Märchen der Gebrüder Grimm (nur zweiter Band, erster verschwunden) *** J. P. Eckermann: Gedichte, Hannover 1821, und Heinrich Heine: Reisebilder, Hamburg 1826 (mit handschriftlichen Widmungen der Verfasser) *** Klopstocks Oden, Hamburg 1771 *** Knospenblätter im Sturm (Seidenüberzug, Goldprägung) *** Carl Lauter: Prinz Hugo. Trauerspiel in 5 Akten, Berlin 1831 (dazu im Tagebuch, 1.3.1832: »Trauerspiel: Prinz Hugo von Carl Lauter. Was für wunderliches Zeug in den Köpfen der jungen Leute spukt; wenn sie doch nur im Theater sitzend lernten, was da droben geht und nicht geht.« Auf dem Vorsatz Besitzervermerk: »Wolfgang von Goethe. Geschenk d. Apapas«) *** Friedrich von Schillers sämmtliche Werke, Cotta'sche Buchhandlung 1818 *** Religion. Ein Gedicht in 2 Gesängen von Chr. Schreiber (unaufgeschnitten; mit Exlibris) *** C. A. Vulpius: Der Sicilianer. Ein Roman. Von d. Verf. d. Rinaldini, 1803 *** K. L. Kannegiesser: Ueber Goethe's Harzreise im Winter als Probe einer Erklärung auserlesener deutscher Gedichte (mit eigenhändiger Strophenzählung) *** Der Diwan von Mohammed Schemseddin-Hafis. Aus d. Persischen ... v. Joseph v. Hammer-Purgstall (zahlreiche Bleistift- und Rötelanstreichungen; handschriftliche Korrekturen; 3 chiffrierte Briefe Marianne von Willemers eingeklebt) *** Die Koenigl. Saechs. Gemaelde-Galerie in Dresden (eigenhändige Marginalien, z. B. S. 131: »Dümmer als dumm«; S. 132: »Höchstgeistreich«; S. 138: »Köstlich«; S. 140: »Liebenswürdig« [gestrichen, ersetzt durch] »Trefflich«; S. 169: »Gipfel eines grosen Talentes«;

S. 181: »Faltenreich«) *** Della Pittura Veneziana, Venezia 1771 (628 Seiten; zahlreiche Marginalien, z. B. S. 29: »bellissimo«; S. 67: »molto bello«; S. 86: »vi sono«) *** Albrecht Dürers Christlich-mythologische Handzeichnungen (Geschenk Friedrich Heinrich Jacobis; an denselben, 7. 3. 1808: »Man hätte mir soviel Dukaten schenken können, als nötig sind die Platten zuzudecken, und das Gold hätte mir nicht so viel Vergnügen gemacht als diese Werke.«) *** Francesco Valentini: Trattato su la commedia dell'arte, Berlino 1826 (»... wurde ... so lebhaft benutzt daß es dem Buchbinder zu übergeben war um solches zu retten.« An M. v. Willemer, 19. 4. 1830) *** Herzog Carl August: Verordnung gegen frühzeitiges Heyrathen junger leichtsinniger und unverständiger Mannspersonen. Weimar, 13. Dec. 1797 *** NACHRICHTEN vom Schwarzen Wurm und der Wurmtrockniß in den Fichten oder Rothtannen, 1782 *** Kants Critik der Urtheilskraft (Bleistiftanstreichungen, z. B. längs des äußeren Randes von S. 412: »Gefühl von Menschen-Würde objectivirt = Gott«) *** Gesetze für die gerechte und vollkommne Freymaurer-Loge Amalia zu Weimar. Genehmigt darinne d. 19. Jun. 1810. Als Ms. f. Brüder-Mitglieder (55 Seiten) *** F. L. Walther: Von Menschenfressenden Völkern und Menschenopfern, Hof 1785 *** Gesamt- und 14 Kreiskarten des Königreichs Böhmen (mit angeklebten, herausragenden Papierstreifen, die Numerierungen tragen) *** Mitgliederliste des Vereins für Blumistik und Gartenanlagen in Weimar 1829 (2 Blätter) *** Aloysi Galvani Abhandlung über die Kräfte der thierischen Elektrizität auf die Bewegung der Muskeln (gekauft bei Hoffmann, Weimar, 8. 2. 1793; eigenhändiger Rückentitel) *** Ueber das Wesen und die Bedeutung der Exantheme, Jena 1812 (auf der hinteren Umschlaginnenseite, eigenhändig: »Frage. Man sagt den Kindern die Warzen entstehen, wenn Kinder in dem Wasser mantschen woraus die Hühner saufen. Ist dies blos ein pädagogischer Spas ... oder ist was dahinter?«) *** S. T. Soemmerring: Über die körperliche Verschiedenheit des Mohren vom Europäer, Mainz 1784 (32 Seiten; mit zahlreichen Rötelstrichen auf den Seiten 5 und 7–11) *** C. F. Wolff: Über die Bildung des Darmkanals im bebrüteten Hühnchen, Halle 1812 (Kauf am 17.12.1816; Exlibris) *** Regeln für den Gebrauch der Gesundbrunnen und Heilbäder in Marienbad *** Allgemeines KÜCHENLEXIKON für Frauenzimmer, welche ihre Küche selbst besorgen ... (nur Teil A–K) *** Vollkommene und neueste Tranchier-Kunst ... Alles auf das deutlichste nach gedoppelter Art beschrieben u. in Figuren vorgestellt (Broschur, beschnitten) *** J. F. Westrumb: Bemerkungen und Vorschläge für Branntweinbrenner, Hannover 1793 (Kauf Dezember 1794) *** Verzeichnis von Galanterie-, Kunst-, feinen Holz-, Spiel- u. a. nützlichen Waaren, so zu finden bey Johann Valentin Albert ... in Frankfurt a. M. (Seiten 1–4 herausgeschnitten) *** Der EISLAUF oder das Schrittschuhfahren, e. Taschenbuch f. Jung u. Alt, Nürnberg 1825 *** Die Kunst, dem Frauenzimmer zu gefallen und in der Liebe glücklich zu sein. Ein Buch voll treffender Wahrheiten von Ninon de Lenclos [= Pseudonym], Leipzig 1790 (in rohen, einmal gefalzten Bogen).

Dies ist eine winzige Auswahl aus den 5424 Titeln der Goetheschen Bibliothek. 1958 hat Hans Ruppert erstmals einen Katalog dieser Büchersammlung herausgegeben, der auch die obengenannten Bemerkungen zu Bearbeitungsspuren, Goethes Exlibris oder den Daten der Bücherkäufe enthält. Besonders auffallend ist die Zusammensetzung der Werke nach ihren Sachgebieten: Während die deutsche, altgriechische, lateinische, englische, französische, italienische, spanische, portugiesische, skandinavische, tschechische, litauische, polnische, russische, serbische, neugriechische, ungarische, orientalische und indische Literatur mit insgesamt 1223 Titeln vertreten ist, umfassen die Sparten Archäologie und Kunst allein 615 Werke, die Naturwissenschaften sogar 1138.

Goethes Interessen lassen sich an seiner Bibliothek ablesen wie Pflanzengattungen an ihren Blättern und Blüten. Freilich stehen dabei Seit an Seite mit oft gebrauchten Büchern wie *Herrn Marat ... Entdeckungen über das Licht* auch viele (oft noch nicht einmal aufgeschnittene) Exemplare neophytischer Poetenergießungen, die mit ebenso schüchterner wie hoffnungsvoller Hand »Sr. Excellenz dem Herrn Geheimrath von Göthe« zugeeignet sind, der sie aufs Brett stellte und vergaß. Manchmal brauchte der Geheimrat allerdings eine Aufmerksamkeit für den Enkel Walther und geruhte, sich solch eines unwillkommenen Büchervermächtnisses zu erinnern. So ist es zu erklären, daß gelegentlich auf dem Vorsatzblatt eines Mitglieds der Bücherfamilie vom Frauenplan Walther von Goethes Besitzervermerk prangt: »Geschenk vom Apapa«.

Billett

»Fasse dich kurz!« mahnten Aufkleber in der Prä-Handy-Epoche des Telefons dessen Benutzer, auf daß die Bakelitmuschel fürs nächste Ohr frei würde. Einem solcherart folgsamen Telefonat entsprach zu Goethes Zeit das Billett. Konnte eine Botschaft nicht vom Hausangestellten mündlich übermittelt werden, weil sie zu persönlich oder der Weg zum Empfänger zu weit war, so bediente man sich des kleinen, von Haus zu Haus expedierten Zettels.

Wie derzeit Fahrradkuriere die Großstädte windschnittig durchsausen, waren damals Botenjungen per pedes oder equum unterwegs. Und wie es heute oft vorkommt, daß der Freund ein paarmal hintereinander angerufen wird oder die Freundin jeden Tag ihren Gutenmorgenkuß via Hörer erhält, wurden auch damals in Weimar bisweilen mehrere solcher Billets in Folge auf den Weg gebracht.

»In Hoffnung daß du gut geschlafen hast, hab ich meine

Götter freundlich gegrüst. Sag mir wie du dich befindest, und daß du mir gewogen bist. d. 17. Jan. 82. G.«

»Die versprochene Birn schick ich dir mit einem Morgengruse, und bitte um Nachricht wie du geschlafen hast. Ich frage bald selbst. d. 18. Jan. 82. G.«

»Sag mir Liebe daß du wohl geschlafen hast und wohl bist, damit mir auch wieder wohl werde. d. 19. Jan. 82. G.«

»[Ebenfalls 19. Januar] Wie freut es mich von dir zu hören daß du besser bist. Das ist besser als alle Redouten. Unsre Possen sind gut gegangen und haben gefallen. Ich komme bald hinüber. Adieu. G.«

Botschanper oder: Mehr Licht!

Schenkt man den Erinnerungen an Goethes Hinscheiden Glauben, so war es von stiller Größe: »… um 11 Uhr hatte sein hoher Geist das Irdische verlassen, indem der geliebte sichtliche Körper vor unseren Augen in edler Haltung fortzuschlummern schien«, so formuliert es Eckermann. Weit possierlicher fällt die Szene aus, wie sie Frauen wie Louise Seidler und Pauline von Hase überliefern: Goethe habe während der letzten Stunde die Schwiegertochter Ottilie um sich gehabt, habe mit ihr noch eine Mappe durchgesehen »und wollte Farbphänomene mit ihr versuchen«, schließlich sei er mehr und mehr verstummt, habe aber zuletzt, an Ottilie gewendet, noch gesagt: »Nun, Frauenzimmerchen, gib mir dein gutes Pfötchen!« Ganz andere letzte Worte wurden der Nachwelt von Oberbaudirektor Coudray bewahrt, daß nämlich der Sterbende dem Diener Friedrich Krause zugerufen habe: »Mach doch den Fensterladen im Schlafgemach auf, damit mehr Licht herein komme.«

Manchmal erscheint es opportun, im Prozeß der Literaturgeschichte einen Zeitzeugen zu befragen. Schließlich muß der gute Krause ja selbst gehört haben, was ihm der matte Greis auftrug: »Es ist wahr, daß er meinen Namen zuletzt gesagt hat, aber nicht um die Fensterladen auf zu machen, sondern er verlangte zuletzt den Botschanper [pot de chambre, Nachttopf], und den nahm er noch selbst und hielt denselben so fest an sich, bis er verschied.«

Busen

Es waren einmal vier Dichter. Der erste ward kaum gesehen, denn stets jagte er auf Pegasus' Rücken durch unendliche Weiten nach den Wolkengebilden seiner Phantasie; lockige Knäblein mit Flügeln an den rundlichen Schultern und zarte Nebelgeschöpfe, die ihn umschwebten, suchte er langfingrig zu erhaschen. Der zweite saß, Kinn und Wange in die Hand geschmiegt, tagein, tagaus träumerisch am Tische, bis er, von einem langen Musenkuß erwachend, aufs Papier hin sich ergoß. Der dritte stand hinter seinem Schreibpult am offenen Fenster, durch das in schicklichen Abständen Hände mit gefülltem Beutel sich schoben, um sogleich mit zierlich beschriebenem Papier, das sie dem Schreiber unter der Feder wegzogen, wieder zu verschwinden. Der vierte hieß Goethe, und der sprach am 18. September 1823 zu seinem Eckermann: »Die Welt ist so groß und reich und das Leben so mannigfaltig, daß es an Anlässen zu Gedichten nie fehlen wird. Aber es müssen alles Gelegenheitsgedichte sein, das heißt, die Wirklichkeit muß die Veranlassung und den Stoff dazu hergeben. Allgemein und poetisch wird ein spezieller Fall eben dadurch, daß ihn der D i c h t e r behandelt. Alle meine Gedichte sind Gelegenheitsgedichte, sie sind durch die Wirklichkeit angeregt und haben darin Grund und Boden. Von Gedichten, aus der Luft gegriffen, halte ich nichts.«

Gleich mehrfach korrigiert Goethe hier herkömmliche Vorstellungen vom Dichten. Mit der provokativen Kennzeichnung seiner gesamten lyrischen Produktion als »Gelegenheitsgedichte« wertet er die seinerzeit schon verpönte Allerweltsgattung der Casualcarmina auf, die man zu Taufen, Hochzeiten, Geburtstagen, Leichenbegängnissen oder Jubiläen verfertigte. Zudem weist er damit eine Unterscheidung in »niedrige«, also zweckorientierte, abhängige, triviale, Lyrik und in »hohe«, also freie, unabhängige, kunstvolle, Lyrik von sich. Schließlich entwickelt er ein eigenes poetologisches System, nach dem das Gegenwarts- und Gegenstandsprinzip, die Verbindlichkeit und der öffentliche Charakter der Gelegenheitsgedichte auf sein eigenes Werk anzuwenden seien.

Wenn Goethe von den »Anlässen zu Gedichten« spricht, so hat er dabei die Vorstellung von der Göttin Gelegenheit im Kopf; es bedarf des beherzten Zugriffs auf den Schopf der Occasio, um einem Stoff dichterisch Gestalt zu verleihen. So ein Anlaß kann der Besuch der französischen Kaiserin in Karlsbad sein, oder er kann die Trennung von einer Geliebten, kann das am Morgen abgelesene Barometer, kann der Sonnenaufgang über Dornburg oder die Neuauflage eines frühen Werkes sein. »Was von meinen Arbeiten durchaus und so auch von den kleineren Gedichten gilt«, so erklärt der Autor anläßlich seiner *Harzreise im Winter*, »ist, daß sie alle, durch mehr oder minder bedeutende Gelegenheit aufgeregt, im unmittelbaren Anschauen irgendeines Gegenstandes verfaßt worden, deshalb sie sich nicht gleichen, darin jedoch übereinkommen, daß bei besondern äußern, oft gewöhnlichen Umständen ein Allgemeines, Inneres, Höheres dem Dichter vorschwebte.«

Durchaus gelte das Gelegenheitsprinzip von seinen Arbeiten, und alle seine Gedichte verdankten sich ihm: Diese absolut formulierte Selbstbestimmung eines Dichters gilt es schon ernst zu nehmen. Scheinbar auch den höchsten lyrischen Ausdruck des nahezu Unsagbaren in die niederen Sphären des Bei-Gelegenheit herabziehend, hebt Goethe vielmehr die in seinen Augen längst obsolet gewordene Scheidung in Tagesware und

Ewigkeitswerk auf. Der Liebeslyrik und dem Philosophischen gesellen sich auf diese Weise selbstverständlich all seine Stammbuchblätter, *Dankbaren Erwiderungen*, Geburtstagsgrüße und Zettelchen *Mit einem gemalten Bande* oder *In eine Sammlung künstlich ausgeschnittener Landschaften*. Ganz eng verknüpfen sich bei ihnen Gabe und Gedicht:

> An Frau von Willemer mit einem buntgestickten Kissen.
> Weimar, den 24. October 1826.
>
> Nicht soll's von Ihrer Seite kommen,
> Sobald es einmal Platz genommen;
> Mich denkend sieh es freundlich an;
> Mich liebend lehne dich daran.

Die luftige Machart vieler Gelegenheitsgedichte dieser Art ist, so läßt deren Schöpfer keinen Zweifel, die bloße Oberflächenkräuselung des Wassers. Auch wenn ein Gedicht nur ein paar Stickmuster, eine späte Rose oder ein Exemplar der *Iphigenie* begleitet, ist es doch aus dem Ozean der Weltanschauung, dem Brunnen der Erfahrung oder dem Eimer des Witzes geschöpft:

> An Schiller mit einer mineralogischen Sammlung
> Jena, den 13. Juni 1797.
>
> Dem Herren in der Wüste bracht'
> Der Satan einen Stein,
> Und sagte: Herr, durch deine Macht
> Laß es ein Brötchen sein!
>
> Von vielen Steinen sendet dir
> Der Freund ein Musterstück,
> Ideen gibst du bald dafür
> Ihm tausendfach zurück.

Busen

Kein Ding und kein Anlaß ist zu banal, um den Federkiel zu beschäftigen. Selbst Zuckerwerk fördert ein Verslein hervor, selbst Delikatessen dienen delikatester Anspielung:

> Gegen Früchte aller Arten,
> Saftig-süßen, schmacklich-zarten,
> Aus gepflegtestem Revier –
> Send' ich starre Disteln dir.
> Diese Distel, laß sie gelten!
> Ich vermag sie nicht zu schelten,
> Die, was uns am besten schmeckt,
> In dem Busen tief versteckt.

So kann bei flüchtiger Gelegenheit eines übersendeten Körbchens der vergängliche Genuß eines schmackhaften Artischockenbodens zu poetischer Dauer gelangen, indem er ein Allgemeines, Inneres, Höheres umspielt – »in dem Busen tief versteckt«.

C

Camarupa

Alle reden vom Wetter, keiner versteht was davon. Außer ihm.

Als wäre es mit Akustik, Alchemie, Anatomie, Archäologie, Architektur, Ästhetik, Astrologie, Astronomie, Balneologie, Bergbau, Biographik, Botanik, Chemie, Chirurgie, Dämonologie, Elektrizität, Entomologie, Ethnologie, Etymologie, Farbenlehre, Galvanismus, Gartenbaukunde, Geburtshilfe, Genetik, Geognosie, Geographie, Geologie, Geschichte, Indologie, Jura, Klassischer Philologie, Kosmogonie, Kosmologie, Kriegswissenschaft, Kunstgeschichte, Landwirtschaft, Literaturgeschichte, Magnetismus, Malerei, Mathematik, Medizin, Mineralogie, Morphologie, Mythologie, Numismatik, Ökonomie, Optik, Orientalistik, Ornithologie, Osteologie, Paläontologie, Pathologie, Philosophie, Phrenologie, Physik, Physiognomik, Physiologie, Poetik, Politik, Rhetorik, Sinologie, Stöchiometrie, Theaterwissenschaft, Theologie, Topographie, Wissenschaftsgeschichte, Zoologie noch nicht genug, begann Goethe 1815 auch noch, sich intensiver mit Meteorologie zu befassen. Sein Leitstern dabei wurde der britische Amateurforscher Luke Howard. Dessen Abhandlung *On the Modification of Clouds, and on the Principles of their Production, Suspension, and Destruction* von 1803 lernte Goethe 1815 als teilweise Übersetzung, drei Jahre später auch im Original kennen. Den sieben verschiedenen von Howard beschriebenen Wolkenkategorien fügt der Meteorologe Goethe sogleich eine achte dazu: seinen Beobachtungen nach gesellt sich den Wasserdunstformationen von Stratus, Strato-cumulus, Cumulus, Cirro-cumulus, Cirrus,

Camarupa

Strato-cirrus und Nimbus noch diejenige der Wolkenwand; er nennt sie Paries.

Über viele Jahre hinweg hat Goethe Aufzeichnungen über die Wetterlage gemacht, wobei es ihm besonders die himmlischen Gespinste angetan hatten. Mit großer Akkuratesse und nicht ohne stilistische Schönheit geben seine Wolkendiarien das Geschehen in der Atmosphäre wieder: »Sonntag den 13. July. [1823] Früh 5 Uhr sehr reiner Horizont. Gegen 8 Uhr zeigen sich schon einige leichte Nebelwolken aus Westen. Sie verzehren sich nach und nach in Windbäumen, Streifen und geflocktem Zustande. Es dauert dies bis um 1 Uhr. Sehr angenehmes warmes Wetter. Von Mittag bis Abends 6 Uhr sich gleich bleibendes schönes Wetter mit großer Sonnenhitze. Cumulus, nett und zierlich geballt, sich im Westen erzeugend und schnell steigend in Cirrus verwandelnd, dann gänzlich verschwindend. Westwind.«

Schon in den Aufsatz *Wolkengestalten nach Howard* hatte Goethe solche Wolken-Tagebucheintragungen aufgenommen. »Ich ergriff die Howardische Terminologie mit Freuden, weil sie mir einen Faden darreichte den ich bisher vermißt hatte«, berichtet er dort. Der Faden erwies sich als rot und zog sich fortan durch Goethes Denken bis hin zur Schlußszene des *Faust II*. Die Wolken waren ja nicht nur Zusammenballungen kondensierten Wasserdampfs, die meteorologische Vorhersagen erlaubten, sie schienen auch geheimnisvolle Wesen, welche das Prinzip des Gestaltwandels, der Metamorphose also, mit der Geschwindigkeit des Windes verkörperten. Mit dem »Namen einer indischen Gottheit, die an Gestaltveränderung Freude hat«, mit dem Namen *Camarupa*, überschreibt er denn auch folgerichtig bereits 1817 seinen Versuch einer Popularisierung des Howardischen Systems. Zu diesem Versuch gehört auch das wenige Jahre später entstandene Gedicht *Howards Ehrengedächtnis*, das in seiner ersten Zeile jener indischen Göttin die Ehre erweist.

Camarupa

Wenn Gottheit Camarupa, hoch und hehr,
Durch Lüfte schwankend wandelt leicht und schwer,
Des Schleiers Falten sammelt, sie zerstreut,
Am Wechsel der Gestalten sich erfreut,
Jetzt starr sich hält, dann schwindet wie ein Traum,
Da staunen wir und traun dem Auge kaum;

Nun regt sich kühn des eignen Bildens Kraft,
Die Unbestimmtes zu Bestimmtem schafft;
Da droht ein Leu, dort wogt ein Elefant,
Kameles Hals, zum Drachen umgewandt,
Ein Heer zieht an, doch triumphiert es nicht,
Da es die Macht am steilen Felsen bricht;
Der treuste Wolkenbote selbst zerstiebt,
Eh' er die Fern' erreicht, wohin man liebt.

Er aber, Howard, gibt mit reinem Sinn
Uns neuer Lehre herrlichsten Gewinn.
Was sich nicht halten, nicht erreichen läßt,
Er faßt es an, er hält zuerst es fest;
Bestimmt das Unbestimmte, schränkt es ein,
Benennt es treffend! – Sei die Ehre dein! –
Wie Streife steigt, sich ballt, zerflattert, fällt,
Erinnre dankbar deiner sich die Welt.

Daß es ihm um eine positive Resonanz seiner Bemühungen zu tun war, zeigt die eigene Erläuterung zu diesen drei Strophen, die Goethe dem Werk bei dessen Abdruck in seiner Zeitschrift *Zur Naturwissenschaft überhaupt* beigab. Hier kennzeichnet er nicht nur das »geistige Wesen« Camarupas als Wolkenbildnerin und -umbildnerin, sondern er löst auch die Anspielungen der vorletzten Zeile auf, indem er ihnen die Wolkennamen nach Howard zuordnet: »Wie Streife steigt – Stratus, Sich ballt – Cumulus, Zerflattert – Cirrus, Fällt – Nimbus.«

Auch das Gedicht mit dem Anfangspassus *Du Schüler Howards* umspielt mit Nebel, »Gewölke«, »weißen luftigen Streifen« und Regengrau die einzelnen Kategorien der Wolkenformationen, wie sie der gelehrige Schüler Howards »um und über sich« erblickt. Die ersten beiden poetometeorologischen Strophen bilden indes nur die Exposition zu graziösester Andeutung einer innigen Verbindung: »Und wenn bei stillem Dämmerlicht / Ein allerliebstes Treugesicht / Auf holder Schwellle dir begegnet, / Weißt du, ob's heitert? ob es regnet?« Gerichtet sind die Verse an Ulrike von Levetzow.

Wie hervorragend sich die Wolken als Transportmittel für das zu Sagende eignen, beweist schon der Blick in die Register mancher Goethe-Ausgaben. Dort verweist man bei »Wolke« auf »Schleier« oder faßt gleich »Duft, Dunst, Flor, Nebel, Schleier, Wolke« zu einem Begriff zusammen. Was die ätherischen Gebilde vereint, ist ihre Fähigkeit zu Allegorie, Symbol, Metapher. Schon das Camarupahafte der sich ständig verwandelnden Flockungen und Ballungen am Himmel macht sie zu idealem Stoffmaterial, aus dem sich – wie zu Beginn des vierten Akts von *Faust II* – »blendend flücht'ger Tage großer Sinn« und »Seelenschönheit ... holde Form« bildlich entwickeln lassen; am Ende des fünften Akts dient Goethe seine meteorologische Auffassung von den einzelnen Himmelsatmosphären und den ihnen zugeordneten Wolkengestalten gar der Versinnbildlichung faustischer Himmelfahrt. Die dritte Eigenart der luftigen Körper, welche sie zum Symbol qualifiziert, ist ihr gleichzeitig opaker und transluzider Charakter. Wie ein Kleid aus Voile verhüllt und enthüllt das dunstige Element, was unter ihm verborgen ist – ein offenbares Geheimnis. Nach Goethes tiefster Überzeugung ist das absolut Reine, Schöne und Göttliche dem Menschen nicht unverhüllt faßbar. Nur durch das Element der Trübe gefiltert erträgt er das Strahlende, nur durch Verdeckung hindurch das Lautere, nur im Abglanz den Glanz:

> Jugendlich kommt sie vom Himmel, tritt vor den Priester
> und Weisen
> Unbekleidet, die Göttin; still blickt sein Auge zur Erde.
> Dann ergreift er das Rauchfaß und hüllt demütig
> verehrend
> Sie in durchsichtigen Schleier, daß wir sie zu schauen
> ertragen.

Ganz ähnlich wie hier wird die allegorische Figur der Wahrheit in der Stanzendichtung *Zueignung* (von 1784) dem Menschen mit ihrem durchdringenden »Strahl zur Pein«, und so ergreift sie Nebelschwaden zu transparenter Hülle ihrer Gestalt: »Nur sah ich sie den reinsten Schleier halten / Er floß um sie und schwoll in tausend Falten.«

Die so entrückte und doch offenbare Göttin würdigt schließlich das lyrische Ich der höchsten Gabe, die sie zu verleihen hat – eben dieses Flors, der Dichtung und Wahrheit fast unsichtbar vereint, indem er das blendende Licht der Veritas durch das Medium der Poesie hindurch erst schaubar macht:

> »Ich kenne dich, ich kenne deine Schwächen,
> Ich weiß, was Gutes in dir lebt und glimmt!«
> So sagte sie, ich hör' sie ewig sprechen,
> »Empfange hier, was ich dir lang' bestimmt!
> Dem Glücklichen kann es an nichts gebrechen,
> Der dies Geschenk mit stiller Seele nimmt:
> Aus Morgenduft gewebt und Sonnenklarheit,
> Der Dichtung Schleier aus der Hand der Wahrheit.«

Cervelat

Gewöhnlich sind wir über die unsere Geistesheroen umgebenden Alltagsdinge, vorausgesetzt, erstere sind geraume Zeit verblichen, bedauerlich schlecht informiert. Insonderheit die dringende Frage, womit diese den sterblichen Teil ihres Humanwesens angefüllt, bleibt in der Regel allzu lange Forschungsdesiderat. Nichtsdestotrotz sind wir im Falle Goethes in der glücklichen Lage, auf ein schier unerschöpfliches Konvolut an Briefen und Notizen zurückgreifen zu können, das einen reichen Quellenfundus, die angesprochenen Probleme betreffend, darbietet, so daß es uns einst möglich sein wird, diesen Dichter-Denker in völlig neuem Licht zu sehen. Es wäre eine unziemliche Vorwegnahme künftiger Ergebnisse, würden hier mehr als Andeutungen gemacht. So sei lediglich darauf hingewiesen, daß die vielfach wiederholte Behauptung, Goethes Lieblingsgericht seien »Teltower Rübchen« gewesen, in ihrem Alleingültigkeitsanspruch dringend einer kritischen Revision bedarf.

Aus dem umfangreichen Material, welches für die wissenschaftliche Beantwortung zahlreicher noch offener biographischer und literarischer Fragen zusammengetragen werden konnte, sei nur folgende Stelle ausgewählt. Es handelt sich um einen bedeutenden Brief Goethes an Johann Georg Paul Götze, seinen ehemaligen Diener, vom 10.7.1828. Goethe weilt auf einem der Dornburger Schlösser, Muße wie Muse auf den dortigen Höhen zu finden, auch Trost nach dem Tode seines Herzogs. Er ist allein »in dem übrigens ganz anmutigen Schlößchen«, doch gebricht es ihm nicht an geistiger Anregung menschlicher Provenienz, sondern: »Da ... kein wohlversorgter Keller vorhanden ist, ... so ersuche ich Dich, mich während meines hiesigen Aufenthalts mit Wein zu versorgen.« Er wünscht mit zunächst sechs, nach deren Leerung mit weiteren Flaschen »eines leichten reinen Würzburgers« versehen zu werden, daneben sei ihm »eine Flasche echten Steinweins« willkommen. Und nun folgt eine Äußerung, die in ihrer Bedeutung für Goethes Altersproduktion noch nirgends gewürdigt worden ist: »Schmalhans ist Küchenmeister und von ihm nichts zu erwarten, deshalb denn auch eine echte jenaische Cervelatwurst ... sehr angenehm sein würde.« Bekanntlich folgen dieser Korrespondenz mit Götze Tage beglückender Kreativität, denen wir neben eingehenden Pflanzenstudien und botanischen Zeichnungen bedeutende Briefdokumente, den Aufsatz *Bignonia radicans*, die Einleitung und anderes zur Pflanzenmorphologie, einige Aphorismen, Rezensionen, Übersetzungen sowie zwei der schönsten lyrischen Früchte jener Jahre verdanken – *Dem aufgehenden Vollmonde. Dornburg, 25. August 1828* und *Dornburg, September 1828* mit der unvergeßlichen Anfangszeile »Früh, wenn Tal, Gebirg und Garten«.

Die Frage, die nun notwendig gestellt werden muß, ist die nach Götzes Verhalten. Hat der einstige Diener und spätere Wegebauinspektor Goethes Wünschen entsprochen oder nicht? Verdankt sich die so überaus fruchtbare Dornburger Produktionsphase Goethes vom 7. Juli bis zum 11. September dem Mangel oder dem Genuß – oder anders: dem »Schmalhans« oder der »jenaischen Cervelatwurst«? Und weiter: Hat sich die Qualität der jenensischen Fleischwarenproduktion in den Jahren von 1810 bis 1828 verbessert? Denn es gilt schließlich, will man im hermeneutischen Sinne korrekt vorgehen, auch das folgende Zitat aus einem Brief an Christiane Vulpius heranzuziehen, in dem gerade von einem Überdruß an Jenaer Schweinscervelat die Rede ist: »Unsere Geschäfte gehen hier [in Jena] sehr gut; nur bringt mich leider das Essen beynahe zur Verzweiflung. Ich übertreibe nicht, wenn ich sage, daß ich vier fünf Tage blos von Cervelatwurst Brodt und rothem Wein gelebt. [...] Ich bitte dich also aufs allerinständigste, mir mit jedem Boten-Tage etwas Gutes Gebratenes, einen Schöpsenbraten, einen Kapaun, ja einen Truthahn zu schicken, e s m a g k o s t e n w a s e s w i l l, damit wir nur zum Frühstück, zum Abendessen, und

Cervelat

wenn es zu Mittag gar zu schlecht ist, irgend etwas haben was sich nicht vom Schweine herschreibt.« (17. 4. 1810).

Schwerlich ist die Bedeutsamkeit solcher bisher vernachlässigter Aspekte des Lebens hinter der Literatur zu leugnen. Bleibt zu hoffen, daß die Forschungen, die in einigen Jahren abzuschließen sind, von einer breiten Öffentlichkeit gewürdigt werden.

Cestius-Pyramide

Zwei ähnliche Pyramidensujets Goethes aus Italien haben sich erhalten, eine grau lavierte Bleistift- und Federzeichnung in Braun mit Weißhöhungen sowie eine aquarellierte Federzeichnung in gedämpften Braun-Türkis-Tönen. Beide Blätter gehen auf das Motiv der Cestius-Pyramide in Rom zurück, beide stellen das Bauwerk in eine vollmondbeschienene einsame Ideallandschaft, beide komplettieren die Szenerie mit einem abgelegen unter Bäumen situierten antikisierenden Grabmonument, so daß hier dem Motto der *Italienischen Reise* »Et in Arcadia ego« wieder sein ursprünglicher Sinn zuzufallen scheint: Auch in Arkadien bin ich, der Tod, gegenwärtig.

Ein Brief aus Rom vom 16. Februar 1788 an Fritz von Stein beleuchtet den Hintergrund: »Du schriebst neulich von einem Grab der Miß Gore bei Rom. Vor einigen Wochen, da ich traurige Gedanken hatte, zeichnete ich meines bei der Pyramide des Cestius, ich will es gelegentlich fertig tuschen, und dann sollst du es haben.« Goethe gestaltete also im Topos des arkadischen Gefildes mit Hain und Steinsarkophag nebenbei sein eigenes Grab – nahe bei der Cestius-Pyramide. Dort lag (und liegt hochromantisch heute noch) der Cimitero degli Stranieri acatolici, der Gottesacker für Fremde nichtkatholischen Glaubens. Auch im *Zweiten Römischen Aufenthalt* seines Italienbuches hängt Goethe diesem Gedanken vom möglichen Tod in

Rom nach; in der dort aufgenommenen Korrespondenz ist die Rede davon, man werde dann sein Sterbliches »bei der Pyramide zur Ruhe bringen«. Und ein drittes Mal wird das ägyptisierende Mausoleum des Gaius Cestius zum todesnahen Ort, wenn es in der *VII. Römischen Elegie* über die ewige Stadt heißt: »Dulde mich, Jupiter, hier, und Hermes führe mich später, / Cestius' Mal vorbei, leise zum Orkus hinab.«

Goethes Grab sollte ein weimarisches, ein fürstliches werden. August von Goethe jedoch begrub man 1830, wie es einem protestantischen Deutschen, der Rom sah und starb, gebührte, unweit der Cestius-Pyramide auf ebenjenem Friedhof für akatholische Ausländer. Die Inschrift verzeichnet nicht seinen eigenen Namen, nur »Goethe Filius«.

»Beneidenswerth« nennt Goethe senior in einem Briefkonzept an Heinrich Mylius diese »Ruhestätte« seines Sohnes, jene »Stelle, wohin sein Vater, vor seiner Geburt, sich dichterisch zu sehnen geneigt war«. Und er schließt letztgenannten Brief an Carl Friedrich Zelter, geschrieben dreizehn Monate vor seinem Tod, mit »und so, über Gräber, vorwärts!«

D

Dauer im Wechsel

Erstes Frühstück: um 6 Uhr Milchkaffee, Schokolade, Milch oder Fleischbrühe; Gebäck
Zweites Frühstück: um 10 Uhr eine kleine Kollation; Madeira: 1 Glas
Mittags: zwischen 14 und 15 Uhr mehrere Schüsseln, meist Suppe, Pastete, Fisch, Braten, Gemüse, Kompott; Wein: 1 Bouteille; zum Nachtisch: Vino Tinto di Rota
Schlaf: meist kurzer Mittagsschlummer
Abends: gegen 18 Uhr Punsch, Suppe oder Tee; ein Brötchen
Nächtliche Ruhe: von 21 Uhr bis 5 Uhr
Getränke: gewöhnlich Würzburger oder Elsässer Tischwein; gerne Champagner; in manchen Lebensphasen Bier; selten Wasser (aber häufig Mineralquellen)
Zucker: mit Vorliebe (Kuchen, Mehlspeisen, Süßigkeiten)
Arzneien: Arnika, Baldrianäther, Bärentraube, Chinin, Goldschwefel, Heilwasser, Holunder, Kalkwasser, Kamille, Kampfer, Liquor Ammonii anisatus oder acetici, Löwenzahnextrakt, Magenbitter, Magnesiumsulfat, Malaga, Mandelöl, Meerrettich, Myrrhe, Pfefferminze, Salmiak, Spiritus, Süßholzsaft, Zink
Verdauung: tägliche Abführung durch Asa foetida, Bittersalz, Jalappenseife oder Rhabarbertinktur
Drogen: Bilsenkrautextrakt, Opium
Häusliche Umgebung: Repräsentations- und Sammlungszimmer ungeheizt; heimischer Aktionsradius meist nur 33 – 47 m^2
Besonderheiten, Vorlieben, Spleens: regelmäßig erfolgende Krankheiten nach Phasen reichlicher geistiger Produktivität

und psychischer Anspannung; Vorliebe für verbrauchte Zimmerluft; Idiosynkrasie gegen Kälte, Tabakrauch, Unordnung sowie nahebei vorgenommenes Licht-Schneuzen; Aufbewahrung von ca. 25 000 Handwerkerquittungen; mit zunehmendem Alter abnehmende Entschlußfreudigkeit; Hypochondrie
Krankheiten, chronologisch: Masern, Windpocken, Blattern, Tuberkulose, Blutsturz, Lymphgeschwulst, Gastritis, Gesichtsrose, Angina, Furunkulose, Nierensteine, Gehirnhautentzündung, Herzbeutelentzündung, Fußgeschwulst, Netzhautentzündung, Ödeme, Herzinfarkt, Blutsturz, Unterschenkelgeschwür, Lungenentzündung, Herzinfarkt
häufig: Halsentzündungen, Bronchialkatarrhe, Fieber, Brustschmerzen, Nierenkoliken, Gelenkbeschwerden, Zahnweh
chronisch: Bluthochdruck, Verstopfung, Hautirritationen, Wetterfühligkeit
im Alter: Arthritis, Arteriosklerose, Arcus senilis und Ektropium senile, Herzinsuffizienz, rheumatische Beschwerden, Schwerhörigkeit, Gedächtnisschwäche, Zahnlosigkeit
Ärzte: Dres. Metz, Reichel, Hufeland, Huschke, Stark, Reil, Kapp, Mitterbacher, Rehbein, Vogel
Behandlungen: Aderlässe, Blutegel, Schröpfköpfe, Einläufe, Brunnenkuren, Diäten, Sport, Bäder, Abduschungen, Spanische Fliegen, Kompressen, Einreibungen, Packungen, Pflaster, Wärmflaschen, Medikation
Tod: Lungenentzündung, Kreislaufversagen

Dichtung und Wahrheit

> Nehmt nur mein Leben hin, in Bausch
> Und Bogen, wie ich's führe;
> Andre verschlafen ihren Rausch,
> Meiner steht auf dem Papiere.
> *(Zahme Xenien)*

Dioskuren

Kastor und Pollux

Leda ließ sich binnen 24 Stunden mit einem himmlischen Schwan und ihrem eigenen Mann ein; »und sie gebahr also nachher zwey Eyer, aus deren einem, welches vom Jupiter war, Pollux und Helena, und aus dem andern, welches des Tyndareus war, Kastor und Klytämnestra krochen.« Einer der zweieiigen Zwillingsknaben war demnach göttlicher, einer irdischer Abkunft. Weil sie sich so liebten und einer ohne den anderen nicht sein wollte, erreichten sie von Zeus, daß Sterblichkeit und Unsterblichkeit nach dem Tod des Kastor unter ihnen aufgeteilt wurde. »Sie sind also beyde zusammen einen Tag lang todt und leben den andern beyde zusammen.« (Hederich) Nach anderer Überlieferung verbringt ein jeder seine Zeit abwechselnd im Hades und auf der Erde, und sie begegnen einander täglich auf dem Weg dorthin. Ihrer Bruderliebe wegen versetzte Zeus sie schließlich unter die Sterne. Verehrung zollten ihnen insbesondere die Schiffsleute, die sich bei Erscheinung des Zwillingsgestirns vom Sturm errettet sahen und das an den Masten sichtbare Sankt-Elmsfeuer als »Widerschein der Dioskuren« (*Faust II*, V. 10600) und glückliches Zeichen deuteten.

Die Kopie einer griechischen Plastik, welche heute als »Ildefonsogruppe« bezeichnet wird, von Goethe aber als Dioskurenpaar gedeutet wurde, steht seit dem Umbau im Jahr 1792 (und bis heute) an prominenter Stelle auf dem obersten Absatz der von Goethe entworfenen großen Treppe des Hauses am Frauenplan.

Götz und Weislingen

Um den Verrat Weislingens dem Zuschauer sinnfällig vor Augen zu führen, erinnert Götz den vermeintlichen Freund der vergnügten Tage »an des Markgrafen Hof, da wir noch beisammen schliefen und miteinander herumzogen«. Ein Herz und eine Seele seien sie gewesen: »Wir hielten immer redlich zusammen als gute brave Jungen, dafür erkennte uns auch jedermann. ... Kastor und Pollux! Mir tat's immer im Herzen wohl, wenn uns der Markgraf so nannte.

[... Der Bischof von Würzburg] war ein gelehrter Herr, und dabei so leutselig. Ich erinnere mich seiner, solange ich lebe, wie er uns liebkoste, unsere Eintracht lobte und den Menschen glücklich pries, der ein Zwillingsbruder seines Freundes wäre.« – Weislingen antwortet »Nichts mehr davon!« *(Götz von Berlichingen)*

Wilhelm und Felix
Durch Übereilung stürzt ein junger Mann mit seinem Pferd in einen reißenden Fluß, wird von den Insassen eines vorbeiziehenden Kahns herausgefischt und von einem der Männer, der Wundarzt ist, ins Leben zurückgerufen. Man sieht sich genauer an, man identifiziert einander, der eben noch Totgeglaubte ruft aus: »Wenn ich leben soll, so sei es mit dir!«, er fällt »dem erkennenden und erkannten Retter um den Hals und weint bitterlich«. So stehen »sie fest umschlungen, wie Kastor und Pollux, Brüder, die sich auf dem Wechselwege vom Orkus zum Licht begegnen«. Wilhelm Meister und sein Sohn Felix haben sich am Ende der *Wanderjahre* auf dem Weg vom Schatten- zum Sonnenreich im Zeichen der Auferstehung wiedergefunden: »›Wirst du doch immer aufs neue hervorgebracht, herrlich Ebenbild Gottes!‹ rief er [Wilhelm] aus«.

Antonio und Tasso
Es kann keine gegensätzlicheren Männer geben als den Dichter Torquato Tasso und den Staatssekretär Antonio Montecatino. Dieser »besitzt ... alles, was« jenem »fehlt« (V. 943 f.); der Hofmann höhnt den Intellektuellen »übereilter Knabe« und »unsittlich« (V. 1363 ff.), sieht sich selbst als einen »wackren Mann«, der von »saurer Arbeit kommt«, den Poeten hingegen

als »Müßiggänger« (V. 1998 u. 2002). Übergroße Sensibilität und die Einsicht, der Umworbene habe leichtfertig die ausgestreckte Freundeshand verschmäht, ja seinen Poetenlorbeer in den Schmutz getreten, befestigen auf Tassos Seite das Gefühl ewigen Hasses: »die schmerzliche Begier / Der Rache siedet schäumend in der Brust« (V. 1382 f.) – »nichts / Kann mir die Lust entreißen schlimm und immer schlimmer / Von ihm zu denken.« (V. 2351 f.)

Doch gerade die Vehemenz von Tassos Abneigung bestätigt, was er selbst schon ahnte (»Sein Wesen, seine Worte haben mich«, sagt er über Antonio, »So wunderbar getroffen, daß ich mehr / Als je mich doppelt fühle« – V. 764 ff.) und was die Prinzessin weiß: »Zwei Männer sind's, ich hab es lang gefühlt, / Die darum Feinde sind, weil die Natur / Nicht e i n e n Mann aus ihnen beiden formte« (V. 1704 ff.).

Es gibt eine Metapher für das Zwillingswesen Tasso-Antonios, ein Gleichnis aus dem Bereich derer, welche die Dioskuren um ihren Beistand anrufen. Tasso stellt die vernünftigen, kalten Helden antonionischer Couleur seinem eigenen inneren Drang gegenüber: »Vieles lassen sie, / Wenn wir gewaltsam Wog auf Woge sehn, / Wie leichte Wellen unbemerkt vorüber / Vor ihren Füßen rauschen, hören nicht / Den Sturm, der uns umsaust und niederwirft« (V. 1074–1078). Antonios Leben gleiche »leicht bewegter Woge« (V. 1255), meint Tasso von Antonio, er gehe »mit vollen Segeln« (V. 1288) Antonio von Tasso. Die letzten Verse des Dramas aber führen unter einem entfernten Hoffnungsstern die Schiffs- und die Meeresmetapher zu einem grandiosen Schlußszenario zusammen.

ANTONIO *(tritt zu ihm und nimmt ihn bei der Hand.)*
TASSO. O edler Mann! Du stehst fest und still,
    Ich scheine nur die sturmbewegte Welle.
    Allein bedenk, und überhebe nicht
    Dich deiner Kraft! Die mächtige Natur,

Die diesen Felsen gründete, hat auch
Der Welle die Beweglichkeit gegeben.
Sie sendet ihren Sturm, die Welle flieht
Und schwankt und schwillt und beugt sich schäumend
                                                über.

In dieser Woge spiegelte so schön
Die Sonne sich, es ruhten die Gestirne
An dieser Brust, die zärtlich sich bewegte.
Verschwunden ist der Glanz, entflohn die Ruhe.
Ich kenne mich in der Gefahr nicht mehr,
Und schäme mich nicht mehr es zu bekennen.
Zerbrochen ist das Steuer und es kracht
Das Schiff an allen Seiten. Berstend reißt
Der Boden unter meinen Füßen auf!
Ich fasse dich mit beiden Armen an!
So klammert sich der Schiffer endlich noch
Am Felsen fest, an dem er scheitern sollte.

Tasso und Werther
In seiner Abhandlung *Über naive und sentimentalische Dichtung* stellt Schiller die von sich selbst gequälten Charaktere Werthers und Tassos nebeneinander. Nicht willkürlich ist diese Zusammenrückung, denn die Schilderung, die Antonio von Tasso gibt, trifft auch seinen jüngeren »Bruder« Werther:

    Bald / versinkt er in sich selbst, als wäre ganz
    Die Welt in seinem Busen, er sich ganz
    In seiner Welt genug, und alles rings
    Umher verschwindet ihm. Er läßt es gehn,
    Läßt's fallen, stößt's hinweg und ruht in sich –
    Auf einmal, wie ein unbemerkter Funke
    Die Mine zündet, sei es Freude, Leid,
    Zorn oder Grille, heftig bricht er aus:
    Dann will er a l l e s fassen, a l l e s halten,

> Dann soll geschehn was er sich denken mag;
> In einem Augenblicke soll entstehn,
> was Jahre lang bereitet werden sollte,
> In einem Augenblick gehoben sein,
> Was Mühe kaum in Jahren lösen könnte.
> Er fordert das Unmögliche von sich,
> Damit er es von andern fordern dürfe,
> Die letzten Enden aller Dinge will
> Sein Geist zusammen fassen; das gelingt
> Kaum e i n e m unter Millionen Menschen,
> Und er ist nicht der Mann: er fällt zuletzt,
> Um nichts gebessert, in sich selbst zurück.
> (V. 2118–2139)

Goethe selbst hat dieser Identifikation der beiden problematischen Naturen subtil Vorschub geleistet, als er an das Ende des ersten Gedichts aus der *Trilogie der Leidenschaft* mit dem Titel *An Werther* folgende Zeilen rückte: »Verstrickt in solche Qualen, halbverschuldet, / Geb' ihm ein Gott zu sagen, was er duldet.« Eine übergeordnete Macht wird angerufen, dem Dichter ein Talent zu verleihen, das sich die eigene Pein durch bewältigendes Schreiben unterwerfen kann, statt ihr bis zur suizidalen Konsequenz zu unterliegen. Es ist dasjenige Talent, dessen sich Tasso als eines Besitzes rühmen darf: »Und wenn der Mensch in seiner Qual verstummt, / Gab mir ein Gott zu sagen, wie ich leide.« (V. 3432 f.) Leidensfähigkeit ist Fluch für das Leben und Sterben Werthers, sie ist Fluch und Gabe zugleich für das Dichterleben Tassos. Beide Figuren aber sind hierin transparent auf ihren Schöpfer hin. Von der Interpretation, die diese Zusammenhänge durch den Rezensenten Jean-Jacques-Antoine Ampère erfuhren, scheint Goethe – nach Eckermanns Bericht – überzeugt gewesen zu sein: »Wie richtig hat er bemerkt […], daß die Verzweiflung mich nach Italien getrieben, und daß ich dort, mit neuer Lust zum Schaffen, die Geschichte des Tasso ergriffen, um mich in Behandlung dieses angemessenen Stoffes von demjenigen frei zu machen, was mir noch aus meinen Weimarschen Eindrücken und Erinnerungen Schmerzliches und Lästiges anklebte. Sehr treffend nennt er daher auch den Tasso einen gesteigerten Werther.«

Goethe und Moritz

Karl Philipp Moritz gehört in seinen *Vorlesungen über den Styl* zu den hellsichtigsten Interpreten des *Werther* und in seinem psychologischen Roman *Anton Reiser* zu den witzigsten Karikaturisten des *Werther*-Fiebers. Für die Ausarbeitung des *Tasso* wurde er Goethe so unentbehrlich, daß dieser den in seinem Hause Logierenden nicht vor Vollendung des Stücks gehen lassen wollte.

In der Freundschaft von Moritz zu Goethe waltete eine merkwürdige Idolatrie, der durch den Namensanklang zum Allerhöchsten noch Vorschub geleistet wurde: Vom Bruder erfährt man, Moritz habe Goethe seinen vertrauten Freunden gegenüber nie anders als »Gott« genannt. Jener aber mußte sich als Kastor neben diesem göttlichen Pollux fühlen. »Moritz der an seinem Armbruch noch im Bette liegt, erzählte mir wenn ich bey ihm war Stücke aus Seinem Leben und ich erstaunte über die Ähnlichkeit mit dem Meinigen. Er ist wie ein jüngerer Bruder von mir, von derselben Art, nur da vom Schicksal verwahrlost und beschädigt, wo ich begünstigt und vorgezogen bin. Das machte mir einen sonderbaren Rückblick in mich selbst.« (An Charlotte von Stein, 16.12.1786) In Rom hatten die beiden Männer sich gefunden und waren von der Parallelität ihres Wesens, ihrer biographischen Situation erstaunt worden. »Moritz wird mir wie ein Spiegel vorgehalten«, schreibt Goethe an Frau von Stein von Italien aus, »dencke dir meine Lage, als er mir mitten unter Schmerzen erzählte und bekannte daß er eine Geliebte verlaßen, Ein nicht gemeines Verhältniß des Geistes, herzlichen Anteils p p zerrißen, ohne Abschied

49

fortgegangen, sein bürgerlich Verhältniß aufgehoben! Er gab mir einen Brief von ihr [...] Ich mußte ihr schreiben, ihr die Nachricht seines Unfalls geben. Dencke mit welchem Herzen.« (20.1.1787)

Tasso und Goethe
Als ein Freischwimmen aus dem Sog der Meeresuntiefen hat Goethe *Die Leiden des jungen Werthers* verstanden: »Ich weiß recht gut, was es mich für Entschlüsse und Anstrengungen kostete, damals den Wellen des Todes zu entkommen, so wie ich mich aus manchem spätern Schiffbruch auch mühsam rettete und mühselig erholte. Und so sind nun alle die Schiffer- und Fischergeschichten. Man gewinnt nach dem nächtlichen Sturm das Ufer wieder, der Durchnetzte trocknet sich, und den andern Morgen, wenn die herrliche Sonne auf den glänzenden Wogen abermals hervortritt, hat das Meer schon wieder Appetit zu Feigen.« (An Carl Friedrich Zelter, 3.12.1812)

Von diesem Jüngling hatte er sich befreit, doch im Tasso war einer leben geblieben, der ein Spiegelbild zurückwarf. Auf die indezente Frage, welche Idee er denn im *Torquato Tasso* verfolgt habe, offenbart Goethe etwas vom intimen Verhältnis zu ihm. »Idee?‹ sagte Goethe, – daß ich nicht wüßte! Ich hatte das L e b e n Tassos, ich hatte mein eigenes Leben, und indem ich zwei so wunderliche Figuren mit ihren Eigenheiten zusammenwarf, entstand in mir das Bild des T a s s o [...] und ich kann mit Recht von meiner Darstellung sagen: **s i e i s t B e i n v o n m e i n e m B e i n u n d F l e i s c h v o n m e i n e m F l e i s c h.**« Er hätte seinem Eckermann gegenüber für die Idee des *Tasso* auch ein Bonmot gebrauchen können, das er schon längst geprägt hatte: »Von diesem Stück sagte er mir im Vertrauen den eigentlichen Sinn. Es ist die Disproportion des Talents mit dem Leben.« (Caroline Herder an ihren Mann, 20.3.1789) Tassos Stern war verdunkelt von diesem Mißverhältnis, und sein Schöpfer wußte, daß es für den Zwillingsstern darauf ankam, die Proportion zu wahren. »Beseh ich es recht genau, so ist es ganz allein das Talent, das in mir steckt, was mir durch alle die Zustände durchhilft ...« (An Carl Friedrich Zelter, 26. 3. 1816).

Durchgebrochen

Als eines Tages mitten im Jahr (der »Circus Fliegenpilz« gastierte im fränkischen Fürth) das Zwergflußpferd Elsbeth verschwand und sein Heimweh nach den Sümpfen Westafrikas in den Fluten der Pegnitz zu ertränken versuchte, indem es dem Flußlauf stetig folgte, hatten nicht nur die regionalen Zeitungen einen ansehnlichen Pfropf für ihr Sommerloch. Der Ausbruch eines nur halb zähmbaren Tieres aus der Enge der Beschränkung in die Weite der Freiheit beflügelt die Phantasie, erweckt Mitleid oder Furcht und taugt allemal zum Symbol auch des menschlichen Strebens.

Das Flußpferd der Goethezeit war der Bär. Es gehörte zu den ältesten Jahrmarktsattraktionen, Bären, zur Zweibeinigkeit abgerichtet und tapsig von einer Tatze auf die andere tretend, vorzuführen. Man hatte sie tanzen gelehrt durch heißes Eisen unter ihren Füßen und kirre gemacht durch Ringe in ihren Nasen. Schreckensdinge wie Kinderfreßlust erzählte man sich über ausgerissene Exemplare.

»Liebe Tante In freyer Lufft« beginnt Goethe seinen Brief an Johanna Fahlmer aus Straßburg, dem Auftakt der Schweizer Reise 1775 (er trug einen Werther-Rock und fabelhafte Stiefel); das Schreiben gerät kurz, kaum zu bändigen ist sein Drang fortzukommen, sein Überschwang in Erwartung des Neuen, und so legt er das Fluchtprotokoll gleich wieder beiseite: »Soviel diesmal vom durchgebrochnen Bären« (24. 5. 1775).

Unverstellt unter dem Namen seiner Verlobten führt Goethes Gedicht *Lilis Park* die Männer-Menagerie einer bezaubernden Circe vor. Da wird gegackert, gequiekt, gepatscht, nur

Durchgebrochen

um einen Bissen »aus den schönen Händen« zu erhaschen, nur um den lieblichen Ton zu vernehmen, »wenn sie ruft: Pipi! Pipi!«. Ein Großwild selbst ist darunter:

> Denn so hat sie aus des Waldes Nacht
> Einen Bären, ungeleckt und ungezogen,
> Unter ihren Beschluß hereinbetrogen,
> Unter die zahme Kompanie gebracht
> Und mit den andern zahm gemacht –
> Bis auf einen gewissen Punkt, versteht sich!
> Wie schön und ach! wie gut
> Schien sie zu sein! Ich hätte mein Blut
> gegeben, um ihre Blumen zu begießen.

> »Ihr sagtet: ich! Wie? Wer?«
> Gut denn, ihr Herrn, grad aus: Ich bin der Bär!

Der Bär macht sich zum Narren, er geht der Schönen wieder und wieder auf den Honigseim – »Ein Zauber bleit mich nieder, / Ein Zauber häkelt mich wider« –, er verschmäht nicht, zu ihren Füßen die lächerlichste Figur von der Welt zu machen:

> Ich küss' ihre Schuhe, kau' an den Sohlen,
> So sittig als ein Bär nur mag;
> Ganz sachte heb' ich mich und schmiege mich
>   verstohlen
> Leis an ihr Knie – am günst'gen Tag
> Läßt sie's geschehen und krault mir um die Ohren
> Und patscht mich mit mutwillig derbem Schlag –
> Ich knurr', in Wonne neu geboren.

Die Zaubermacht der Lili-Circe nun äußert sich gerade darin, daß sie keine Ketten verwendet außer denen der Anziehung, die den armen Bären »losgebunden, fest gebannt« halten:

»Ha, manchmal läßt sie mir die Tür halb offen stehn, / Seitblickt mich spottend an, ob ich nicht fliehen will.« Die beiden letzten Verse des Gedichts lassen den autobiographischen Grund am deutlichsten durchscheinen. Der Bär erinnert sich seiner Autonomie und richtet sich zur vollen Größe auf: »Nicht ganz umsonst reck' ich so meine Glieder: / Ich fühl's! ich schwör's! Noch hab' ich Kraft.« Kraft, die Verlobung zu lösen, Kraft, zuerst in die Schweiz, dann nach Weimar an den Herzoghof zu fliehen.

»Früh drei Uhr stahl ich mich aus Karlsbad, weil man mich sonst nicht fortgelassen hätte.« Der inzwischen an den Weimarer goldenen Käfig gewöhnte Bär bricht im Herbst 1786 wieder durch, diesmal über die Alpengrenze hinaus. Man will ihn halten – »ich lies mich aber nicht hindern, denn es war Zeit«. Das Alte ist unerträglich und banal geworden, es hat sich das Gefühl breitgemacht, »daß alles was uns von Jugend auf umgab, jedoch nur oberflächlich bekannt war und blieb, stets etwas Gemeines und Triviales für uns behält, das wir als gleichgültig neben uns bestehend ansehen, worüber zu denken wir gewissermaßen unfähig werden. Dagegen finden wir, daß neue Gegenstände in auffallender Mannichfaltigkeit, indem sie den Geist erregen, uns erfahren lassen daß wir eines reinen Enthusiasmus fähig sind; sie deuten auf ein Höheres, welches zu erlangen uns wohl gegönnt sein dürfte. Dieß ist der eigentlichste Gewinn der Reisen ...« *(Der Verfasser theilt die Geschichte seiner botanischen Studien mit)*. Die Folgen des gen Italien gerichteten Enthusiasmus sind bekannt: auch er in Arkadien, auf klassischem Boden begeistert, dem Hexameter vertrauend, antiker Kunst natürlichste Natur ablauschend, in Sizilien den Schlüssel vor Augen, in mailändisch blaue Augen vertieft, den Süden mit Schmerzen verlassend, in Italien sinnlich geworden, einer gewissen Dame entfremdet, einem gewissen Geschöpf unzeremoniell verbunden, im deutschen Zuhause erst langsam wieder heimisch.

Durchgebrochen

Insgesamt 683 Tage verbrachte Goethe in Italien, fast 40 Monate seines Lebens in böhmischen Bädern; in den letzten Jahren verließ er sein Haus kaum noch. Sein und Weimars Name waren identisch geworden. Wie es großen Tieren als Gesandten eines Hofes gehen kann, hatte er an Braun, dem Bären, gezeigt, im zweiten Gesang des *Reineke Fuchs*.

Das Zwergflußpferd wurde wieder eingefangen und war seitdem eine besonders anziehende Attraktion im Zirkus, der seine Vorstellungen so ankündigte: »Mit der entlaufenen Elsbeth«.

E

Ehe, dutzendweise

1) Goethes, verhinderte, mit Lili Schönemann ➤ **Durchgebrochen**; vgl. auch den Brief Goethes an Johann Gottfried Herder, geschrieben ungefähr am 12. Mai 1775, kurz vor dem fluchtähnlichen Aufbruch in die Schweiz: »Mir gehts wie dir l.[ieber] Bruder meinen Ballen spiel ich wider die Wand, und Federballen mit den Weibern. Dem Hafen häuslicher Glückseeligkeit, und festem Fuse in wahrem Leid u. Freud der Erde wähnt ich vor kurzem näher zu kommen, bin aber auf eine leidige Weise wieder hinaus in's weite Meer geworfen.«
2) Goethes mit Friedrich Heinrich Jacobi ➤ **Friederike**
3) Goethes mit Jakob Michael Reinhold Lenz ➤ **Whimsical**
4) Goethes mit Philipp Friedrich Seidel ➤ **Spiritus**
5) Goethes mit Charlotte von Stein ➤ **Oder**
6) Goethes, zuerst unzeremonielle, mit Christiane Vulpius ➤ **Äugelchen, Hasig, Judenkrämchen, Trennung, Urworte**
7) Goethes mit Christiane Vulpius, kirchliche Trauung, vgl. das Billett, mit dem Goethe um das Sakrament nachsuchte: »Dieser Tage und Nächte ist ein alter Vorsatz bei mir zur Reife gekommen; ich will meine kleine Freundin, die so viel an mir getan und auch diese Stunden der Prüfung mit mir durchlebte völlig und bürgerlich anerkennen, als die Meine. Sagen Sie mir würdiger geistlicher Herr und Vater wie es anzufangen ist, daß wir, sobald möglich, Sonntag, oder vorher getraut werden. Was sind deshalb für Schritte zu tun? Könnten Sie die Handlung nicht selbst verrichten, ich wünschte daß sie in der Sakristei der Stadtkirche geschähe. Geben Sie dem Boten, wenn er Sie

trifft gleich Antwort. Bitte!« (An Wilhelm Christoph Günther, 17.10.1806)

Zum Trauungsdatum vgl.: »Um diese traurigen Tage durch eine Festlichkeit zu erheitern habe ich und meine kleine Hausfreundin gestern als am 20sten Sonntag nach Trinitatis den Entschluß gefaßt in den Stand der heiligen Ehe ganz förmlich einzutreten; mit welcher Notifikation ich Sie ersuche, uns von Butter und sonstigen transportablen Viktualien manches zukommen zu lassen.« (An Nicolaus Meyer, 20.10.1806)

8) -beginn: »Man feire nur, was glücklich vollendet ist; alle Zeremonien zum Anfange erschöpfen Lust und Kräfte, die das Streben hervorbringen und uns bei einer fortgesetzten Mühe beistehen sollen. Unter allen Festen ist das Hochzeitsfest das unschicklichste; keines sollte mehr in Stille, Demut und Hoffnung begangen werden als dieses.« (*Wilhelm Meisters Lehrjahre*)

9) -bruch ➤ **Iste, Otto**

10) -ersatz, vgl.: »Mich hat der süße kleine Gott [Amor] in einen bösen Weltwinkel relegiert. Die öffentlichen Mädchen der Lust sind unsicher wie überall. Die Zitellen (unverheuratete Mädchen) sind keuscher als irgendwo, sie lassen sich nicht anrühren und fragen gleich, wenn man artig mit ihnen tut: e que concluderemo? Denn entweder man soll sie heuraten oder sie verheuraten und wenn sie einen Mann haben, dann ist die Messe gesungen. [...] Das sind denn alles böse Bedingungen und zu naschen ist nur bei denen, die so unsicher sind als öffentliche Kreaturen. Was das H e r z betrifft; so gehört es gar nicht in die Terminologie der hiesigen Liebeskanzlei.« (Goethe aus Rom an Herzog Carl August, 29.12.1787)

11) -frucht: »Das Kind, welches Göthe und ich miteinander erzeugen, wird etwas ungezogen und ein sehr wilder Bastard seyn.« (Brief Schillers an Körner vom 1.2.1796 über den *Xenien*-Almanach) Das mit dem Kinderzeugen geisterte schon weit früher durch Schillers Vorstellungskraft. Als ihm Goethe

noch als »Egoist in ungewöhnlichem Grade« erschien und er seine Gefühle ihm gegenüber nur als »Mischung von Haß und Liebe« charakterisieren konnte, fand er für den Nachbarheros ein scharf konturiertes Bild: »Ich betrachte ihn wie eine stolze Prüde, der man ein Kind machen muß, um sie vor der Welt zu demütigen ...« (Schiller an Körner, 2. 2. 1789)
12) als Vergleich: »Es geht mit allen Geschäften wie mit der Ehe, man denkt wunder was man zustande gebracht habe, wenn man kopuliert ist und nun geht der Teufel erst recht los.« (Goethe an Schiller, 5. 7. 1802)

Eigenhändig

Zwei Fenster, verhängt das eine, das andre läßt den lichten Morgen herein, dazwischen ein Spiegel, kranzgeschmückt, Pflanzen, Bilder, ein Ofenschirm, links Schubladenkommode, rechts Schreibschrank, ein Stuhl mit Büchern. Ein Mann, breitbeinig sitzend im braunen Mantel als Rückenfigur, die Rechte mit der Feder auf dem Papier. Tintenfaß, Ersatzfeder, Siegellack. Abwartend sieht er zu dem Mann an seiner Seite auf, eine Stehfigur, frontal, im hellen Mantel. Haare, Hemd, Jabot sind weiß, die Hände nicht zu sehen. Was geschieht hier? Der Titel des Gemäldes von Johann Joseph Schmeller verrät es: »Goethe, seinem Schreiber John diktierend.« Welch ein Sujet! Daß da einer großäugig eine Silhouette hochhält, in der Campagna dekorativ auf Ruinen herumsitzt oder gravitätisch-ordenbehängt den Betrachter ins Auge faßt: geschenkt. Aber nun ein Doppelporträt, Sitzmann neben Stehmann – und: es wird gearbeitet. Hier ringt nicht der Dichter einsam nächtens am Schreibtisch mit seinem Genie und wirft dabei zerknüllte Blätter um sich. Statt dessen eine bürgerliche Szene anständiger und hocheffektiver Zweisamkeit: der Dichter statt mit Muse mit Diener.

Johann August Friedrich John assistierte von 1814 bis zu

Eigenhändig

Goethes Tod in jenem Arbeitszimmer bei der Abfassung praktisch aller poetischen Werke, Briefe und auch Haushaltsbücher. Ihm waren in dieser Tätigkeit schreibkundige Hausgenossen vorausgegangen, so daß Goethe zu jeder Zeit seines Lebens ein Kopist und Sekretär zur Verfügung stand. Außer für seine Lyrik, die in der Regel aus eigenhändigen Entwürfen und Abschriften besteht, bediente sich Goethe für jede seiner Produktionsgattungen der Feder eines anderen. Das ist vor allem bei der Korrespondenz auffällig, denn gemeinhin wird gerade vom Privatbrief die identifizierbare Eigenhändigkeit erwartet. Laut Eckermann war Goethes Schrift »ruhig, reinlich, zierlich, schlank, frei, klar, entschieden, fest, sicher, nett, sauber, ungezwungen«, doch finden sich diese adretten Züge – für den Geschmack von Autographensammlern jedenfalls – viel zu selten auf den hinterlassenen Blättern. Wohl kaum ein Dichter hat so heterogene Schriftzüge in Werk und Korrespondenz hinterlassen wie Goethe. Warum ihm das Diktieren an Freunde, Hausgenossen, Sekretäre und Schreiber, das er im Arbeitszimmer stehend oder spazierend vorzunehmen pflegte, so gelegen kam, erklärt er in einem Brief – geschrieben von fremder Hand: »Ich bin niemals zerstreuter als wenn ich mit eigner Hand schreibe: denn weil die Feder nicht so geschwind läuft als ich denke, so schreibe ich oft den Schlußbuchstaben des folgenden Worts ehe das erste noch zu Ende ist, und mitten in einem Komma, fange ich den folgenden Perioden an; ein Wort schreibe ich mit dreierlei Orthographie, und was die Unarten alle sein mögen, deren ich mich recht wohl bewußt bin und gegen die ich auch nur im äußersten Notfall zu kämpfen mich unterwinde, nicht zu gedenken, daß äußere Störung mich gleich verwirren und meine Hand wohl dreimal in Einem Brief abwechseln kann. So ist mir's mit Vorstehendem gegangen, das ich zweimal zu schreiben anfing, absetzte und schlecht fortsetzte; jetzt entschließ ich mich zu diktieren ...« (an Josephine O'Donell, 24.11.1812).

Eigenhändig

Die äußeren Umstände, unter denen Steh- und Sitzmann in dem kleinen Arbeitszimmer Briefe, Manuskripte, Rechnungen zusammen fertigstellten, scheinen eher dem Treiben in einem Kasino als in einer Klause geglichen zu haben. Johann Christian Schuchardt, seit 1825 Goethes Privatsekretär, erzählt: »Dazwischen aber kam der Barbier, der Friseur ..., der Bibliotheksdiener, öfter der frühere Sekretär Goethes, ... der Kanzlist, welche alle die Erlaubnis hatten, unangemeldet einzutreten. Der Kammerdiener meldete einen Fremden an ...; dazwischen trat auch wohl jemand aus der Familie ein. Der Barbier und Friseur erzählten, was in der Stadt etwa passiert sei, der Bibliotheksdiener berichtete von der Bibliothek usw. [...] das Diktieren ging bis zur nächsten Störung fort, als wäre nichts vorgefallen. Das war mir doch zu arg, und ich sah mich überall im Zimmer um, ob nicht irgendwo ein Buch, ein Konzept oder Brouillon läge, in das Goethe im Vorübergehn schaute (während des Diktierens wandelte derselbe nämlich ununterbrochen um den Tisch und den Schreibenden herum), aber niemals habe ich das geringste entdecken können. [...] Während des Diktierens kam es auch nicht selten vor, daß Goethe plötzlich stehen blieb, wie man etwa tut, wenn man eine Gruppe Menschen oder einen anderen Gegenstand unvermutet vor sich sieht, welche die augenblickliche Aufmerksamkeit auf sich ziehen. Diese schien er sofort künstlerisch zu gestalten und zu gruppieren. Mit ausgebreiteten Händen und unter Beugung des Körpers nach der einen oder anderen Seite brachte er den Gegenstand ins Gleichgewicht und in kunstgerechte Stellung. War ihm das gelungen, so rief er gewöhnlich: So recht! ganz recht!«

Nach dieser bühnenreif geschilderten Szene verwundert es nicht länger, wenn Goethe in einem Brief an Freund Zelter von seiner »Dictirseligkeit« spricht. Und es stellt sich zwangsläufig die Frage, ob sich die langjährige Schrägstrichehe Sitzmann/Stehmann nicht auf den ihr entsprießenden poetischen

Eigenhändig

Nachwuchs ausgewirkt habe. Schließlich ist es das eine, Dichtung zu schreiben, und das andere, sie druckreif zu sprechen. So ganz unvorbereitet ging das auch nicht immer vonstatten. Zu den *Wanderjahren* beispielsweise sind unzählige Entwürfe erhalten; die Manuskripte bestehen aus ineinandermontierten und zum Schluß zusammengeklebten Einzelteilen. Goethes Notizen und Schemata wurden zunächst als Grundlage für das Diktat verwendet, das Ganze dann abgeschrieben (Stehmann nannte dies »Mundum«), von helfenden Geistern durchgesehen, vom Meister abschließend korrigiert, noch einmal ins Reine geschrieben und an den Verlag gesendet.

Dieses Altersgroßwerk ist es auch, das Sitzmann in die Literaturgeschichte einführt. Als Freund symmetrischen Romanaufbaus hatte Goethe die einzelnen Bücher des zweiten *Wilhelm Meister* einigermaßen gleich dick geplant. Freilich muß er am 4.3.1829 Wilhelm Reichel, Verlagsgeschäftsführer bei Cotta, mitteilen: »Zu dem 1. Band der ›Wanderjahre‹ sende noch einen Nachtrag, da er gar zu mager ausgefallen ist. Mich hat die weitläufige Hand des Abschreibenden getäuscht.« Für den ersten Band war es indes zu spät, er war schon gedruckt. Doch Papier ist geduldig: »... füge mich um so lieber, als der letzte Band auch nicht stark ist ... Hiernach käme also das Nachgesendete ... ans Ende des 3. Bandes der ›Wanderjahre‹.« Das Nachgesendete waren bisher ungedruckte Aphorismen unter dem neuen Titel *Aus Makariens Archiv*. Daß sie sich also jetzt als Finale des ganzen *Wilhelm Meister* wiederfinden, ist Sitzmanns Verdienst, der durch seine großzügig bemessenen Schriftzüge einen dickeren Band vorgetäuscht hatte, so daß der Meister sich bemüßigt fühlte, noch etwas zur Vermehrung beizutragen.

Ein gleiches

Goethes transzendente Geisteshaltung wie auch seine transformatorische Arbeitsweise vermag folgendes Paar von Aphorismen zu belegen, das aus dem Notizbuch zur *Schlesischen Reise* von 1790 stammt; nur der zweite der beiden Sätze fand später durch die Herausgeber von Goethes zahlreichen Gedankensplittern Aufnahme in die *Maximen und Reflexionen* genannte Sentenzensammlung:

»Wenn ich eine Fliege todt schlage denke ich nicht und darf nicht denken welche Organisation zerstör [hier bricht die Handschrift ab, um in der nächsten Zeile neu anzusetzen:]

Wenn ich an meinen Todt denke, darf ich, kann ich nicht denken welche Organisation zerstört wird.«

Ekelnamen

Bei seinem autobiographischen Bericht im Jahre 1775 angekommen, gedenkt Goethe eines damaligen Lustspiels namens *Hanswursts Hochzeit*. Der Inhalt dieser Posse ist ihm durchaus referierenswert, nur bei den dramatis personae befällt ihn scheue Schweigsamkeit, weil »das sämtliche Personal des Schauspiels aus lauter deutsch herkömmlichen Schimpf- und Ekelnamen bestand«. »Da wir hoffen dürfen«, so fährt er im bescheidenen Pluralis majestatis von *Dichtung und Wahrheit* fort, »daß Gegenwärtiges in guter Gesellschaft, auch wohl im anständigen Familienkreise vorgelesen werde, so dürfen wir nicht einmal, wie doch auf jedem Theateranschlag Sitte ist, unsre Personen hier der Reihe nach nennen ...« Selbstverständlich haben auch wir jederzeit die anständigen Familienkreise im Auge und respektieren Goethes Sekretierung. Deshalb schlagen wir vor, den nun folgenden Auszug aus dem Personenverzeichnis von *Hanswursts Hochzeit* (welcher sich einer reinlichen Abschrift im Goetheschen Nachlaß verdankt;

auch sind etliche Vorstufenzettel erhalten) mit einem Stückchen geeigneten Papiers abzukleben und nur solchen Lesern zugänglich zu machen, deren sittliche Festigkeit und gefahrentrotzende Integrität nachgewiesen sind.

»Hanswurst Bräutigam. / Ursel Blandine Braut. / Ursel mit dem kalten Loch Tante. / [...] Hans Arschgen von Rippach empfindsam. / Matzfoz von Dresden. / [...] Reckärschgen Schnuckfözgen Nichten / [...] Peter Sauschwanz / Scheismaz./ Lauszippel / Grindschiepel / Rotzlöffel Gelbschnabel Pagen / Schwanz Kammerdiener / Hundsfutt ... / [...] Hans Tap ins Mus. Stamhalter / [...] Quirinus Schweinigel bel esprit. / Thomas Stinckloch Nichts gerings / Jfr Rabenas / Blackscheiser Poet. / [...] Mag. Sausack Pastor Loci / Stinckwiz Kammeriuncker / [...] Hosenscheiser Leckarsch Pathen der Braut / [...] Sprizbüchse / Lapparsch Original / [...] Dr. Bonefurz / [...] Fozzenhut / Dreckfincke / Saumagen / [...] Schnudelbutz / Farzpeter / Hundeiunge / [...] Mazpumpes, genannt Kühfladen. Juncker / Staches / Schlingschlangschlodi kommt von Akademien / Heularsch.« In der Reinschrift nicht mehr enthalten sind »Maztasche, Lumpenhund, Jfr Arschloch, Schindknochen, Lausewenzel, Nonnenfürzgen, Kropfliesgen«.

F

Finis

»Und sie lebten vergnügt bis an ihr seliges Ende.« Die Wendung besagt: Das Märchen ist aus, unfehlbar. Eine neue Es-war-einmal-Seite kann aufgeschlagen werden. Auch Goethe hat sein Märchen verfaßt, durch den Titel ist es als Urtyp angelegt. Nur –: durch ihr Finale verweist diese alchemistisch-archaisch-allegorische Mustermäre über ihre Fabel hinaus auf die Allgegenwart des Symbolischen, auf das Rätsel der Zukunft, und indem sie die *Unterhaltungen deutscher Ausgewanderten* beschließt, laufen diese »gleichsam ins Unendliche aus« (Goethe an Schiller, 17. 8. 1795). Selbst Goethes *Märchen* als Vertreter einer Gattung, die auf das Happy-End notwendig zusteuert, verrät ihres Schöpfers Abneigung gegen das definitiv Abgeschlossene und seine Zuneigung zum Andeutenden, Offenen und Fortschreibbaren, wie sie sich im Roman wie im Versepos wie im Drama wie in der Autobiographie und sogar der naturwissenschaftlichen Abhandlung niederschlagen.

Es gibt nur ein Werk Goethes, das in die altertümliche Formel »Finis« mündet, ein Schauspiel, das am Ausgang eines Dichterlebens aber gerade mit seinem Schluß über ein Ende hinausweist in die höchsten Sphären, die noch denkbar sind: *Faust, der Tragödie zweiter Teil*.

Franzosen

Hat er oder hat er nicht? Mit Käthchen? Mit Friederike? Mit Lotte? Mit Lili? Hat er nicht. Oder doch? Mit der von Stein? Hat er. Oder hat er nicht.

Die verbreitete Ansicht, Goethe habe sich bis weit über sein dreißigstes Lebensjahr hinaus jungfräulich erhalten und erst unter der glühenden Sonne Italiens und den geschickten Fingern »Faustinas« seinen »Iste« oder »Herrn Schönfuß« da unten entdeckt, läßt sich nicht halten – mit guten Gründen.

In der Universitätsbibliothek von Greifswald wurde nämlich ein interessantes Dokument zu diesem Thema entdeckt: ein Brief des jungen Theologen Thomas Wizenmann an seinen Vertrauten Philipp Wilhelm Gottlieb Hausleutner. In diesem Schreiben vom 4.9.1783 erzählt Wizenmann eine Geschichte, die er vermutlich direkt von seinem wie Goethes Freund Friedrich Heinrich Jacobi gehört hatte. Goethe litt früher, so heißt es dort, unter »den Franzosen«. Das war damals ein süffisantes Synonym für diverse Geschlechtskrankheiten (die man generell als Abkömmlinge der Syphilis auffaßte, natürlich der jeweils anderen Nation unterstellte) und auch Goethe kein unbekannter Begriff. Aus Italien wird er beispielsweise an Carl August über »allerliebste« Malermodelle berichten, die »bequeme Lust« böten, »wenn die französchen Einflüße nicht auch dieses Paradies unsicher machten.« (3.2.1787) Selbst eine der *Römischen Elegien* thematisiert die Unsicherheit der Liebe durch Geschlechtskrankheiten: »Aber ganz abscheulich ist's, auf dem Wege der Liebe / Schlangen zu fürchten, und Gift unter den Rosen der Lust«. Eine weitere, allerdings zu Lebzeiten unterdrückte Elegie aus diesem Zyklus bedichtet gleichfalls den gefährlichen »Wurm«, der den Genießenden anfällt, »besudelt die Quellen, / Geifert, wandelt in Gift Amors belebenden Thau«, so daß weder »Ehbett« noch »Ehbruch« mehr sicher sind. Und in einem Notizbuch von 1819 findet sich das herzige Epigramm »Ein abgestumpft Gesicht / Zeig doch den Blosen. / Wer ohne Nase spricht / Hat die Franzosen.«

Die Franzosen also. Bei einer Gelegenheit auf freiem Feld, so fährt die Erzählung im Brief fort, als die unangenehmen Begleiterscheinungen der Maladie ihn wieder arg belästigten (vielleicht beim Befriedigen eines menschlichen Bedürfnisses vulgo Pinkeln?), habe Goethe deshalb dem sexuellen Kontakt mit deren Verursacherinnen ganz abgeschworen, was allerdings seinem inneren Advocatus Diaboli nur höhnisches Gelächter entlockt habe. Im Originalton Wizenmanns hört sich das so an: »Göthe soll einst von den Franzosen sehr mitgenommen worden seyn. Mit diesem Teufel in den Hosen, gieng er in einer hellen SommerNacht aufs Feld. Vielleicht, daß er gerad rumorirte – kurz, Göthe schwur bei den Sternen, mit aufgehobener Hand, sich nicht mehr zu beflecken. Indem er so schwur, sah er neben sich eine Gestalt, die hämisch die Zähne blekte, und laut lachte und verschwand!«

Zur Abfassungszeit dieses Briefes war Goethe 34 Jahre alt und noch drei Jahre von seiner Italienreise entfernt. Und doch soll er schon einst von den »Franzosen«, also vielleicht von Tripper oder weichem Schanker, geplagt gewesen sein. Das macht endlich deutlich, daß Goethe zumindest in erotischer Hinsicht nicht die Ausnahmeerscheinung war, die man gern in ihm sehen wollte. Vielmehr lebte er jene bürgerliche Existenz, die stillschweigend davon ausging, daß sich junge Männer die »Hörner abstießen«, bevor sie in die Ehe mit meist völlig unaufgeklärten Mädchen entlassen wurden oder sogar dauerhaft der »wilden Ehe« den Vorzug gaben wie Goethe. Der Forscher Roberto Zapperi meint sogar, in Goethes Ausgabebüchern während der italienischen Reise seien unter der Rubrik »donne«, also »Frauen«, die Dienste von Prostituierten verzeichnet: für 2 Lire in Padua, 1 Lira und dann 2 Lire in Venedig.

Selbst wenn wir es bei der »Franzosen«-Geschichte bloß mit einer gut erfundenen Anekdote zu tun haben sollten, zeigt sie doch einen Ausschnitt des ganz normalen Männerhorizonts. Und der reichte auch in Goethes Zeit mitunter nur bis zur Pinselspitze.

Freiexemplare

Es ist vielfach geübte freundliche Praxis, Freiexemplare des eigenen Werks, welche der Schreiber unverzüglich, in großzügiger Anzahl und ohne Anmahnung vom Verlag erhält, an gute Bekannte zu verschenken. Wenn diesem gedruckten Gaul dann aber besonders genau ins Maul geschaut wird, mag man in Zukunft andere Ställe wählen: »... es wiederholte sich dem vieljährigen Autor die Erfahrung, daß man gerade von verschenkten Exemplaren Unlust und Verdruß zu erleben hat. Kommt jemanden ein Buch durch Zufall oder Empfehlung in die Hand, er liest es, kauft es auch wohl; überreicht ihm aber ein Freund, mit behaglicher Zuversicht, sein Werk, so scheint es als sei es darauf abgesehen ein Geistes-Übergewicht aufzudringen. Da tritt nun das radicale Böse in seiner häßlichsten Gestalt hervor, als Neid und Widerwille gegen frohe, eine Herzensangelegenheit vertrauende Personen. Mehrere Schriftsteller die ich befragte waren mit diesem Phänomen der unsittlichen Welt auch nicht unbekannt.«

Friederike

»Friederice Fritzel wie ist dir! O du Menschenkind – steht nicht geschrieben: so ihr glaubtet, hättet ihr das ewige Leben! und du wähntest manchmal, der Sinn dieser Worte sei in deiner Seele aufgegangen. Sei's nun – geringer kann ichs nicht tun – deine Liebe wag ich dran – sonst wär ich der heiligen Tränen nicht wert, die du ... an mein Herz weintest.« Dies ist das

Friederike

Fragment eines Goetheschen Briefes – nicht etwa an Friederike Brion, sondern, vom April 1775 datierend, an Friedrich Heinrich Jacobi.

Seit der ersten Begegnung am 21. Juli 1774 herrschte zwischen dem Junggenie Goethe und dem sechs Jahre älteren Philosophen und angehenden Schriftsteller Jacobi das »Du« und der Liebesbrieftton. »Du hast gefühlt dass es mir Wonne war, Gegenstand deiner Liebe zu seyn«, beschreibt Goethe dem Freund seine Gefühle (13. 8. 1774), und Jacobi bekennt: »Lieber ich bebe vor dem Drängen zu dir hin wenn's mich so ganz faßt.« (25. 3. 1775) Beide waren überzeugt, im anderen einen Lebenspartner gefunden zu haben. Für Jacobi war es das Schicksal selbst, das ihm Goethe beschert hatte: »Was Göthe und ich einander seyn sollten, seyn m u ß t e n , war, sobald wir vom Himmel runter neben einander hingefallen waren, im Nu entschieden [...] so ward Liebe unter uns.« (An Christoph Martin Wieland, 27. 8. 1774)

In der Folge entwickelte sich diese mit Liebe auf den ersten Blick begonnene Romanze wie eine durchschnittliche Ehe. Nachdem man aus den ersten gegenseitigen Besuchen hervorgegangen war »in der seligen Empfindung ewiger Vereinigung« (*Dichtung und Wahrheit*), hielt man die Verbindung mit längeren Unterbrechungen 40 Jahre und fast 200 Briefe lang aufrecht. Die Gründe für Unterbrechungen waren allerdings gravierend – der spektakulärste davon sogar eine Kreuzigung: Im Sommer 1779 konnte Goethe der Versuchung nicht widerstehen, Jacobis neuesten Roman *Woldemar. Eine Seltenheit aus der Naturgeschichte*, dessen tränensalziger »Geruch« ihm nicht behagte, in Ettersburg aufgeschlagen an eine Eiche zu nageln und davor eine improvisierte Spottrede zu halten. Seine dabei spontan verfaßte Parodie des *Woldemar*-Schlusses wurde zu allem Überfluß von der Herzogin Anna Amalia gedruckt in Umlauf gebracht, unter dem Titel *Geheime Nachrichten Von den letzten Stunden Woldemars Eines berüchtigten Freygeistes*. *Und wie*

Friederike

ihn der Satan halb gequetscht, und dann in Gegenwart seiner Geliebten, unter deren Gewinsel zur Hölle gebracht.

Das hätte dem Lebensbund Goethe-Jacobi natürlich beinahe den Garaus gemacht; aus dem »Engel« Goethe war in Jacobis Augen ein »aufgeblasener Geck« geworden, der ihm »eckelhaft und verächtlich« schien, der »Grimm, Bosheit und Tücke gegen« ihn »im Herzen hatte«. Jacobi war jedoch nach drei Jahren Korrespondenzpause und einer Goetheschen Beschwichtigung zur Versöhnung bereit. Der Briefwechsel wurde wiederaufgenommen, Besuche wurden verabredet, so mancher Freundschaftsdienst wechselseitig in Anspruch genommen. Es blieb indes nicht bei einem einzigen Ehekrach. Ob Jacobis Auseinandersetzung mit Mendelssohn über Lessings Weltanschauung (der Pantheismusstreit), bei dem Goethes *Prometheus*-Ode eine initiierende Rolle zufiel, oder Jacobis Kritik an Goethes *Wilhelm Meister*: Harmonisch war die Partnerschaft nur dann, wenn es um Harmloseres als um Gott und die Welt und die Werke des anderen ging.

Das weltanschauliche Stillhalteabkommen, das beide instinktiv über Jahre einhielten, wurde erst 1811 gebrochen, dann aber um so folgenreicher. »Jacobi ›von den göttlichen Dingen‹ machte mir nicht wohl«, rekapituliert Goethe, »wie konnte mir das Buch eines so herzlich geliebten Freundes willkommen sein, worin ich die These durchgeführt sehen sollte: die Natur verberge Gott! [...] mußte nicht ein so seltsamer, einseitig-beschränkter Ausspruch mich dem Geiste nach von dem edelsten Mann, dessen Herz ich verehrend liebte, für ewig entfernen?« Die ewige Entfernung folgte tatsächlich. Jacobis Abhandlung *Von den göttlichen Dingen und ihrer Offenbarung*, die in dem Credo gipfelt »Die Natur verbirgt Gott – der Mensch offenbaret Gott«, war für den im Künstlerischen polytheistisch und in der Naturbetrachtung pantheistisch denkenden Goethe (so seine Selbsteinschätzung) der Anlaß, seine Toleranz endgültig aufzugeben. Schon am 9. 6. 1785 hatte er Jacobi unmißverständlich mitgeteilt, daß er nicht wie dieser einen abstrakten Gottesbegriff pflege, sondern »das göttliche in herbis et lapidibus« suche: Naturerkenntnis als Gotteserkenntnis.

Trotz der mit gegenseitiger Duldung betriebenen lang dauernden Verbindung war die Trennung jetzt unwiderruflich. Es war Jacobi gewesen, der schon früher mit dem Gedanken an das Ende gespielt hatte (»Wären nicht die Kinder«, so schreibt er am 16.12.1794 an Goethe, »und das Herz das ich zu ihnen habe, ich hätte schon längst die Scheidung von dir nachgesucht, du Leichtfertiger!«). Nun war es also Goethe, der die Scheidung einreichte, und es tat ihm nicht einmal leid. So sehr war er von der immer unnachgiebiger gewordenen Haltung Jacobis abgestoßen, daß er am 8. April 1812 an Karl Ludwig von Knebel schrieb: »Daß es mit Jacobi so enden werde und müsse, habe ich lange vorausgesehen, und habe unter seinem bornierten und doch immerfort regen Wesen selbst genugsam gelitten. [...] Ich mag die mysteria iniquitatis nicht aufdecken; wie eben dieser Freund, unter fortdauernden Protestationen von Liebe und Neigung, meine redlichsten Bemühungen ignoriert, retardiert, ihre Wirkung abgestumpft, ja vereitelt hat. Ich habe das so viele Jahre ertragen, denn – Gott ist gerecht! – sagte der persische Gesandte, und jetzo werde ich mich's freilich nicht anfechten lassen, wenn sein graues Haupt mit Jammer in die Grube fährt.«

Bis zu Jacobis Tod im Jahr 1819 herrscht Stillschweigen zwischen den Separierten. Geblieben ist beiden nur der resignierte Rückblick. Jacobi formuliert ihn privat in einem Briefentwurf an Goethe, in dem er nur noch in der abgeschlossenen Vergangenheitsform von einer großen Liebe, die ihn seit mehr als vierzig Jahren mit Goethe verbunden hätte, schreiben kann; Goethe formuliert ihn öffentlich, in den *Biographischen Einzelheiten*: »Jacobi hatte den Geist im Sinne, ich die Natur, uns trennte was uns hätte vereinigen sollen. Der erste Grund unserer Verhältnisse blieb unerschüttert; Neigung, Liebe, Vertrauen waren

Friederike

beständig dieselben, aber der lebendige Antheil verlor sich nach und nach, zuletzt völlig. Über unsere späteren Arbeiten haben wir nie ein freundliches Wort gewechselt. Sonderbar! daß Personen, die ihre Denkkraft dergestalt ausbildeten, sich über ihren wechselseitigen Zustand nicht aufzuklären vermochten [...] Hätten sie sich ... verständigt, so konnten sie Hand in Hand durch's Leben gehen, anstatt daß sie nun, am Ende der Laufbahn, die getrennt zurückgelegten Wege mit Bewußtsein betrachtend, sich zwar freundlich und herzlich, aber doch mit Bedauern begrüßten.«

G

Gartenzwerge

Es gibt nichts Neues unter der Sonne, schon gar nicht, wenn sie einen deutschen Vorgarten bescheint. Da beklagt sich doch ein wackerer Apotheker, daß einst der Geschmack bei Auszierung seiner Immobilie noch weithin hervorgeleuchtet habe:

So war mein Garten auch in der ganzen Gegend berühmt, und
Jeder Reisende stand und sah durch die roten Staketen
Nach den Bettlern von Stein und nach den farbigen Zwergen.

Außer den Gartenzwergen habe er damals ein weiteres Kleinod der Grundstückskultur den staunenden Augen der Gäste präsentieren können:

Wem ich den Kaffee dann gar in dem herrlichen Grottenwerk
                              reichte,
Das nun freilich verstaubt und halb verfallen mir dasteht,
Der erfreute sich hoch des farbig schimmernden Lichtes
Schöngeordneter Muscheln; und mit geblendetem Auge
Schaute der Kenner selbst den Bleiglanz und die Korallen.

Aber in den gegenwärtigen Zeiten (wir schreiben das Jahr 1796 und befinden uns mitten in Goethes deutschestem, wenn auch homerisch-hexameternd einherschreitendem Versepos *Hermann und Dorothea*), so lamentiert unser Apotheker, sei die Mode über Zwerge und Grotten hinweggefegt, alles müsse nun schlicht, tropenhölzern und teuer sein:

Gartenzwerge

> Ja, wer sähe das jetzt nur noch an! Ich gehe verdrießlich
> Kaum mehr hinaus; denn alles soll anders sein und
>   geschmackvoll,
> Wie sie's heißen, und weiß die Latten und hölzernen Bänke.
> Alles einfach und glatt; nicht Schnitzwerk oder Vergoldung
> Will man mehr, und es kostet das fremde Holz nun am
>   meisten.
> Nun, ich wär' es zufrieden, mir auch was Neues zu schaffen;
> Auch zu gehn mit der Zeit und oft zu verändern den Haus-
>   rat;
> Aber es fürchtet sich jeder, auch nur zu rücken das Kleinste,
> Denn wer vermöchte wohl jetzt die Arbeitsleute zu zahlen?

Es gibt nichts Neues unter der Sonne.

Geheimnis

»Sie schafft ewig neue Gestalten; was da ist war noch nie, was war kommt nicht wieder – Alles ist neu und doch immer das Alte.

Wir leben mitten in ihr und sind ihr fremde. Sie spricht unaufhörlich mit uns und verrät uns ihr Geheimnis nicht. Wir wirken beständig auf sie und haben doch keine Gewalt über sie. [...]

Jedes ihrer Werke hat ein eigenes Wesen, jede ihrer Erscheinungen den isoliertesten Begriff und doch macht alles eins aus.

Sie spielt ein Schauspiel: ob sie es selbst sieht, wissen wir nicht, und doch spielt sies für uns, die wir in der Ecke stehen.

Es ist ein ewiges Leben, Werden und Bewegen in ihr und doch rückt sie nicht weiter. Sie verwandelt sich ewig und ist kein Moment Stillestehen in ihr. Fürs Bleiben hat sie keinen Begriff und ihren Fluch hat sie ans Stillestehen gehängt. Sie ist fest. Ihr Tritt ist gemessen, ihre Ausnahmen selten, ihre Gesetze unwandelbar. [...]

Sie freut sich an der Illusion. Wer diese in sich und andern zerstört, den straft sie als der strengste Tyrann. Wer ihr zutraulich folgt, den drückt sie wie ein Kind an ihr Herz. [...]

Ihr Schauspiel ist immer neu, weil sie immer neue Zuschauer schafft. Leben ist ihre schönste Erfindung, und der Tod ist ihr Kunstgriff viel Leben zu haben. [...]

Sie hat keine Sprache noch Rede, aber sie schafft Zungen und Herzen durch die sie fühlt und spricht.

Ihre Krone ist die Liebe. Nur durch sie kommt man ihr nahe. Sie macht Klüfte zwischen allen Wesen und alles will sich verschlingen. Sie hat alles isoliert um alles zusammenzuziehen. Durch ein paar Züge aus dem Becher der Liebe hält sie für ein Leben voll Mühe schadlos.

Sie ist alles. Sie belohnt sich selbst und bestraft sich selbst, erfreut und quält sich selbst. Sie ist rauh und gelinde, lieblich und schröcklich, kraftlos und allgewaltig. Alles ist immer da in ihr. Vergangenheit und Zukunft kennt sie nicht. Gegenwart ist ihr Ewigkeit. Sie ist gütig. Ich preise sie mit allen ihren Werken. Sie ist weise und still. [...]

Sie hat mich hereingestellt, sie wird mich auch herausführen. Ich vertraue mich ihr. Sie mag mit mir schalten. Sie wird ihr Werk nicht hassen. Ich sprach nicht von ihr. Nein, was wahr ist und was falsch ist, alles hat sie gesprochen. Alles ist ihre Schuld, alles ist ihr Verdienst.«

In der Tat, diese Prosa schreitet rhapsodisch einher, sie ähnelt dem Ton eines Preispsalms, dem 13. Kapitel aus dem 1. Korinther-Brief oder dem Hohelied Salomos (welches Goethe 1775 übersetzt hatte).

Der Hymnos entstammt dem nur in 11 handgeschriebenen Exemplaren kursierenden 32. Stück von Anna Amalias *Journal von Tiefurt* (Ende 1782 oder Anfang 1783) und erschien anonym. Überliefert ist er von der Hand Philipp Friedrich Seidels mit Korrekturen Goethes. Er wurde allgemein Goethe zugeschrieben, insbesondere Karl Ludwig von Knebel hielt ihn für ein Werk des Freundes.

Aber? Aber damals antwortet Goethe auf eine entsprechende Bemerkung Knebels: »Der Aufsatz im Tiefurther Journale deßen du erwehnest ist nicht von mir, und ich habe bißher ein Geheimniß draus gemacht von wem er sey. Ich kann nicht läugnen daß der Verfasser mit mir umgegangen und mit mir über diese Gegenstände oft gesprochen habe.« (3.3.1783) Das Geheimnis war nicht so schwer zu erraten (und Charlotte von Stein mutmaßte es gleich): Der Autor hieß Georg Christoph Tobler, Theologe, Schwager Lavaters, Gast Goethes in Weimar.

Die Sache wäre also geklärt. Wenn nicht der Kanzler von Müller am 23. Mai 1828 (richtig, Tobler war da schon 11 Jahre tot) ein Nachspiel angezettelt hätte – er »brachte einen merkwürdigen ... Aufsatz aus der brieflichen Verlassenschaft der Frau Herzogin Amalie. Frage: ob er von mir verfaßt sey?« (Tagebuch, 23.5.1828) Eine interessante Frage. Sie führt dazu, daß Goethe gleich am folgenden Tag den Sekretär kommen läßt. »Ich diktirte Bemerkungen über den gestrigen Aufsatz und dachte manches durch in Bezug auf das Folgende.« Was mochte das sein? »Das Folgende« war, daß Goethe die von Müller wiederentdeckte Toblerone aus dem *Tiefurter Journal* in seine *Ausgabe letzter Hand* aufnahm, die er in jenen Jahren für den Druck fertigmachte. Begleitet und kommentiert wird der Text aber diesmal von einer *Erläuterung*, datiert auf den 24. Mai 1828. Genau, es handelt sich dabei um die diktierten »Bemerkungen«, welche Goethe im Tagebuch erwähnt. Niedergeschrieben sei »jener Aufsatz«, so lesen wir dort, »von einer wohlbekannten Hand ..., deren ich mich in den achtziger Jahren in meinen Geschäften zu bedienen pflegte.« Aha, die helfende Hand Seidels. Und erdacht? Von wem? »Daß ich diese Betrachtungen verfaßt, kann ich mich faktisch zwar nicht erinnern, allein sie stimmen mit den Vorstellungen wohl überein, zu denen sich mein Geist damals ausgebildet hatte.« Nicht ungeschickt.

Noch geschickter, daß der Gehalt der Recyclingschrift dem Verhältnis von frühem »Komparativ« zu aktuellem »Superlativ« verglichen und deren größter Mangel im damals notwendigen Fehlen von Zentralbegriffen der späteren Zeit ermittelt wird, nämlich den »zwei großen Triebrädern ... Polarität und Steigerung«.

Und weiter? Der letzte Satz der *Erläuterung* hat nach eineinhalb Seiten wie von ungefähr wieder vergessen, daß die Vaterschaft am literarischen Sprößling anfangs durchaus in Frage stand. Er fordert uns, die Leser, auf, den Urtext noch einmal zu durchlesen, »nicht ohne Lächeln« den veralteten Komparativ mit dem gegenwärtigen Superlativ zu vergleichen und schließlich »eines funfzigjährigen Fortschreitens« des Autors sich zu »erfreuen«. Des Autors? Nun, die Metamorphose vermag viel, und warum soll aus der Puppe Tobler nicht der Schmetterling Goethe geschlüpft sein.

Noch etwas? Ach so, der Gegenstand. Der Gegenstand jenes frühen Hohelieds ist nicht Kunst, nicht Hoffnung, nicht Seligkeit, nicht Gottesfurcht. Den unspezifischen Titel *Fragment*, den das Toblersche Prosastück in Anna Amalias Zeitschrift erhalten hatte, ersetzt Goethe in seiner *Ausgabe letzter Hand* schlicht durch das Thema des Werks: *Die Natur*.

Gerührt

Bekanntlich schrieb man zu Goethes Zeit mit Feder und Tinte, erstere selten aus Schilfrohr, meist aus Gänsekiel bestehend und mit Hilfe des Federmessers ständig neu gespitzt. Anders als heute, wo der von Minen und Mäusen angewiderte altmodische Mensch sein Glasfläschchen Pelikan Royalblau oder Brillantschwarz im gutsortierten Schreibwarenhandel anstandslos

Gerührt

erhält, wurde man damals, wollte man sein Tintenfaß auffüllen, selbst zum Rührer und Pantscher. Folgendes Rezept versprach beispielsweise satt deckende, leicht fließende Federzüge: »Eine gute schwarze Dinte zu machen. Man nehme 16 Loth blauen Gallus, 9 Loth Gummi Arabicum 12 loth ungarischen Vitriol. Dieses alles zerstosse man fein u. giese 2 Maas siedend Regen oder weiches Fluss Wasser darüber, hernach werfe man ferner hinein eine kleine Hand voll Salz, drei Viertel Maas guten Wein Essig ein halb achtel guten Brandenwein, u rühre sie öfters wohl um. Man kan sie gleich gebrauchen, wird nie schimmlicht u. tauert eine lange Zeit, wenn sie blos mit Wasser als aufgiesent.« (Kochbuch der Johanne Wilhelmine Cotta, begonnen 1792. Faksimile Leipzig 1984, S. 95. Vgl. auch Nr. 69/1994 der stets liebevoll bibliophil aufgemachten *Marbacher Magazine: Vom Schreiben 2 – Der Gänsekiel oder Womit schreiben?*)

Gestalt, schwankende

Der Witz hat einen ellenlangen Bart. Wenn es auf der Bühne, wo man den *Faust* gibt, mit der *Zueignung* erstem Vers »Ihr naht euch wieder, schwankende Gestalten« losgeht, erstehen vor manchem geistigen Auge schon die Zecher aus Auerbachs Keller, nachdem Mephisto sie mit Wein und Spott traktiert hat; die weihevolle Stimmung ist beim Teufel. Und wenn dann noch Der HErr höchstpersönlich ersterem befiehlt »Zieh diesen Geist von seinem Urquell ab«, sind Heiterkeit wie Empörung gleich groß: jemanden, und sei er ein Gespenst, von seinem (zweifellos frisch gezapften) Pilsner Urquell abzuhalten – welch göttliche Häme!

Das Schwankende von Goethes Gestalten verdankt sich freilich weder Wein- noch Bierfässern. Schwankend in ihrer Erscheinung sind sie, weil sie einem langen Prozeß der Bildung und Umbildung unterworfen waren, weil sie noch zum Zeitpunkt der *Zueignungs*-Abfassung (1797) kein starres Profil angenommen hatten – wolkig-verschleierte Figuren sind sie, die mit ihrem »Zauberhauch« festbannen. Die Terminologie ist parallel zu Goethes morphologischen Studien gebildet. Von den »organischen Gestalten« in der uns umgebenden Natur heißt es, »daß nirgend ein Bestehendes, nirgend ein Ruhendes, ein Abgeschlossenes vorkommt, sondern daß vielmehr alles in einer steten Bewegung schwanke. [...] Das Gebildete wird sogleich wieder umgebildet«. Diese ständige Bewegung in der Erscheinungsform nennt er Metamorphose und formuliert damit ein Grundgesetz, von dessen Wahrheit er zeitlebens überzeugt bleibt. Wie um Goethes Thesen zu bestätigen, brachte die tropische Flora eine Pflanze hervor, »die den Triumph der Metamorphose im Offenbaren feiert«. Das Bryophyllum calycinum oder Brutblatt bildet an Einkerbungen seiner dickfleischigen Blätter sozusagen Embryonen, welche sich, auf die Erde gefallen, zu neuen Pflänzchen entwickeln. Goethe hat das Bryophyll jahrelang beobachtet, es Versuchen unterworfen und Freunden einzelne Blätter zur Aufzucht neuer Topfpflanzen geschenkt. Mit dem Vierzeiler *Wie aus einem Blatt unzählig* bekommt auch Marianne von Willemer Mitte April 1830 ein zum Keimen bestimmtes Teilchen, das ihr »die angenehmste Pflicht auflegt, im Andenken eines angeeigneten Freundes, mit Pflanzen-Erziehung sich zu beschäftigen«.

In der schriftlichen Fixierung seiner Beobachtungen zum Brutblatt taucht der Satz auf, dieses Kraut entwickele aus allen Teilen immer wieder sich selbst, andererseits eigne ihm »etwas Proteisches«, so daß größtmögliche Anpassung an unterschiedlichste Lebensverhältnisse seine Stärke sei. Das Zitat des Wechselgottes Proteus, angewandt auf die Metamorphose der Pflanzen, bezeugt die Verschmelzung von naturwissenschaftlichem und dichterischem Gedankengut. »Wie man entstehn und sich verwandlen kann«, das weiß der »Wundermann« Proteus, denn »Gestalt zu wechseln bleibt« seine »Lust« (*Faust II*,

Gestalt, schwankende

V. 8153 u. 8244). Und das Bryophyllum calycinum wiederum mutiert vom Objekt zum belebten »Geschöpf«, dem sein Erzieher »leidenschaftlich zugetan« ist: »Sonderbar genug ist es, wie diese Pflanze sich unter veränderten Umständen augenblicklich modifiziert und ihre Allpflanzenschaft durch Dulden und Nachgiebigkeit, sowie durch gelegentliches übermütiges Vordringen auf das wundersamste zutag legt.« (An Christian Gottfried Daniel Nees von Esenbeck, 23. 7. 1820)

Gift und Schlange

Will man den Goetheschen Epigrammen zugestehen, subjektive Anschauung und Tageslaune hätten sie unmittelbarer in die spitze Feder diktiert als – nun ... – beispielsweise sein *Märchen*, so wäre es durchaus erwägenswert, so ein Epigramm als wenig verstellte Selbstaussage zu werten:

Vieles kann ich ertragen. Die meisten beschwerlichen Dinge
Duld' ich mit ruhigem Muth, wie es ein Gott mir gebeut.
Wenige sind mir jedoch wie Gift und Schlange zuwider;
Viere: Rauch des Tabaks, Wanzen und Knoblauch und †.

(In einer anderen Fassung dieser während und nach dem Venedig-Aufenthalt notierten Epigramme steht »Christ« statt »†«. Zur Verbindung von »Gift« und »Schlange« in Zusammenhang mit Geschlechtskrankheiten ➞ **Franzosen**.)

Daß dem eben vernommenen lyrischen Ich neben Frömmelei, Allium sativum und blutsaugenden Insekten der Pfeifenqualm besonders verhaßt ist, teilt es jedenfalls mit seinem Autor, der wegen eines tabaksatten Kutschergeruchs in Ohnmacht fallen und den Verursacher, dem wie allen Dienstboten das Rauchen untersagt war, festnehmen lassen konnte. Einer lebenslangen Verbannung hätte sich vermutlich derjenige aus-

Gift und Schlange

gesetzt, der in Goethes Gegenwart außer Pfeife und Mundgeruch auch noch eine Brille im Gesicht getragen hätte. So vertraut eine von Goethes Gestalten, ihrem Schöpfer verwandtschaftlich ans Herz gewachsen, dem Tagebuch als Maxime, als Reflexion ein Mißbehagen an, das uns aus Eckermanns *Gesprächen mit Goethe* wohlbekannt ist: »Es käme niemand mit der Brille auf der Nase in ein vertrauliches Gemach, wenn er wüßte, daß uns Frauen sogleich die Lust vergeht, ihn anzusehen und uns mit ihm zu unterhalten.« Was Ottilie mit weiblicher Delikatesse formuliert, kommt aus Wilhelm Meisters Munde nicht weniger geschliffen, doch schon etwas forscher: »Wer durch Brillen sieht, hält sich für klüger, als er ist [...] Sooft ich durch eine Brille sehe, bin ich ein anderer Mensch und gefalle mir selbst nicht; ich sehe mehr, als ich sehen sollte, die schärfer gesehene Welt harmoniert nicht mit meinem Innern [...] Wir werden diese Gläser so wenig als irgendein Maschinenwesen aus der Welt bannen, aber dem Sittenbeobachter ist es wichtig, zu erforschen und zu wissen, woher sich manches in die Menschheit eingeschlichen hat, worüber man sich beklagt. So bin ich z. B. überzeugt, daß die Gewohnheit, Annäherungsbrillen zu tragen, an dem Dünkel unserer jungen Leute hauptsächlich schuld hat.«

Tatsächlich gibt Ottiliens wie Wilhelms Erfinder in einem brieflichen Bekenntnis die Idiosynkrasie seiner Gedankenkinder als die eigene preis: »... ich bin von diesen Glasaugen, hinter denen man die natürlichen aufsuchen muß, ein großer Feind.« (An Christoph Ludwig Friedrich Gabriel Schultz, 1.10.1820)

Und schließlich ist Goethe das Thema sogar zwei korrespondierende lyrische Anstrengungen wert. Im ersten Gedicht antwortet ein angesprochenes Du auf die Frage der ersten Strophe, warum es »ein ganz verflucht Gesicht« dem Brillenträger mache, mit:

Gift und Schlange

> Das scheint doch wirklich sonnenklar!
> Ich geh' mit Zügen frei und baar,
> Mit freien treuen Blicken;
> Der hat eine Maske vorgethan,
> Mit Späherblicken kommt er an,
> Darein sollt ich mich schicken?

Das Bild von der Larve Brille, die blendend die Spiegel der Seele verdecke, variiert das zweite Gedicht:

> Was ist denn aber beim Gespräch
> Das Herz und Geist erfüllet,
> Als daß ein echtes Wort-Gepräg'
> Von Aug' zu Auge quillet!
> Kommt jener nun mit Gläsern dort,
> So bin ich stille, stille;
> Ich rede kein vernünftig Wort
> Mit einem durch die Brille.
> *(Feindseliger Blick* und *Was ist denn aber ...)*

Goethes letzter Arzt, Dr. Carl Vogel, bemerkt übrigens, sein Patient habe auf der Stirn »eine kirschkerngroße Wucherung« gehabt, »in Folge des durch einen fast fortwährend getragenen Augenschirm von schlechter Beschaffenheit bewirkten Drucks«. Auch sei ihm »dieser Auswuchs lange verborgen geblieben«, da er »Goethen meistens nur mit dem, die Excreszenz verdeckenden Schirme sah«.

Ginkgo biloba

> Theilen kann ich nicht das Leben,
> Nicht das Innen noch das Außen,
> Allen muß das Ganze geben,

Um mit euch und mir zu hausen.
Immer hab' ich nur geschrieben
Wie ich fühle, wie ich's meine,
Und so spalt' ich mich, ihr Lieben,
Und bin immerfort der Eine.
(Zahme Xenien)

Größe

Sie wird übereinstimmend mit 177 bis 178 cm angegeben.

H

Halbfußlang

Bei Besichtigung des Schiller-Hauses in Weimar werden im Wohnzimmer der Ehefrau oft Fragen nach einem an der Wand hängenden, etwa 60 cm langen Stock laut. Es ist ein Ellenmaß zum Bestimmen von Länge und Breite einer Stoffbahn und ersetzt die ungenaue Norm des menschlichen Unterarms. Im Deutschland Charlotte von Schillers und also auch Goethes gab es über hundert verschiedene Ellenmaße; desgleichen differierten Meile, Fuß und Zoll je nach Region. Unter einer Meile verstand man einen Abschnitt, der ungefähr 7 ½ km beträgt, der Fuß, jeweils in 10 oder 12 Zoll eingeteilt, entspricht – beispielsweise als rheinländische, preußische und dänische Einheit – heutigen 31,385 cm.

Als man für die große *Weimarer Ausgabe* von Goethes Werken daranging, alles aus seiner Feder Stammende zu versammeln, war dieses Alles nicht ganz so umfassend gemeint, indem man gewisse geheimzuhaltende Seiten Goethescher Schriftstellerei aussonderte und stillschweigend unter den mit Anstand gedeckten Editorentisch fallen ließ. Die »Gründe«, welche »die Grossherzogin Sophie nöthigten, diese Secreta dem Erstlinge der unter ihrem fürstlichen Frauennamen erscheinenden Ausgabe nur mit Weglassungen einzuverleiben«, liegen auf der Hand: auf der weiblich-zarten, behandschuhten natürlich. Im viele Jahre nach dem Tode der Großherzogin nachgetragenen Anmerkungsapparat der *Sophien-Ausgabe* bemüht man sich dann trotzdem noch zu versichern, daß die »hier erfolgte Veröffentlichung« solcher bislang weggesperrter Goetheana keinen »andern Sinn gebe als den reiner Wissen-

Halbfußlang

schaftlichkeit«. So einer reinen Gesinnung verdankt sich denn auch das am Ende dieses Artikels abgedruckte Zitat, das lediglich zum Beleg der Verwendung von Längeneinheiten wie »Fuß« dienen soll. Dabei handelt es sich um eine von Goethes *Römischen Elegien*, allerdings nicht aus dem Kreise der zwanzig, die zuerst in Schillers *Horen* abgedruckt waren – oder in seinen »Horen mit u«, wie man sie seit der Veröffentlichung der Goetheschen Gedichte nennen solle, so Herder nach dem Zeugnis Karl August Böttigers (an Friedrich Schulz, 27.7.1795). Vielmehr ist es eine der beiden rahmenden Elegien aus den ursprünglich 24 *Erotica Romana* (der Titel des Zyklus im Manuskript), die Goethe später unterdrückte.

Vor dem Abdruck des Erotikons seien aber noch ein paar Erläuterungen eingefügt: Mit dem »letzten der Götter« aus Vers 1 ist der Gott der Fruchtbarkeit Priapus gemeint, dessen hölzernes Abbild Gärten und Weinbergen zum Schutz gereichte. Seines hervorstechendsten Attributs wird später unter dem Stichwort ➔ **Teil, heilsamer** gedacht. – Beim »redlichen Künstler« des 11. Verses soll man getrost eine Allegorie des Autors mitdenken; so wie der geschickte Bildner die Statue im Garten restauriert, so erneuert der Dichter das antike Muster der priapeischen Lyrik im Garten der Poesie, wofür ihm denn auch der gebührende Lohn wird. – Die »Duzzend Figuren« der Philänis aus dem letzten Verspaar schließlich spielen auf den praktizierten Stellungskatalog einer berühmten Hetäre an.

Jetzt aber endlich die versprochene Elegie, welche wie erwähnt nur zum Nachweis der Maßeinheit »Fuß« angeführt wird:

Hinten im Winckel des Gartens da stand ich der letzte der Götter
Rohgebildet, und schlimm hatte die Zeit mich verletzt.
Kürbisrancken schmiegten sich auf am veralteten Stamme,

Und schon krachte das Glied unter den Lasten der Frucht.
Dürres Gereisig neben mir an, dem Winter gewiedmet,
Den ich hasse, denn er schickt mir die Raben aufs Haupt
Schändlich mich zu besudeln; der Sommer sendet die
                                          Knechte,
Die sich entladende frech zeigen das rohe Gesäs.
Unflat oben und unten! ich mußte fürchten ein Unflat
Selber zu werden, ein Schwamm, faules verlohrenes Holz.
Nun, durch deine Bemühung, o! redlicher Künstler,
                                          gewinn ich
Unter Göttern den Platz der mir und andern gebührt.
Wer hat Jupiters Thron, den schlechterworbnen, befestigt?
Farb und Elfenbein, Marmor und Erz und Gedicht.
Gern erblicken mich nun verständige Männer, und dencken
Mag sich jeder so gern wie es der Künstler gedacht.
Nicht das Mädchen entsetzt sich vor mir, und nicht die
                                          Matrone,
Häßlich bin ich nicht mehr, bin ungeheuer nur starck.
Dafür soll dir denn auch halbfuslang die prächtige Ruthe
Strozzen vom Mittel herauf, wenn es die Liebste gebeut.
Soll das Glied nicht ermüden, als bis ihr die Duzzend
                                          Figuren
Durchgenossen wie sie künstlich Philänis erfand.

Hälfte des Lebens / Hälfte des Erlöses

Frankfurt 1769, im Altersrückblick: »Eine andere, etwas menschlichere und bei weitem für die augenblickliche Bildung nützlichere Beschäftigung war, daß ich die Briefe durchsah, welche ich von Leipzig aus nach Hause geschrieben hatte. Nichts gibt uns mehr Aufschluß über uns selbst, als wenn wir das, was vor einigen Jahren von uns ausgegangen ist, wieder vor uns sehen, so daß wir uns selbst nunmehr als Gegenstand betrachten können.

[...] Dieses bewog mich, als ich nun abermals das väterliche Haus verlassen und auf eine zweite Akademie ziehen sollte, wieder ein großes Haupt-Autodafé über meine Arbeiten zu verhängen. Mehrere angefangene Stücke, ... nebst vielen andern Gedichten, Briefen und Papieren wurden dem Feuer übergeben.«

1775, 3. Januar, an Sophie von La Roche: »Indem ich die Briefe vergangnen Jahrs sortirte und aufhub sind doch mancherley altneue Ideen mir durch den Kopf gegangen. Wenn man so den moralischen Schneeballen seines Ich ein Jahr weiter gewälzt hat, er hat doch um ein gutes zugenommen. Gott verhüte Thauwetter.«

1779, 7. August: »Zu Hause aufgeräumt, meine Papiere durchgesehen und alle alten Schaalen verbrannt. Andre Zeiten andre Sorgen. Stiller Rückblick aufs Leben, auf die Verworrenheit, Betriebsamkeit Wissbegierde der Jugend, wie sie überall herumschweift um etwas befriedigendes zu finden [...] Wie des Thuns, auch des Zweckmäsigen Denckens und Dichtens so wenig, wie in zeitverderbender Empfindung und Schatten Leidenschafft gar viel Tage verthan, wie wenig mir davon zu Nuz kommen und da die Hälfte nun des Lebens vorüber ist, wie nun kein Weeg zurückgelegt sondern vielmehr ich nur dastehe wie einer der sich aus dem Wasser rettet und den die Sonne anfängt wohlthätig abzutrocknen.«

1782, 21. November, an Karl Ludwig von Knebel: »Alle Briefe an mich seit 72, und viele Papiere iener Zeiten, lagen bey mir in Päckchen ziemlich ordentlich gebunden, ich sondre sie ab und lasse sie heften. Welch ein Anblick!«

1787, 17. November, aus Rom an Carl August: »Verbrennen Sie doch ja meine Briefe gleich daß sie von niemandem gesehen werden, ich kann in dieser Hoffnung desto freier schreiben.«

1797, 9. Juli: »Briefe verbrannt. Schöne grüne Farbe der Flamme wenn das Papier nahe am Drahtgitter brennt.«

Über den gleichen Zeitraum: »Vor meiner Abreise verbrenn'

ich alle an mich gesendeten Briefe seit 1772, aus entschiedener Abneigung gegen Publication des stillen Gangs freundschaftlicher Mittheilung.«

1805, aus Anlaß von Winckelmanns Briefen an Berendis: »Briefe gehören unter die wichtigsten Denkmäler, die der einzelne Mensch hinterlassen kann.«

1813, 26. Juni, an seine Frau: »Es ist ein sehr guter Gedanke, mein liebes Kind, daß Du die Briefe von so langer Zeit her ordnest, so wie es sehr artig war, daß Du sie alle aufgehoben hast. Woran soll man sich mehr ergetzen in diesen Tagen, wo so vieles vergeht, als an dem Zeugniß, daß es selbst auf Erden noch etwas Unvergängliches gibt.«

1819, 4. April, an Johann Friedrich Rochlitz: »Leider verbrannte ich 1797 eine zwanzigjährige geheftete Sammlung aller eingegangener Briefe, die ich mir bei meinen biographischen Arbeiten sehnlichst zurückwünsche«.

1824, in *Über Kunst und Alterthum*: »Das Vorzüglichste, was wir durch Mitteilung älterer Briefe gewinnen, ist: uns in einen früheren, vorübergegangenen, nicht wiederkehrenden Zustand unmittelbar versetzt zu sehen.«

1827, 21. Januar, über *Solgers nachgelassenen Briefwechsel*: »Briefe eines einflußreichen Mannes, an einen oder mehrere Freunde in einer Reihe von Jahren geschrieben, geben uns schon einen reineren Begriff von den obwaltenden Zuständen und Gesinnungen. Aber ganz unschätzbar sind Briefwechsel zweier oder mehrerer durch Thätigkeit in einem gemeinsamen Kreis sich fortbildender Personen.«

1828, 3. Januar, im Rückblick, an Marianne von Willemer: »Die Briefe von Leipzig waren durchaus ohne Trost; ich habe sie alle dem Feuer überliefert.«

1830, 18. Februar, Gesprächsprotokoll Kanzler von Müllers: »Vom Verbrennen aller seiner gesammelten Briefe bis 1786, als er nach Italien zog. Es lerne ja doch niemand viel aus alten Briefen, man werde nicht klüger durch antécédents.«

Hälfte des Lebens / Hälfte des Erlöses

1832, 10. Februar, an Marianne von Willemer, mit einem Paket ihrer Briefe an Goethe: »Dergleichen Blätter geben uns das frohe Gefühl daß wir gelebt haben; dies sind die schönsten Dokumente auf denen man ruhen darf.«

Eigenhändig unterschriebenes Testament vom 22. Januar 1831: »Alle Aufmerksamkeit verdient das Kästchen, welches bei Großherzoglicher Regierung niedergestellt ist; es enthält die Originalbriefe meiner Correspondenz mit Schiller, welche erst im Jahr 1850 herausgegeben werden sollen […] Wie sich auch die weltlichen Sachen bilden, so werden diese Papiere von großem Werthe sein: a) wenn man bedenkt, daß die deutsche Literatur sich bis dahin noch viel weiter über den Erdboden ausbreiten wird; b) daß darin nahe bis 500 Briefe von Schillers eigner Hand befindlich; daß ferner c) die Anecdotenjagd so viele Namen, Ereignisse, Meinungen und Aufklärungen finden wird, die, wie wir in jeder Literatur sehen, von älteren Zeiten her immer mehr geschätzt werden; so wird man begreifen, was ein kluger Unternehmer aus diesen Dingen werde für Vortheil ziehen können. Deßhalb das Ausbieten dieses Schatzes nicht privatim, sondern durch die Zeitungen und zwar auch durch die ausländischen zu besorgen und den Nachkommen die Früchte väterlicher Verlassenschaft zu steigern sein werden. Meine Enkel sind alsdann längst mündig und mögen nach dieser Anweisung ihre eigenen Vortheile wahren. Die Hälfte des Erlöses kommt den Schillerischen Erben zu, weßhalb denn in diesem Geschäft die nöthige Vorsicht zu brauchen ist.«

Hasig

Zwischen 4 und 20 Junge wirft eine Häsin pro Jahr. Das brachte ihr und ihrem Rammler schon im Altertum die Gnade ein, als Fruchtbarkeitssymbol auf dem Altar der Aphrodite zu enden. Die Vermehrungsfreudigkeit der Gattung Leporidae ließ diese zu idealen Symbolen frühlingshafter Erneuerung und sexueller Lust werden. »Aus lauter Hasigkeit«, schreibt Christiane Vulpius am 26. Mai 1797 von Weimar aus, wolle sie, »wenn es nur einigermaßen anginge, ein Wägelichen nehmen und mit dem Bübechen« zu Goethe nach Jena hinüberfahren, damit sie »nur recht vergnügt sein könnte«. Ihr Schoß also drängt sich nach ihm hin, und das ist fünf Tage später nicht anders: »Hasig bin ich noch immer«.

Für Goethes kleine Familie ist Meister Lampe ein gern gesehener Gast im Kosegarten. Christiane und August versichern, »wie lieb Dich Deine Hasen haben«, wohingegen Goethe seine »lebenslustigen Hasenfüße« grüßt, was keineswegs ein Widerspruch in sich ist, denn damals hießen Hasenfüße diejenigen, die sozusagen immer eine Hasenpfote in der Tasche hatten, also spaßig und drollig waren. Einmal auch sendet Goethe der Hausgenossin Caroline Ulrich ein »kleines Halstuch«, »welches recht hasig ist und ihr Freude machen wird«. Hasenhaft zu sein heißt für das Paar vom Frauenplan, weich, anschmiegsam, sehnsuchtsvoll und erwartungsfroh zu sein. Madame Vulpius ruft oft schriftlich dem Abwesenden hinterher »ich bin Dein Hase« oder meldet, daß sie nach melancholischen Tagen »wieder der ganze Hase wie sonst« sei. Den weiblichen Zyklus teilt sie in Hasentage und andere Tage ein: »Ich bin auch ein Hase, wenn ich nur nicht seit der Redoute schon ein Meerweibchen wäre.« Ins Neudeutsche übersetzt, entbehrt dieser charmante Satz vom Hasen und dem »Besuch durch das Meerweibchen« dann doch seines Flairs: Ich wär' schon scharf auf dich, aber seit der Party hab' ich meine Periode.

Goethes Wortschatz ist im Austausch mit seiner Frau ebenfalls von köstlicher Kreativität. »Schlender- und Hätschelstündchen« wünscht er mit ihr zu verbringen, und auch sie sehnt sich nach diesen »Schlampamps-Stündchen«. Für Schwangerschaft und Neugeborenes erfinden die beiden Ausdrücke wie »Krabskrälligkeit« und »Pfuiteufelchen«, ein »Herr

Schönfuß« befördert halbfußlang und heilsam die gute Laune, eine Geschenksendung ist ein »Schwänchen«, eine Spritztour ein »Rutscherchen«, und wenn Frau Goethe »kramselig« oder »gramselich« ist, also Trübsal bläst oder vielleicht mault, weil ihr jemand etwas »weggekrapselt« hat, wird sie »aufgequäkelt«, bis sie wieder Lust hat, im Hause herumzu»gräbeln«.

Christiane von Goethes Briefe sind nicht elegant und nicht intellektuell, doch sind sie die herzlichsten und anrührendsten der ganzen Korrespondenz. Wie schildert sie einen alltäglichen Abschied vom Geliebten, vom Papa? »Wie Du in Kötschau von uns weg warst, gingen mir raus und sahen auf dem Berg Deine Kutsche fahren, da fingen mir alle beide eins an zu heulen und sagten beide, es wär uns so wunderlich.« Wie beginnt sie ihre Briefe? Beispielsweise »Nun, mein allerbester, superber, geliebter Schatz, muß mich ein bißchen mit Dir unterhalten, sonsten will es gar nicht gehen.« Wie endet sie? Mit »ich liebe Dich über alles« und »Leb wohl, Du Lieber, und behalt mich ja lieb und komm bald wieder« oder »Hier schicke ich Dir was Spargel. Und nun muß ich Wäsche aufhängen. Leb wohl. Bald ein mehres. Behalt mich lieb«. Womit signiert sie? In den ersten Jahren setzt sie selten ihren Namen an das Ende; nach der Hochzeit zeichnet sie meist »C. v. Goethe« (die Anrede ist dann »Lieber Geheimerath«); einmal findet sie eine rührende, charakteristische Bezeichnung: »Dein kleines Naturwesen« (sie schreibt es »Dein Glein nes nadur wessen«); ein anderes Mal sendet sie »einen Expressen« und unterschreibt dieses Billett so, daß man sie heute noch dafür herzen möchte: »Hase in Eile«.

Hund

1) Gottes
Als Genieapostel durch die Lande ziehend, ein komischer Heiliger, abstinent und vegetarisch, Kranke heilend und Proselyten hinterlassend, war Christoph Kaufmann in Künstlerkreisen bekannt wie ein bunter Hund. Auch Goethe ließ sich zunächst von dem um vier Jahre Jüngeren faszinieren, bis er 1779 in die allgemein werdende Verachtung des vollmundig-tatenarmen, durch Maler Müller mit »Gottes Spürhund« verspotteten Naturburschen einstimmte:

> Als Gottes Spürhund hat er frei
> Manch Schelmenstück getrieben,
> Die Gottesspur ist nun vorbei,
> Der Hund ist ihm geblieben.

2) kläffender
Wie Amor selbst unangenehmste Geräusche umzudeuten vermag, belegt die *XVII. Römische Elegie*:

> Manche Töne sind mir Verdruß, doch bleibet am meisten
> Hundegebell mir verhaßt: kläffend zerreißt es mein Ohr.
> Einen Hund nur hör' ich sehr oft mit frohem Behagen
> Bellend kläffen, den Hund, den sich der Nachbar erzog.
> Denn er bellte mir einst mein Mädchen an, da sie sich
> heimlich
> Zu mir stahl, und verriet unser Geheimnis beinah.
> Jetzo, hör' ich ihn bellen, so denk' ich mir immer: sie
> kommt wohl!
> Oder ich denke der Zeit, da die Erwartete kam.

3) ein Schuft
Unter den von Goethe nicht für die *Ausgabe letzter Hand* ausgewählten zahlreichen *Venetianischen Epigrammen* aus seinen Notizbüchern repräsentiert dasjenige, das später die Nummer 73 erhielt, besonders gut die Stimmung Goethes, der im Frühjahr 1790, statt zu Hause bei Frau Christiane und neugeborenem August zu sein, die Herzogin Anna Amalia in Venedig erwarten mußte, um sie zurück nach Weimar zu begleiten, in einem Venedig, das ihn bar jeder Gesellschaft und wissenschaftlich-künstlerischer Anregung sah:

Wundern kann es mich nicht, daß Menschen die Hunde so lieben;
Denn ein erbärmlicher Schuft ist, wie der Mensch, so der Hund.

4) war schuld
Selbst in seriöser Literatur wird als autobiographisches Dokument gewertet, was Goethe in einer Textpassage angeblich über seine Befindlichkeit unmittelbar nach der Rückkunft aus Italien berichtet. Das Zitat belege, daß Charlotte von Stein ihn herzlos, kalt und verständnislos empfangen habe, indem sie sich ihm, dem Weitgereisten, Vielerfahrenen, bei der ersten Wiederbegegnung kaum, sehr wohl aber ihrem Hündchen Lulluchen gewidmet habe. Der Vorwurf Goethes im Brief vom 1. Juni 1789 an die Freundin, »die Art, wie sie« ihn »empfangen« habe, sei »für« ihn »äußerst empfindlich« gewesen, beziehe sich auf ebendiese Geschichte. Es handelt sich indes mitnichten etwa um ein Paralipomenon zu den *Tag- und Jahres-Heften*, sondern vielmehr um einen Abschnitt aus der Erzählung *Die guten Weiber*, die Goethe 1800 als Begleitung einiger Kupferstiche des *Taschenbuchs für Damen auf 1801* verfaßt hatte. Nachdem in der Decameron-ähnlichen Erzählsituation von den Teilnehmern einer Gesprächsrunde schon der »Hunde-Liebhaberey« ein

denkbar schlechter Leumund ausgestellt worden war, erzählt ein Liebespaar ein positives Gegenbeispiel, wie nämlich ein Windspiel ihre Partnerschaft zu stabilisieren half. Die Reihe kommt an den nächsten Plauderer, es ist Sinklair, und dieser kann nicht umhin, das heitere Hundebild wieder zu verdüstern. »Sie haben von einem Hunde erzählt, der glücklicher Weise eine Verbindung befestigte; ich kann von einem andern sagen, dessen Einfluß zerstörend war. Auch ich liebte, auch ich verreis'te, auch ich ließ eine Freundin zurück. Nur mit dem Unterschied, daß ihr mein Wunsch sie zu besitzen noch unbekannt war. Endlich kehrte ich zurück. Die vielen Gegenstände, die ich gesehen hatte, lebten immerfort vor meiner Einbildungskraft, ich mochte gern, wie Rückkehrende pflegen, erzählen, ich hoffte auf die besondere Theilnahme meiner Freundin. Vor allen andern Menschen wollte ich ihr meine Erfahrungen und meine Vergnügungen mittheilen. Aber ich fand sie sehr lebhaft mit einem Hunde beschäftigt. That sie es aus Geist des Widerspruchs, der manchmal das schöne Geschlecht beseelt, oder war es ein unglücklicher Zufall: genug, die liebenswürdigen Eigenschaften des Thiers, die artige Unterhaltung mit demselben, die Anhänglichkeit, der Zeitvertreib, kurz was alles dazu gehören mag, waren das einzige Gespräch, womit sie einen Menschen unterhielt, der seit Jahr und Tag eine weit' und breite Welt in sich aufgenommen hatte. Ich stockte, ich verstummte, ich erzählte so manches andern, was ich abwesend ihr immer gewidmet hatte, ich fühlte ein Mißbehagen, ich entfernte mich, ich hatte Unrecht und ward noch unbehaglicher. Genug, von der Zeit an ward unser Verhältniß immer kälter, und wenn es sich zuletzt gar zerschlug, so muß ich, wenigstens in meinem Herzen, die erste Schuld jenem Hunde beimessen.«

5) *teuer verscheucht*
Bei einem Aufenthalt in Göttingen verstrichen Goethe die Tage »nützlich und angenehm«, doch die Nächte »höchst verdrieß-

lich«. Er hatte nicht nur das Triller-Üben einer Demoiselle Krämer in der Wohnung unter sich und nicht nur den »ungeheuren Ton« eines Nachtwächterhornes zu ertragen, sondern auch solches Begebnis: »eine Hundeschaar versammelte sich um das Eckhaus, deren Gebell anhaltend unerträglich war. Sie zu verscheuchen, griff man nach dem ersten besten Werfbaren, und da flog denn manches Ammonshorn des Hainberges, von meinem Sohne mühsam herbeigetragen, gegen die unwillkommenen Ruhestörer, und gewöhnlich umsonst. Denn wenn wir alle verscheucht glaubten, bellt' es immerfort bis wir endlich entdeckten, daß über unsern Häuptern sich ein großer Hund des Hauses am Fenster aufrecht gestellt seine Kameraden durch Erwiderung hervorrief.« *(Tag- und Jahres-Hefte 1801)*

Wie das Problem gelöst wurde, offenbart der Eintrag für diesen Tag im Rechnungsbuch von Goethes Diener Johann Ludwig Geist. Er verzeichnet »dem Nachtwächter Trinkgeld einen Hund zu verscheuchen 1 gr [Groschen]«. Das entspricht in etwa dem Gegenwert von 3 Pfund Brot.

6) als Schauspieler
Nicht unpassend bereitete ausgerechnet ein Pudel (dessen Kern bekanntlich teuflisch ist) Goethes Karriere als Theaterdirektor ein Ende. Über der Frage, ob am 9.4.1817 auf Weimars Bühne ein offensichtlicher Trivialfetzen namens *Der Hund des Aubri de Mont-Didier oder: Der Wald bei Bondy* gegeben werden dürfe, bildeten sich zwei Parteien: Die eine Seite nahm Goethe ein, um die Würde sowohl des Triumphorts Ifflands als auch der Uraufführungsstätte von *Tasso* und *Wallenstein* besorgt, die andere Carl August und seine wie der herzoglichen Liebhaberbühne Primadonna Caroline Jagemann. Sensationslust und Publikumsgeschmack siegten, man ignorierte des Vorstands misokyne Theatergesetze, der *Hund des Aubri* wurde gespielt, Goethes Parterreloge blieb leer. Heftig applaudierend waren die Zuschauer dem musikalisch unter-

legten tierischen Schaustück gefolgt, in dem der Hauptdarsteller (sicherlich war er im Stammbaum als Lassie verzeichnet) nächtens durch Winseln und Türekratzen ein ganzes Haus aufmerksam macht, um die aus dem Schlaf Erwachten – im Maul trägt er die Laterne voran – zum Opfer eines gräßlichen Verbrechens zu führen und schließlich, dekorativ ein Fenster durchspringend, den Mörder eigenzähnig zu fassen.

Vier Tage nach diesem Spektakel liest Goethe seinen Entlassungsbrief (gebeten hatte er nicht um ihn, obwohl er in der Tat schon länger des Postens überdrüssig geworden war): »Lieber Freund, Verschiedene Äußerungen deinerseits, welche mir zu Augen und Ohren gekommen sind, haben mich unterrichtet, daß du es gerne sehn würdest, von denen Verdrießlichkeiten der Theater-Intendanz entbunden zu werden [...] C. A. Grhrz. z. S.«

7) toter
Auch wenn Marcel Reich-Ranicki in der *Frankfurter Allgemeinen Zeitung* dem folgenden Goetheschen Opus längst den Stempel aufdrückte »dümmstes Gedicht, das seiner Feder entstammt«, und dessen Verfasser »Anhänger der Todesstrafe, Gegner der Meinungsfreiheit, Volksverhetzer« schalt, wollen wir es hier – zum letztenmal – zitieren:

> Da hatt' ich einen Kerl zu Gast,
> Er war mir eben nicht zur Last,
> Ich hatt' just mein gewöhnlich Essen.
> Hat sich der Mensch pumpsatt gefressen;
> Zum Nachtisch, was ich gespeichert hatt'.
> Und kaum ist mir der Kerl so satt,
> Tut ihn der Teufel zum Nachbar führen,
> Über mein Essen zu räsonieren:
> Die Supp' hätt' können gewürzter sein,
> Der Braten brauner, firner der Wein. –

Der Tausendsackerment!
Schlagt ihn tot, den Hund! Es ist ein Rezensent.

Postlatratum: ist gerettet
Zur trostreichen Erbauung derer, die siebenmal ihre Goethemit der Hundeliebe kollidieren sahen: Nach dem *Buch des Paradieses* aus dem *West-östlichen Divan* gehört der Hund zu den vier *Begünstigten Tieren*, denen »auch verheißen war / Ins Paradies zu kommen, / Dort leben sie das ew'ge Jahr / Mit Heiligen und Frommen«.

Hypsistarier

»Wie einen Gott« habe das »Schicksal den Dichter über« Stoff und Personal seiner Werke gesetzt, doziert Wilhelm Meister. Dem Einhalt zu gebieten, sei im folgenden ein kleiner Aufstand angezettelt, dergestalt, daß einer Figur dieser poetischen Weltordnung erlaubt wird, sich über ihren Erzeuger zu erheben, ja ihn zu examinieren:

MARGARETE: »Nun sag, wie hast du's mit der Religion?«
GOETHE: »Des religiösen Gefühls wird sich kein Mensch erwehren, dabei aber ist es ihm unmöglich, solches in sich allein zu verarbeiten, deswegen sucht er oder macht sich Proselyten.«
MARGARETE: »So glaubst du nicht?«
GOETHE: »Von Erschaffung der Welt an« hab' ich »keine Konfession gefunden, zu der ich mich völlig hätte bekennen mögen.«
MARGARETE: »Das ist nicht recht, man muß dran glauben!«
GOETHE: »Nun erfahr ich aber in meinen alten Tagen von einer Sekte der H y p s i s t a r i e r, welche, zwischen Heiden, Juden und Christen geklemmt, sich erklärten, das Beste,

Hypsistarier

Vollkommenste, was zu ihrer Kenntnis käme, zu schätzen, zu bewundern, zu verehren und, insofern es also mit der Gottheit im nahen Verhältnis stehen müsse, anzubeten.«

MARGARETE: »Das ist alles recht schön und gut; ungefähr sagt das der Pfarrer auch, nur mit ein bißchen andern Worten.«

GOETHE: »Ich fühlte, daß ich zeitlebens getrachtet hatte, mich zum Hypsistarier zu qualifizieren; das ist aber keine kleine Bemühung: denn wie kommt man in der Beschränkung seiner Individualität wohl dahin, das Vortrefflichste gewahr zu werden?«

MARGARETE: »Wenn man's so hört, möcht's leidlich scheinen, steht aber doch immer schief darum; denn du hast kein Christentum.«

Da hat Gretchen wohl recht mit dem Urteil über ihren Schöpfer (ihr Teil des Dialogs vgl. *Faust I*, V. 3415-3468). »Zur Messe, zur Beichte« ist er »lange nicht gegangen«, und er ehrt »auch nicht die heiligen Sakramente«; statt dessen findet er im Glaubensbekenntnis einer obskuren kleinasiatischen Sekte des 4. Jahrhunderts jenes höhere Wesen, das wir verehren (sein Teil des Dialogs: an Johann Sulpiz Boisserée, 22. 3. 1831). Was ihn an der hypsistarischen Lehre angezogen hat, muß die Evidenz ihrer Lobpreisungspolitik gewesen sein: das sichtbarlich Mächtigste, Höchste (Hypsistos) verdiente Anbetung, so vor allen anderen Kräften das Element von Feuer und Sonne – Bild des »Allumfassers, Allerhalters«, wie Faust es ausdrückt. Freilich ist bei Goethe nicht an eine ernsthafte Konversion zu denken, wenn er sich auf den Tag genau ein Jahr vor seinem Tod »zum Hypsistarier qualifiziert«. Er hatte lediglich einen Namen gefunden für seine lebenslange Bestrebung, das »Vortrefflichste gewahr zu werden«, das Große im Kleinen zu entdecken und das Allgemeine im Besonderen, Einzelnes und All zusammenzudenken, die Scheidung von Gott und Natur, von Natur und Mensch aufzuheben.

Hypsistarier

Bevor er auf die kappadozischen Separatisten im Zeichen des Hypsistos gestoßen war, hatte er deren und sein Credo schon mehrfach formuliert, besonders prägnant als *Vermächtnis altpersischen Glaubens* im *West-östlichen Divan*. Auf dem Sterbebett fordert ein Parse die Umstehenden auf, zu vergleichen: den König und seine Mannen, deren Gewänder übersät mit Gold und Edelgestein sind – mit dem Anblick der Sonne, die sich »auf Morgenflügeln«

> Bogenhaft hervorhob. Wer enthielte
> Sich des Blicks dahin? Ich fühlte, fühlte
> Tausendmal, in so viel Lebenstagen,
> Mich mit ihr, der kommenden, getragen,
>
> Gott auf seinem Throne zu erkennen,
> Ihn den Herrn des Lebensquells zu nennen,
> Jenes hohen Anblicks wert zu handeln
> Und in seinem Lichte fortzuwandeln.

Im Anschauen der Sonne, deren ungefilterte Kraft ihm nicht ertragbar sei, der er sich nur »in Finsternis geblendet« zuwenden könne, öffne sich dem Menschen das Tor zur Gotteserkenntnis.

Die gleiche Erleuchtung, ob wie hier »altpersisch«, ob »hypsistarisch« genannt, wird dem im Heilschlaf (sozusagen vom ersten Teil) genesenen Faust gegeben. Er beobachtet, wie die Natur rings um ihn erwacht, wie das Licht langsam die Farben hervorlockt und schließlich die Sonne aufgeht: »Sie tritt hervor! – und leider schon geblendet, / Kehr' ich mich weg, vom Augenschmerz durchdrungen.« Die Lichtfülle erscheint ihm ein »Flammenübermaß«, ein »Feuermeer«, er wendet den Blick weg zum Wasserfall, der das Licht auffängt, widerspiegelt und auffächert in »des bunten Bogens Wechseldauer«. Scheu im Schauder vor dem Urphänomen, das sich als Regenbogen dem

Menschen zu erkennen gibt, erfährt er: »Ihm sinne nach, und du begreifst genauer: / Am farbigen Abglanz haben wir das Leben.«

Im Bild, genommen aus seinen optischen Studien, erhöht zum Symbol, erscheint wiederum das (nach welcher Lehre auch immer zu benennende) Bekenntnis Goethes: Die Natur ist Widerschein des Unendlichen – »Alles Vergängliche / Ist nur ein Gleichnis« –, das Höchste selbst aber ist nicht schaubar, nur verschleiert, in Spiegelung, Allegorie und Gleichnis ist es zu erfassen, zu ertragen: »Das Wahre, mit dem Göttlichen identisch, läßt sich niemals von uns direkt erkennen, wir schauen es nur im Abglanz, im Beispiel, Symbol, in einzelnen und verwandten Erscheinungen; wir werden es gewahr als unbegreifliches Leben und können dem Wunsch nicht entsagen, es dennoch zu begreifen.« (*Versuch einer Witterungslehre*) Aus diesem Wunsch heraus erklärt sich die Hybris, das Göttliche direkt erfassen zu wollen, den Schleier der Wahrheit lüften zu wollen, der Sonne direkt ins Antlitz sehen zu wollen; doch der Mensch ist »bestimmt Erleuchtetes zu sehen, nicht das Licht!« (*Pandora*).

I

Ideal

Welchen Leser ich wünsche? den unbefangensten, der mich,
Sich und die Welt vergißt, und in dem Buche nur lebt.
(*Vier Jahreszeiten: Herbst*, Nr. 56)

Im Grünen

Neben »Poesie, Zeichnung, Mahlerey, Sculptur, Architecktur, Musick, Tanz, Theater« gibt es noch eine »Kunstthätigkeit« des Menschen, welche seinen »Bildungstrieb« hervorlockt: die Gartenkunst. Im Schema zu einem gemeinsam zu verfassenden Aufsatz hatten Goethe und Schiller sie an den prominenten Platz gerückt. Schön sauber werden hier die Künste daraufhin eingeteilt, welchen Nutzen, welchen Schaden sie jeweils »fürs Subjekt« und »fürs Ganze« bringen. Bei der Gartenkunst ist die Kolumne mit den individuellen Schäden am längsten, schließlich geht die »Gartenliebhaberey auf etwas endloses hinaus« – sie entbehrt der Begrenzung durch die Idee, sie spielt durch Nachahmung bloß mit dem Erhabenen in der Natur, sie sanktioniert willkürliches Phantasieren, kurz: sie »befördert die sentimentale und phantastische Nullität«. Harte Worte über ein harmloses Hobby. Nun ja, der Aufsatz, zu dem dies Schema dienen sollte, trug den Titel *Über den Dilettantismus*.

Goethe wußte aus Erfahrung, was er da meinte. Selbst in beinahe jedem Fache Autodidakt, schickte er sich doch in tausendundeinem Gebiet an, den Profi zu geben. Kaum nach Weimar übergesiedelt, machte er sich mit seinem neuen Brotherrn zusammen an die Umgestaltung des Weimarer Ilmgeländes.

Im Grünen

Von 1778 an wurde aus dem Fürstenterrain ein öffentlicher Landschaftspark nach englischem Geschmack, wie man es in den Anlagen zu Wörlitz vorgemacht hatte. Mit Christian Cay Laurenz Hirschfelds einflußreicher *Theorie der Gartenkunst* erschien gleichzeitig das Buch zur Tat. Der Abschied vom französischen Regelmaß für Rosenbeete, Buchsbaumeinfassungen, Taxushecken, Wasserspiele, Lindenboskette und terrassierte Prospekte brachte die sanft geschwungenen Hügel, verschlungenen Pfade, malerisch verteilten Haine, murmelnden Bäche und eindrucksvollen Panoramen into fashion. Architektonisch verzierte man nun die imitierte Wildnis in Weimar nach und nach mit Borkenhäuschen, Naturbrücke, Felsentor, Dessauer Stein, künstlicher Ruine, Sphinxgrotte, Tempelherrenhaus, Schlangenstein, Denkmal für Leopold Friedrich Franz Fürst zu Dessau, Römischem Haus und Reithaus. Auf diese Weise war ein – freilich geschickt domestiziertes – Naturreservat in unmittelbare Nähe zur Stadt gerückt. Ohne allzusehr von Regenschauern, Kletten, Ameisen oder anderen Landarbeitern belästigt zu werden, konnte man sich je nach Stimmung wie ein verliebter Schäfer, frommer Klausner oder philosophischer Grillenfänger gerieren.

Von der Grünschwärmerei, die in dieser gefühlsbeflügelnden Landschaft immer neue Nahrung fand, zur Empfindelei war es nicht weit. Das wußte gerade derjenige, der mit seinem *Werther* unschuldigerweise zur Oh-und-Ach-Hysterie der Zeit beigetragen hatte. Das Gegenmittel bestand in einem gepfefferten dramatischen Eintopf aus Spott und Selbstironie namens *Der Triumph der Empfindsamkeit*, entworfen 1777/78. Ein von der titelgebenden Verirrung angekränkelter Prinz auf der Erbse führt in dieser Posse stets eine »Reisenatur« im Koffer mit sich, weil die wirkliche seiner Gesundheit unzuträglich und überhaupt die künstliche Natur viel echter sei als die echte. Höhepunkt der Szenerie ist die Verwandlung der Hölle durch den Höllenhofgärtner in einen englischen Park, indem man aus

Im Grünen

dem benachbarten Elysium sich Landschaftselemente borgt und umgekehrt das Paradies mit Höllinventar versieht. Sisyphos' Felsen macht man zum Point de vue und des Zerberus Hundehaus zur baumumstandenen Kapelle, versteckt nur »zum Exempel / Einen Schweinstall hinter einen Tempel«. Selbst die Bedürfnisanstalt – »versteht mich schon, / Wird geradeswegs ein Pantheon«. Höllengärtner Askalaphus hat sie am Schnürchen, die Ingredienzien der empfindsamen Parks, wie die Zeitmode sie gebeut:

> Wir haben Tiefen und Höhn,
> Eine Musterkarte von allem Gesträuche,
> Krumme Gänge, Wasserfälle, Teiche,
> Pagoden, Höhlen, Wieschen, Felsen und Klüfte,
> Eine Menge Reseda und andres Gedüfte,
> Weimuthsfichten, babylonische Weiden, Ruinen,
> Einsiedler in Löchern, Schäfer im Grünen,
> Moscheen und Thürme mit Kabinetten,
> Von Moos sehr unbequeme Betten,
> Obelisken, Labyrinthe, Triumphbogen, Arkaden,
> Fischerhütten, Pavillons zum Baden,
> Chinesich-gothische Grotten, Kiosken, Tings,
> Maurische Tempel und Monumente,
> Gräber, ob wir gleich niemand begraben,
> Man muß es alles zum Ganzen haben.

Von der Empfindelei solcher Art kurierte Goethe sich selbst durch Besitz und Tätigkeit. »Hab ein liebes Gärtgen vorm Thore an der Ilm schönen Wiesen in einem Thale. ist ein altes Hausgen drinne, das ich mir repariren lasse. Alles blüht alle Vögel singen.« So beschreibt er in einem Brief an Auguste zu Stolberg (17.5.1776) das Gartenhaus, das ihm sein Fürst als erste Weimarer Wohnstatt geschenkt hatte und das seine Heimat vom April 1776 bis zum Juni 1782 werden sollte. Hier verknüpften sich ihm Naturerlebnis und poetische Produktion in idealer Weise: »Alles gaben Götter die unendlichen / Ihren Lieblingen ganz / Alle Freuden die unendlichen / Alle Schmerzen die unendlichen ganz. So sang ich neulich als ich tief in einer herrlichen Mondnacht aus dem Flusse stieg der vor meinem Garten durch die Wiesen fliest« (an Auguste zu Stolberg, 17.7.1777). Immer wieder verzeichnet das Tagebuch Sätze wie diesen: »Im Garten geschlafen in herrlichem Mondschein aufgewacht.« (24.7.1777) Daß dabei vor dem lyrischen Preis der Gärtnerschweiß zu fließen habe, erfährt selbst die Hofdame Stein: »Im Garten unter freyem Himmel! [...] Meine Bäume versorgen! – und werde sehr von den Mücken gestochen. Mit beschmierten Baumwachsfingern fahr ich fort« (12.6.1777).

Auch als Goethe längst am Frauenplan residierte, zog er sich zum Arbeiten gern in die »Stille des Gartens«, in seine »Garteneinsamkeit« am Stern zurück, denn »ohne absolute Einsamkeit« könne er »nicht das mindeste hervorbringen« (an Schiller, 7.8.1799). Wie sehr mit dem schlichten Haus das Gefühl schöpferischen Erfolgs verbunden war, zeigt eine Steinskulptur am Ende des Gartenhauptwegs. Die Kugel auf dem Kubus, Bewegung und Beharrung symbolisierend, ist der Agathe tyche, der Göttin des guten Glücks und des Gelingens, zugeeignet.

Seit er zuerst allein, dann mit Frau und Sohn inmitten der Stadt zu finden war, teilte sich Goethes hortuarische Aufmerksamkeit in den angestammten Platz an der Ilm, den Botanischen Garten zu Jena und zuletzt seinen neuen Besitz zwischen Frauenplan und Ackerwand. Von Italien (mit seinem Urpflanzen-Erlebnis) wiedergekehrt, ließen ihn die Pflanzenstudien, ob in freier Natur oder mit Mikroskop und Zeichenstift, nicht mehr los. Insbesondere sein *Versuch, die Metamorphose der Pflanzen zu erklären*, aber auch kleinere Aufsätze wie *Bignonia radicans* oder *Spiral-Tendenz der Vegetation* sind Früchte dieser Beschäftigung.

Im Grünen

Der Hausgarten am Frauenplan war klein, aber wichtig. Zunächst im Zeichen der naturwissenschaftlichen Experimentierlust bepflanzt (unterstützt von diversen Gärtnern), um vor Ort zu studieren, zu sezieren und zu zeichnen, diente er später zunehmend der Versorgung der Familie mit schmackhaftem Grünzeug. Was das außerhalb gelegene Krautland an Kartoffeln und Kohl hergab, wurde ergänzt durch Gemüse und Obst (z. B. Aprikosen) aus dem Hausgarten. Zudem eignete sich das Stückchen bäuerlich angelegte Natur hervorragend zum Spazieren und Konversieren mit Gästen. Sogar, man traut es dem eckigen Eckermann gar nicht zu, für ein bißchen Wilder-Mann-Spielen war dort Platz: »Er ... gab mir zum Ziel einen Fleck im Fensterladen seines Arbeitszimmers. Ich schoß. Der Pfeil war nicht weit vom Ziele, aber so tief in das weiche Holz gefahren, daß es mir nicht gelang, ihn wieder heraus zu bringen. ›Lassen Sie ihn stecken, sagte Goethe, er soll mir einige Tage als eine Erinnerung an unsere Späße dienen.‹«

Besonders das Frühjahr mit den von Goethe bevorzugten Zwiebelblumen Krokus, Schneeglöckchen, Tulpen, Narzissen, Kaiserkronen und Lilien trägt zur beinahe täglichen Augenweide, zum Beobachtungsvergnügen und zur Rubrizierung bei. Unzählige Tagebuchsätze sind dem Garten gewidmet, wie z. B. am 23.3.1813: »Im Garten. Die Stangen der Aristolochia [Osterluzei bzw. Pfeifenwinde] aufgerichtet.« Ein Standardeintrag – meist betrifft er den Nachmittag – lautet »Im Garten« oder »Für mich im Garten«.

Beinahe ganz von selbst erledigte sich allmählich das Thema französischer contra englischer contra deutscher Parkgeschmack. Man baute an, züchtete, probierte aus, hatte andere Prioritäten als gartenästhetische. Varnhagen von Ense hält am 8.7.1825 ein Gespräch mit Goethe über »den Wechsel des Geschmacks ... in Gärten« und »Parkanlagen« fest. Letztere seien »einst – besonders durch Hirschfelds allgemein verbreitetes Buch – in ganz Deutschland eifrigstes Bestreben« gewe-

Im Grünen

sen, indes inzwischen »völlig aus der Mode; man höre und lese nirgends mehr, daß jemand noch einen krummen Weg anlege, eine Tränenweide pflanze; bald werde man die vorhandenen Prachtgärten wieder zu Kartoffelfeldern umreißen«. Wie hier die englischen, so waren allerdings auch die französischen Gartenanlagen hoffnungslos unersprießlich geworden. Der zweite *Faust*-Teil verrät die Ablehnung eines als absolutistisch und gefühlskalt verschrienen herrscherlichen Gartenkonzepts, wenn Mephisto seine Vision eines Luxuslebens beschreibt: »... ein Schloß zur Lust. / Wald, Hügel, Flächen, Wiesen, Feld / Zum Garten prächtig umbestellt. / Vor grünen Wänden Sammetmatten, / Schnurwege, kunstgerechte Schatten«. Fausts verächtliche Antwort: »Schlecht und modern!« Aber genau solch schlechte, moderne Versailles-Nachahmung, mit »weitem Ziergarten« und »geradgeführtem Kanal«, verwirklicht sich der greise Tyrann dann mit seinem Altersdomizil, dem Palast auf meeresabgetrotztem Grund, dessen Vollkommenheit nur die arkadische Hütte der beiden friedlichen Alten noch stört.

Iste

Soll Er beim anatomischen, dem lexikalisierten oder gar dem liederlichen Namen genannt sein? Die Begriffsnot ist schon immer groß:

> Gieb mir statt »Der Sch....« ein ander Wort o Priapus
> Denn ich Deutscher ich bin übel als Dichter geplagt.
> Griechisch nennt ich dich φαλλοσ, das klänge doch
>   prächtig den Ohren,
> Und lateinisch ist auch Mentula leidlich ein Wort.
> Mentula käme von Mens, der Sch.... ist etwas von hinten,
> Und nach hinten war mir niemals ein froher Genuß.

Was wäre, wenn Er also in einem langen Gedicht Hauptperson zu spielen hätte? Wie Ihn dann beim Namen nennen? Das fremde Idiom muß helfen. Und so wird Er zum »Iste«, zu diesem da, jenem da unten – zum beziehungsreichen Reimwort, wie man noch sehen wird.

Beschrieben wird im 24strophigen *Tagebuch* aus dem Jahre 1810 der unfreiwillige Aufenthalt eines durch Wagenbruch an der Weiterfahrt gehinderten Reisenden. Zum Glück findet sich im nahen Wirtshaus Herberge: eine Kammer, ein Tisch für Tagebuch und Tinte, schließlich auch ein schönes Kind, den Zwangshalt zu versüßen; ein weiteres Glück, daß die Kleine – sonst »blöde« und »spröde« gegen jeden Mann – auf den ersten Blick begehrt, ja bereit ist »zu genießen«. Der Genuß ist angesetzt um Mitternacht; in der Szene figurieren breites Bett (pardon, »weites Lager«), Kerzenschein, »süße Brüste« – und Er. Doch was geschieht? Wie zuvor schon die im Tagebuch angesetzte Feder, so versagt Iste jetzt seinen Dienst. »Denn der so hitzig sonst den Meister spielet, / Weicht schülerhaft zurück und abgekühlet.« Nicht des weiblichen »Körpers Fülleform« noch Verwünschungen durch den Herrn da oben vermögen Ihn aufzurichten – »Ohnmächtig jener, dem sie nichts verwehrte.«

So untenherum unbeschäftigt, schweifen des Wanderers Gedanken ab, Erinnerungen an die Zeit seines Bräutigamstandes werden lebendig (»Da quoll dein Herz, da quollen deine Sinnen, / So daß der ganze Mensch entzückt sich regte«), auch der in gewisser Hinsicht unvergeßlichen kirchlichen Trauung wird gedacht (»Gesteh ich's nur, vor Priester und Altare / Vor deinem Jammerkreuz, blutrünstger Christe, / Verzeih mir's Gott, es regte sich der Iste«), und die Hochzeitsnacht erscheint verklärt (»Theilnehmend sie, mich immer unermüdet«). Mächtig drängen nun die Bilder so erlaubter wie unkonventioneller Liebesfreuden in die Einbildungskraft:

Iste

> Und wie wir oft sodann im Raub genossen
> Nach Buhlenart des Ehstands heilige Rechte,
> Von reifer Saat umwogt, vom Rohr umschlossen,
> An manchem Unort, wo ich's mich erfrechte,
> Wir waren augenblicklich, unverdrossen
> Und wiederholt bedient vom braven Knechte!

Der lebhafte Gedankenflug bleibt endlich nicht ohne Folgen. »Meister Iste hat nun seine Grillen / Und läßt sich nicht befehlen noch verachten, / Auf einmal ist er da, und ganz im Stillen / Erhebt er sich zu allen seinen Prachten«. Nicht weniger glorios als die messianische Auferstehung wird hier die Seine gefeiert. Aber weil das Zusammenspiel von Herr und Meister kompliziert ist, führen solch hohe Prachten Ihn doch nicht zum appetitlich hingebreiteten Ziel. Schließlich gibt es außer Ihm noch ihn, und letzterer ist imstande, philosophisch zu werden: wer hat denn Iste wieder dienstbereit gemacht? War es nicht die Erinnerung an ungetrübte »Jugendlust«?

Der nachdenklich Gewordene sublimiert den skrupulös verhinderten Liebes- zu einem mit neuer Frische einsetzenden Schreibakt am Tagebuch; nun fällt ihm die entsagende Lösung kaum geknüpfter Bande leicht (»Das Mädchen ... wirft sich rasch in's Mieder« – »... er wirft sich in den Wagen«). Und weil es sich beim *Tagebuch* um ein höchst lehrreiches Opus handelt, folgt die Moral von der Geschicht' um einen fast begangenen Ehebruch:

> So will auch ich in so beliebtem Gleise
> Euch gern bekennen was die Verse wollen:
> Wir stolpern wohl auf unsrer Lebensreise,
> Und doch vermögen in der Welt, der tollen,
> Zwei Hebel viel aufs irdische Getriebe:
> Sehr viel die *Pflicht*, unendlich mehr die *Liebe*!

Obwohl diese Zeilen das Gedicht mit einem Machtwort abschließen, bleiben sie merkwürdig unbefriedigend in ihrer scheinbar ehemoraltheologischen Sentenzhaftigkeit.

In der Tat weist die 22. Strophe des *Tagebuchs* auf eine tiefere Schicht der Verserzählung hin, die über diesen tugendhaften Schlußpunkt hinausreicht. Dort ist bei der wörtlichen Zitierung der Tagebucheintragung die Rede davon, dem Papier das »Beste ... zuletzt verschweigen« zu müssen. Was hier oberflächlich am Beispiel männlicher Impotenz angesichts einladender Gelegenheiten vorgeführt wird, könnte also ein Gleichnis sein: ein Bild dafür, daß Erinnerung und Reflexion wie beim Sex die physiologische Blockade so beim Schreiben die kreative aufzulösen imstande ist (und das Gedicht heißt schließlich *Das Tagebuch*, nicht *Der Iste*).

Auch ein durch gesperrten Druck hervorgehobener Satz in jener Tagebuchnotiz entpuppte sich nun als Kontrafaktur, als Absage nämlich an bloße Gewissensethik – »D i e K r a n k h e i t e r s t b e w ä h r e t d e n G e s u n d e n«. Die sich dem Ehebruch versagende, dagegen der Ehe sich zuwendende Sinnlichkeit übernimmt die Rolle der Sittlichkeit – der Iste ist moralischer als sein Herr. Weil der Körper über den Willen triumphiert, erreicht er, was sonst der Wille ihm vergeblich vorschriebe. Deshalb wird durch »Liebe« »unendlich mehr« erreicht als durch »Pflicht«.

Italien

Wir ahnten es, seit wir unseren Eltern das erstemal unsicheren Fußes in den Sand von Rimini folgten: Italien das »formreiche«, Deutschland das »gestaltlose«, »heiterer Himmel« zisalpin, »düsterer« hier. Und ist der Urlaub zu Ende, will daheim keiner von der Österreichfraktion die am Strand gesammelten Muscheln bewundern; »die Freunde, statt mich zu trösten und wieder an sich zu ziehen, brachten mich zur Verzweiflung. Mein Entzücken über entfernteste, kaum bekannte Gegenstände ... schien sie zu beleidigen, ich vermißte jede Theilnahme, niemand verstand meine Sprache.« (*Zur Morphologie*, 1. Teil: *Verfolg, Schicksal der Handschrift*)

J

Jour fixe

Weite Strecken von Goethes Weimarer Leben verliefen in festen Bahnen. Dazu gehörte auch eine gewisse anregende Geselligkeit, die nach und nach einen Hausmusikkreis, das Mittwochs-Kränzchen, den Donnerstags-Zirkel oder »Großen Tee« sowie die Freitags- und die Sonntags-Gesellschaft umfaßte.

Wie ein rechter Hausvater stellte sich Goethe an vielen Mittwochen in seiner Wohnung der weiblichen Weimarer Gesellschaft als Vorleser zur Verfügung, so beispielsweise aus Anlaß der *Nibelungen* »diesem wichtigen Altertum«: »Die Damen, denen ich das Glück hatte noch immer am Mittwoche Vorträge zu tun, erkundigten sich darnach, und ich säumte nicht, ihnen davon gewünschte Kenntnis zu geben. Unmittelbar ergriff ich das Original und arbeitete mich bald dermaßen hinein, daß ich, den Text vor mir habend, Zeile für Zeile eine verständliche Übersetzung vorlesen konnte. Es blieb der Ton, der Gang, und vom Inhalt ging auch nichts verloren. Am besten glückt ein solcher Vortrag ganz aus dem Stegreife, weil der Sinn sich beisammen halten und der Geist lebendig-kräftig wirken muß, indem es eine Art von Improvisieren ist. Doch indem ich in das Ganze des poetischen Werks auf diese Weise einzudringen dachte, so versäumte ich nicht, mich auch dergestalt vorzubereiten, daß ich auf Befragen über das einzelne einigermaßen Rechenschaft zu geben imstande wäre.« (*Tag- und Jahres-Hefte 1807*)

Judenkrämchen

Die Buchmesse war zu Goethes Zeit nur ein Teil der großen Frankfurter Messe, auf der man Lebensbedarf, Modeneuheiten und allerlei Tand erwerben konnte. Auf dem Weg ins Feld, noch in Gotha, verspricht der Betrachter der *Campagne in Frankreich* seinem Weimarer Liebchen, »das zierlichste Krämchen« aus Frankfurt zu schicken. Von dort weiß er dann der »lieben Kleinen« zu berichten: »Meine erste Sorge war das Judenkrämchen [...]. Wenn es ankommt wirst du einen großen Festtag feiern, denn so etwas hast du noch nicht erlebt. Hebe nur alles wohl auf, denn einen solchen Schatz findet man nicht alle Tage.« (17. 8. 1792) Das Einkaufen beim jüdischen Händler und Verpacken der Geschenke mag noch etwas gedauert haben; vier Tage später meldet Goethe seinem »lieben Küchenschatz«: »Das Judenkrämchen geht auch heute ab und wird nicht lange nach diesem Briefe eintreffen. Ich wünschte ein Mäuschen zu sein und beim Auspacken zuzusehen.« (21. 8. 1792) Noch bevor sich Christiane Vulpius ausführlich für das Judenkrämchen bedanken kann, findet Goethe – mitten im Feldzug, der nicht nur durch kriegerisches Morden, sondern Nässe, Erschöpfung und Hunger die Soldaten beider Nationen dezimiert – immer neue Beweise seiner Zuneigung in Worten und Gaben:

»Du erfährst wieder daß ich mich wohl befinde, du weißt daß ich dich herzlich lieb habe. Wärst du nur jetzt bei mir! Es sind überall große breite Betten und du solltest dich nicht beklagen wie es manchmal zu Hause geschieht. Ach! mein Liebchen! Es ist nichts besser als beisammen zu sein. Wir wollen es uns immer sagen wenn wir uns wieder haben. Denke nur! Wir sind so nah an Champagne und finden kein gut Glas Wein. Auf dem Frauenplan solls besser werden, wenn nur erst mein Liebchen Küche und Keller besorgt.

Sei ja ein guter Hausschatz und bereite mir eine hübsche Wohnung. Sorge für das Bübchen und behalte mich lieb.

Judenkrämchen

Behalte mich ja lieb! denn ich bin manchmal in Gedanken eifersüchtig und stelle mir vor: daß dir ein andrer besser gefallen könnte, weil ich viele Männer hübscher und angenehmer finde als mich selbst. Das mußt du aber nicht sehen, sondern du mußt mich für den besten halten weil ich dich ganz entsetzlich lieb habe und mir außer dir nichts gefällt. Ich träume oft von dir, allerlei konfuses Zeug, doch immer daß wir uns lieb haben. Und dabei mag es bleiben.

Bei meiner Mutter hab ich zwei Unterbetten und Kissen von Federn bestellt und noch allerlei gute Sachen. Mache nur daß unser Häuschen recht ordentlich wird, für das andre soll schon gesorgt werden. In Paris wirds allerlei geben, in Frankfurt gibts noch ein zweites Judenkrämchen. Heute ist ein Körbchen mit Liqueur abgegangen und ein Päcktchen mit Zuckerwerk. Es soll immer was in Haushaltung kommen. Behalte mich nur lieb und sei ein treues Kind, das andre gibt sich. Solang ich dein Herz nicht hatte was half mir das übrige, jetzt da ichs habe möcht ichs gern behalten. Dafür bin ich auch dein. Küsse das Kind. Grüße Meyern und liebe mich.

Im Lager bei Verdun, d. 10. Sept. 1792.«

K

Kahnfahrt

Für seine tägliche Schriftstellerarbeit findet Goethe in einem Brief an Friedrich Heinrich Jacobi vom 26.9.1785 ein treffliches Bild: »Ich bin auf allerley Art fleisig ohne viel zu fördern. Es ist eine verfluchte Art von Schiffahrt, wo man oft bey seichten Flecken aussteigen und den Kahn der einen tragen soll ziehen muß.«

King Coal

Gewiß nicht ohne Seitenblick auf sich selbst stellt Goethe in dem Aufsätzchen *King Coal* ein Gedicht vor, das in idealer Weise, »was jedermann wissen sollte, unter die Menge« bringe. John Scafe, der Autor von *King Coal's Levee, or Geological Etiquette* (er war Besitzer einer englischen Kohlenmine und Mitglied der Geologischen Gesellschaft Londons), habe ein »durchaus munteres und glücklich humoristisches« Werk geschaffen. Das didaktische Musterstückchen sei geeignet, »die geognostischen Kenntnisse nicht etwa popular« zu »machen, sondern vielmehr geistreiche Menschen zur Annäherung« zu berufen.

Wenn Goethe dann den Inhalt von Scafes Gedicht referiert, ist ihm die Freude an der geglückten Einheit von Wissen und Lyrik anzumerken; zwischen den Zeilen ist diese Freude der eigenen Nation und besonders den eigenen Lesern als Aufforderung ins Stammbuch geschrieben.

Es ist aber auch zu schön, wie King Coal, um seiner Frau

Pyrites zu imponieren, »die sämmtlichen Gebirgsarten von England und Wallis durch gebieterisches Erdbeben« zusammentrommelt! Und alle kommen sie zuhauf, nach ihrer Rangordnung: Gneis (»im verwitterten Zustand und prägt keinen Respekt ein«), Herzog Granit, Marquis Schiefer (»auch nicht in den besten Gesundheitsumständen«), Gräfin Porphyri (»hat ihre Prachtgarderobe in Ägypten gelassen«), Graf Serpentin, Viscount Syenit, Graf Grauwacke, Sandstein der Ältere, Sir Lorenz Urkalk (»unverheirathet, aber Freund von Miß Gypsum«), Lord Quarz, Vetter Mergel, Lady Marmor (fehlt entschuldigt »wegen ihrer entfernten Wohnung«, wird aber gerühmt um ihrer »hohen Politur« willen – »man höre wiederholt, Canova bezeige ihr große Aufmerksamkeit«), der betrunkene Tuffstein, Herr Flötzkalk und Bube Flint, Hans Mergel und Jacob Thon, schließlich Baron Basalt, Lady Grünstein und Papa Zeolith.

Klassisch

»Ich habe das reine Menschliche der Existenz einer kleinen deutschen Stadt in dem epischen Tiegel von seinen Schlacken abzuscheiden gesucht, und zugleich die großen Bewegungen und Veränderungen des Welttheaters aus einem kleinen Spiegel zurück zu werfen getrachtet. Die Zeit der Handlung ist ohngefähr im vergangenen August und ich habe die Kühnheit meines Unternehmens nicht eher wahrgenommen, als bis das Schwerste schon überstanden war.« (Goethe an Johann Heinrich Meyer, 5.12.1796)

Gegenwärtig und zeitlos, modern und antikisch, privat und politisch, ironisch und pathetisch, lyrisch und episch, prosaisch und klassisch verschmelzen zur bürgerlichen Idylle auf tragischem Grund in diesem kühnen Unternehmen, in *Hermann und Dorothea*.

Klassisch

Keines der Goetheschen Erzeugnisse echot jenem dem Ohre von der Übertragung her vertrauten Tone Homers so wie diese Verserzählung. Nicht nur erzeugen Sentenzhaftigkeit (»Dienen lerne beizeiten das Weib nach ihrer Bestimmung«) und Satzstellung (»Also sprach er«) den Eindruck edler Einfalt und stiller Größe, es ist auch die Wortwahl, die an griechische Rhapsoden denken läßt. Diminutive, Komparative und Partiziphäufungen leisten der Stilisierung auf das Homerische Epos Vorschub. Jedes der in reichem Maße verwendeten Epitheta gehört zur Klasse der Ornantia: Die verständige Mutter ist würdige Hausfrau, gut und klug und besonnen, ihr Sohn Hermann, der edle, wohlgebildete, treffliche, bescheidene Jüngling, gewinnt in dem würdigen, herrlichen, wackeren Mädchen Dorothea von lieblicher Bildung des Gesichts, des zierlichen Eirunds, die würdige Gattin. Zusammen wird das trauliche Paar in seinem glücklichen Winkel des fruchtbaren Tals als wackere Deutsche den herrlichen Boden bebauen, damit die nährende Erde reichliche Ernte an kräftig strotzendem Kohl, reichlichem Obst, mächtigem Korn und köstlichem Wein trage. Und nach getaner Arbeit sitzen der würdige Bürger und seine tüchtige, willige, treffliche Gattin im weichen Flanell ihrer reinlichen Kleider und stattlichem Putz voll edler Rührung ob ihrer fröhlichen Ehe bei lieblichem Vollmond vor der traulichen Wohnung auf ihren schönen Gütern unter erhabenen Linden und trinken aus grünlichen Römern den klaren, herrlichen Rheinwein in geschliffener Flasche auf blankem, zinnernem Runde, während die schäumenden Rosse, die herrlichen Pferde, die mutigen Hengste den reinen Hafer, das trockene Heu malmen.

Wie sich Goethes Sprache der Voßschen *Odyssee*-Übersetzung anbequemt, so ist das Profil des ganzen Epos klassizistisch geformt: im Titel ein urdeutscher, historisch konnotierter Männer- und ein griechischer, sprechender Frauenname; die neun Gesänge tragen die Originalnamen der neun Musen und deutsche Untertitel (z. B. fünfter Gesang: *Polyhymnia.*

Klassisch

Der Weltbürger); das Geraffte, dann wieder Retardierende der Handlung, das Typisierende der Charakterzeichnung und die ethische Intention der Aussagen verbinden sich dem beschränkten häuslichen Schauplatz, wie es in der stilbildenden Idylle jener Zeit, in Voß' *Luise*, vorgemacht war (dem Goethe im *Musenalmanach* 1799, in der Elegie *Hermann und Dorothea*, einen Kranz flocht).

Hält man sich all das vor Augen, verwundert es wenig, daß Goethe dieses Amalgam aus antikem Epos und modernem Zeitstück noch 1823 sein »Lieblingsgedicht« nannte und eine Übertragung ins Klassische (*Arminius et Theodora*) sozusagen als ein Zu-sich-selbst-Kommen des Textes begrüßte: »Man brachte mir die lateinische Übersetzung von Hermann und Dorothea, es ward mir ganz sonderbar dabei; ich hatte dieses Lieblingsgedicht viele Jahre nicht gesehen, und nun erblickt ich es wie im Spiegel, der, wie wir aus Erfahrung und neuerlich aus dem Entoptischen wissen, eine eigene magische Kraft auszuüben die Fähigkeit hat. Hier sah ich nun mein Sinnen und Dichten, in einer viel gebildeteren Sprache, identisch und verändert, wobei mir vorzüglich auffiel, daß die römische nach dem Begriffe strebt und, was oft im Deutschen sich unschuldig verschleiert, zu einer Art von Sentenz wird, die, wenn sie sich auch vom Gefühl entfernt, dem Geiste doch wohltut.« (An Christoph Ludwig Friedrich Gabriel Schultz, 8.7.1823)

Die Vorliebe für jene Hexameter-Epopöe teilte Goethe, was nicht oft vorkam, uneingeschränkt mit seinen Lesern. Schon »der Gegenstand« sei »äußerst glücklich, ein Sujet, wie man es in seinem Leben vielleicht nicht zweimal findet«, meinte er von *Hermann und Dorothea*, und daß er damit einen patriotischen Trumpf auf der Hand habe: »Wenn uns als Dichtern, wie den Taschenspielern, daran gelegen seyn müßte daß niemand die Art, wie ein Kunststückchen hervorgebracht wird, einsehen dürfte; so hätten wir freylich gewonnen Spiel, so wie jeder, der das Publikum zum besten haben mag, indem er mit dem

Klassisch

Strome schwimmt, auf Glück rechnen kann. In Herrmann und Dorothea habe ich, was das Material betrifft, den Deutschen einmal ihren Willen gethan und nun sind sie äußerst zufrieden. Ich überlege jetzt ob man nicht auf eben diesem Wege ein dramatisches Stück schreiben könnte? das auf allen Theatern gespielt werden müßte und das jedermann für fürtrefflich erklärte, ohne daß es der Autor selbst dafür zu halten brauchte.«
(An Johann Heinrich Meyer, 28. 4. 1797, und an Schiller, 3. 1. 1798)

Koriander

Haben Sie Koriander herumliegen? Schauen Sie scharf hin!

> Und so fand ich's denn auch juste
> In gewissen Antichambern,
> Wo man nicht zu sondern wußte
> Mäusedreck von Koriandern.
> (*West-östlicher Divan, Buch des Unmuts*)

Sind Sie der abgedroschenen Seufzer über das Chaos ringsum müde? Versuchen Sie es damit!

> Es geht, geht alles durch einander,
> Wie Mäusedreck und Coriander
> (*Ein Fastnachtsspiel ... vom Pater Brey, dem falschen Propheten*)

L

Lebensfrage

Obwohl der Sommer noch nicht zu Ende ist, nährt der verhangene Himmel schon herbstliches Empfinden von Lebensüberdruß: »Das Wetter ist immer sehr betrübt und ertötet meinen Geist; wenn das Barometer tief steht und die Landschaft keine Farben hat, wie kann man leben? ...« (Goethe an Johann Gottfried Herder, 4. 9. 1788).

Leipzig

Als Goethe 16jährig zum erstenmal Leipzig betritt, ist es gerade Buchmessestadt. Mit der Kutschfahrt an die Pleiße fährt er gleichsam ins Schriftstellerleben, denn sein Begleiter ist der Buchhändler Fleischer, der ihm auch das Quartier besorgen und weitere Bekanntschaften vermitteln wird, die bedeutendste davon zu seinem ersten Verlagshaus Breitkopf. Schon Vater Goethe hatte, wovon *Dichtung und Wahrheit* unterrichtet, in Leipzig Jura studiert und es als beschlossene Sache behandelt, den Filius auf gleichen Pfaden folgen zu lassen. Der Empfindung von Zwang (die Wunschuniversität Göttingen wird versagt – »mein Vater blieb unbeweglich«) folgt Resignation, schließlich Neugier auf das neue Leben in der unbekannten Welt. Die »Stadt selbst mit ihren schönen, hohen und unter einander gleichen Gebäuden« macht von Beginn »einen sehr guten Eindruck« auf ihn, er konstatiert, sie habe »etwas Imposantes«, doch durchaus Zeitgemäßes. »Leipzig beruft dem Beschauer keine altertümliche Zeit zurück; es ist eine neue, kurz vergangene, von Handelstätigkeit, Wohlhabenheit, Reichtum zeugende Epoche, die sich uns in diesen Denkmalen ankündigt. Jedoch ganz nach meinem Sinn waren die mir ungeheuer erscheinenden Gebäude, die, nach zwei Straßen ihr Gesicht wendend, in großen, himmelhoch umbauten Hofräumen eine bürgerliche Welt umfassend, großen Burgen, ja Halbstädten ähnlich sind. In einem dieser seltsamen Räume quartierte ich mich ein, und zwar in der ›Feuerkugel‹ zwischen dem Alten und Neuen Neumarkt.«

Natürlich bevölkern auch Menschen die Stadt, und das Urteil des Jugendlichen speziell über die sächsischen Mädchen ist schnell fertig. »Ah ma sœur«, bekommt Cornelia Goethe im Brief vom 30.3.1766 zu lesen, »quelles creature sont ce que ces fille saxonnes! Une quantite en est folle, la plus part, n'en est pas trop sage, et toutes sont coquettes.« Das juristische Studium wird zwar, was man so »betrieben« nennt, doch sind Ästhetik und Geschichte, Metaphysik und Beredsamkeit (beim Prof. Gellert) – ganz zu schweigen von einer gewissen K. Schönkopf, Gastwirtstochter – Ablenkung genug. Auch die fremden Sprachen werden geübt, das noch arg dilettantische Englische an der Schwester ausprobiert: »Often Sister I am in good humor. In a very good humor! Then I go to visit pretty wifes and pretty maiden. St! say nothing of it to the father. – But, why should the father not know it? It is a very good scool for a young fellow to be in the company and acquaintance of young virtuos and honest ladies.« (14.5.1766)

Nur die naseweisen Sprüche sollte der Vater also erfahren dürfen; da war es gut, damit sich die Schwester nicht etwa verplappere, über Liebesangelegenheiten ganz zu schweigen. So erfährt Cornelia also nicht, daß Anna Katharina Schönkopf sich inzwischen halb pseudonymisch in ersten Liebesgedichten Goethes wiederfindet, die Freund Behrisch kalligraphisch zum *Buch Annette* vereint; sie erfährt nicht, daß ebenjene Affäre Leipziger Spaziergängern ins Auge stechen konnte: »Ich war, nach Menschenweise, in meinen Namen verliebt und schrieb ihn, wie junge und ungebildete Leute zu tun pflegen, überall an. Einst hatte ich ihn auch sehr schön und genau in die glatte Rinde eines Lindenbaums von mäßigem Alter geschnitten. Den Herbst darauf, als meine Neigung zu Annetten in ihrer besten Blüte war, gab ich mir die Mühe, den ihrigen oben darüber zu schneiden. Indessen hatte ich gegen Ende des Winters, als ein launischer Liebender, manche Gelegenheit vom Zaune gebrochen, um sie zu quälen und ihr Verdruß zu machen: Frühjahrs besuchte ich zufällig die Stelle, und der Saft, der mächtig in die Bäume trat, war durch die Einschnitte, die ihren Namen bezeichneten, und die noch nicht verharscht waren, hervorgequollen und benetzte mit unschuldigen Pflanzentränen die schon hart gewordenen Züge des meinigen. Sie also hier über mich weinen zu sehen, der ich oft ihre Tränen durch meine Unarten hervorgerufen hatte, setzte mich in Bestürzung.«

Sich selbst als »Schäfer an der Pleiße« ironisierend, geht Goethe in *Dichtung und Wahrheit* nicht gerade zimperlich mit seinem Ego der Leipziger Zeit um. Nüchtern und lakonisch wird er in den *Tag- und Jahresheften* zusammenfassen: »Aufenthalt in Leipzig. Bedürfnis einer beschränkten Form zu besserer Beurteilung der eigenen Produktionen wird gefühlt [...] Ernstere, unschuldige, aber schmerzliche Jugendempfindungen drängen sich auf, werden betrachtet und ausgesprochen, indessen der Jüngling mancherlei Verbrechen innerhalb des übertünchten Zustandes der bürgerlichen Gesellschaft gewahret.«

Der Aufenthalt ist insgesamt alles andere als frei von Krisen, auch eine bedrohliche physische ist darunter, ein »heftiger Blutsturz« – die heutige Diagnose hieße Tuberkulose.

Als Goethe 1768 Leipzig nach drei Jahren verläßt, tut er es »gleichsam als ein Schiffbrüchiger«, krank, ohne nennenswerte akademische Erfolge, ein Päckchen geheimzuhaltender Gedichte im Ranzen, ein paar sächsische Typen für das Lustspiel

Leipzig

Die Mitschuldigen im Kopf. Welch tiefen Eindruck die Stadt jedoch in ihm hinterlassen hatte, wird bei der Lektüre des ersten *Faust*-Teils klar. Schon dem Volksbuch, der *Historia Von D. Johann Fausten*, konnte Goethe ja Leipzig als Schauplatz entnehmen: In einem dortigen Weinkeller gibt der Doktor Faustus einigen Hokuspokus zum besten; die Anekdoten vom Ritt auf dem Faß und vom Herbeizaubern verschiedener Weinsorten aus einem dürren Tisch stammen aus der ältesten *Faust*-Überlieferung.

Bei Goethe lokalisieren sich die Geschichten genauer, werden in *Auerbachs Keller* gelegt, in dem auch, Goethe wußte das aus häufiger eigener Anschauung, von alters her Gemälde angebracht waren: Doktor Faustus mit seinem Pudel, wie er mit Studenten pokuliert und wie er ein Weinfaß aus dem Keller reitet. In Goethes *Faust*-Dichtung ist nun Mephisto derjenige, der die derben Späße verantwortet. Versteckt im grobianischen Treiben aber, dem Frosch in den Mund gelegt, ist Goethes huldigende Erinnerung an die Stadt, die er einst zur Messezeit erstmals betreten hatte: »Mein Leipzig lob' ich mir! / Es ist ein klein Paris, und bildet seine Leute.« Apropos sollte man bei dieser städtischen Bildung nicht nur an Eleganz und Esprit, sondern auch an Revolte denken.

Lichtenberg

Zwar hat er ihm nie verziehen, daß er es unterließ, die bahnbrechenden Forschungen zur Farbenlehre in seinen *Anfangsgründen der Naturlehre* zu zitieren, doch ehrte Goethe den genialen Schriftsteller und Wissenschaftler am rechten Platz in der angemessenen Form des Aphorismus: »Lichtenbergs Schriften können wir uns als der wunderbarsten Wünschelrute bedienen: wo er einen Spaß macht, liegt ein Problem verborgen.« (*Wilhelm Meisters Wanderjahre, Aus Makariens Archiv*)

Kein Aphorismus und auch nicht von Goethe ist folgender Spruch: Lest mehr Lichtenberg!

Lieb' ohn' Unterlaß

Umrahmt von einem gezeichneten Herzchen, anvertraut einem Brief an Herzog Carl August, datierend vom Mailänder Ausklang der italienischen Reise (23.5.1788): ein »französisches Rebus«, das Goethe »in einem Kramladen« gefunden hatte, vergleichbar wohl dem zuckerschriftlichen Lebkuchenschwur der Kirmes, doch dauerhafter, denn »emailliert und mit Steinchen eingefaßt«:

> M.
> 100.
> C. C.

Der Lösung des Rätsels kommt näher, wer es laut (und natürlich französisch) liest – »M Cent C C« – und dann noch ein bißchen weicher und genüßlicher artikuliert: »Aime sans cesser.«

Lob des Lektorats

Alles andere als überflüssig ist jener Berufszweig, der nicht nur aus Manuskriptmeeren den künftigen Bestseller herausfischt, sondern der auch aus Ideen, Blättern und Dateien erst Bücher macht. Einen augenfreundlich gestalteten und zudem fehlerfreien Text zu lesen gehörte für Goethe zu den eher seltenen Erfahrungen. Gerade der einheimische Büchermarkt zeige ein trauriges Bild, was die Zuverlässigkeit der Druckerzeugnisse betreffe, klagt er: »Über diese Mängel hat niemand mehr Ursache nachzudenken als der Deutsche, da in wichtigen Werken, aus denen wir uns belehren sollen, gar oft stumpfe nachlässige Correctoren, besonders bei Entfernung des Verfassers vom Druckort, unzählige Fehler stehen lassen, die oft erst am Ende eines zweiten und dritten Bandes angezeigt werden. [...] Da nun die werthe deutsche Nation, die sich mancher Vorzüge zu rühmen hat, in diesem Puncte leider allen übrigen nachsteht, die sowohl in schönem prächtigem Druck als, was noch mehr werth ist, in einem fehlerfreien Ehre und Freude setzen, so wäre doch wohl der Mühe werth, daran zu denken, wie man einem solchen Übel durch gemeinsame Bemühung der Schreib- und Drucklustigen entgegen arbeitete.«

Eine dieser Bemühungen könne beispielsweise daraus bestehen, die von der Regierung eingesetzten Zensoren auch zu Wächtern über die Druckfehlerteufel zu machen, handele es sich bei ihnen schließlich um »literarisch gebildete Männer«.

M

Mahlzeit!

Wenn ein verständiger Koch ein artig Gastmahl bereitet,
Mischt er unter die Kost vieles und vieles zugleich.
So genießet auch ihr dies Büchlein, und kaum unterscheidet
Alles ihr was ihr genießt. Nun es bekomm' euch nur wohl.
(*Epigramme*)

Melkvieh

Damit auf keinen Fall der Eindruck entstehe, Goethe habe seine beachtliche Nase den Menschen gegenüber hoch getragen und sie höchstens in Blütenkelche, Laborgläser und Wespennester gesteckt, folgendes Zitat aus einem Brief an Karl Ludwig von Knebel vom 17.4.1782: »Du erinnerst dich noch mit welcher Sorgfalt und Leidenschafft ich die Gebürge durchstrich, und ich die Abwechslungen der Landsarten zu erkennen mir angelegen seyn lies. Das hab ich nun, wie auf einer Einmal eins Tafel, und weis von iedem Berg und ieder Flur Rechenschafft zu geben. Dieses Fundament läßt mich nun gar sicher auftreten, ich gehe weiter und sehe nun, zu was die Natur ferner diesen Boden benutzt und was der Mensch sich zu eigen macht. [...] So steig ich durch alle Stände aufwärts, sehe den Bauersman der Erde das Nothdürftige abfordern, das doch auch ein behäglich auskommen wäre, wenn er nur für sich schwizte. Du weißt aber wenn die Blattläuse auf den Rosenzweigen sitzen und sich hübsch dick und grün gesogen haben, dann kommen die Ameisen und saugen ihnen den filtrirten Safft aus den Leibern. Und

Melkvieh

so gehts weiter, und wir habens so weit gebracht, daß oben immer in einem Tage mehr verzehrt wird, als unten in einem organisirt / beygebracht werden kann ...«

Am Ende des Bauches haben jene Blattläuse, die Goethe als Bild des Bauernstandes dienen, saftproduzierende Abdominalröhrchen und sind deshalb »gewissermaßen die Milchkühe der Ameisen, die sie melken kommen, indem sie durch Betrillern und Kitzeln das Ausscheiden einer zuckerigen Flüssigkeit auslösen. [...] Es gibt Ameisen, die sich nach echt ländlicher Lebensart eine Herde Blattläuse in einem Schuppen halten. Diejenigen, die in dieser ländlichen Kunst nicht so bewandert sind, bedienen sich der natürlichen Viehhaltung. In nicht enden wollenden langen Zügen sehe ich sie sehr emsig die Ginsterbüsche hinaufklettern und andere in ebenso langen Reihen wieder herunterkriechen, vollgefressen und sich ihre Mundwerkzeuge schleckend.« (Jean-Henri Fabre: *Wunder des Lebendigen*)

Montan

Wird man von einem Kind gefragt, wie die Welt entstanden sei, macht man schnell die Erfahrung der Kapitulation vor dem Ungeheuerlichen der zeitlichen und räumlichen Dimension solcher Genesis. Man spricht von Knall, von Glut, von Suppe und kann sich doch schwer verständlich machen. Dieselbe Frage an Goethe gestellt, befriedigt kindliche Neugier auch nicht besser: Es gebe mehrere Erdursprungsmodelle, mit deren Hilfe man sich die geologischen, seismologischen und paläontologischen Phänomene zu erklären versucht habe, spricht der Geheimrat.

Vehement verfochten zu Goethes Zeit die Anhänger der verschiedenen Systeme ihre entgegengesetzten Theorien. Ein Widerschein dieser Wissenschaftsdebatte findet sich in einer Partie von *Wilhem Meisters Wanderjahren*, die sich innerhalb der

»Pädagogischen Provinz« der Figur des Montan widmet. Den wundersamen Mann, der seinen Namen Jarno mit jenem sprechenderen vertauschte, trifft Wilhelm bei einem Bergfest wieder, in dessen Verlauf sich die eingeladenen Gesteinsexperten wacker zanken. »Sodann aber verlor das Gespräch sich gar bald ins Allgemeine, und da war von nichts Geringerem die Rede als von Erschaffung und Entstehung der Welt. Hier aber blieb die Unterhaltung nicht lange friedlich, vielmehr verwickelte sich sogleich ein lebhafter Streit.

Mehrere wollten unsere Erdgestaltung aus einer nach und nach sich senkend abnehmenden Wasserbedeckung herleiten [...] Andere heftiger dagegen ließen erst glühen und schmelzen, auch durchaus ein Feuer obwalten, das, nachdem es auf der Oberfläche genugsam gewirkt, zuletzt ins Tiefste zurückgezogen, sich noch immer durch die ungestüm sowohl im Meer als auf der Erde wütenden Vulkane betätigte und durch sukzessiven Auswurf und gleichfalls nach und nach überströmende Laven die höchsten Berge bildete [...] Zuletzt wollten zwei oder drei stille Gäste sogar einen Zeitraum grimmiger Kälte zu Hülfe rufen und aus den höchsten Gebirgszügen auf weit ins Land hingesenkten Gletschern gleichsam Rutschwege für schwere Ursteinmassen bereitet und diese auf glatter Bahn fern und ferner hinausgeschoben im Geiste sehen. [...] Diese guten Leute konnten jedoch mit ihrer etwas kühlen Betrachtung nicht durchdringen. Man hielt es ungleich naturgemäßer, die Erschaffung einer Welt mit kolossalem Krachen und Heben, mit wildem Toben und feurigem Schleudern vorgehen zu lassen. Da nun übrigens die Glut des Weines stark mit einwirkte, so hätte das herrliche Fest beinahe mit tödlichen Händeln abgeschlossen.

Ganz verwirrt und verdüstert ward es unserm Freund zumute, welcher noch von alters her den Geist, der über den Wassern schwebte, und die hohe Flut, welche funfzehn Ellen über die höchsten Gebirge gestanden, im stillen Sinne hegte und dem unter diesen seltsamen Reden die so wohl geordnete, bewachsene, belebte Welt vor seiner Einbildungskraft chaotisch zusammenzustürzen schien.«

Den Vorträgen über den Weltenbeginn mit Hilfe mehr oder weniger gewaltsamer Kräfte (Goethe gibt sie mit unverhohlener Ironie wieder) steht Wilhelms in sich gekehrte Reaktion gegenüber. Was seine Diskussionsgegner glauben, bedroht seine Vorstellung von den friedlichen Urwassern.

Zwei der vorgestellten Erklärungsmodelle waren damals besonders populär – die These vom Vulkanismus und die vom Neptunismus. Während die nach dem römischen Feuergott benannte Lehre von der Erdformation mittels Glut und Explosion ausging, vertrat die nach dem Meeresgott benannte die Meinung von der allmählichen Schichtensedimentierung durch das Wasser. Und wohin tendierte Goethe? Er hatte Phänomene erforscht, die auf vulkanischen Ursprung vieler Gebirge verwiesen, aber genauso aus Muschelversteinerungen und topographischen Beobachtungen auf organische Entwicklung aus den Urmeeren geschlossen. Im Aufsatz *Der Kammerberg bei Eger*, einem Seitenstück zur großen naturwissenschaftlichen Hymne *Über den Granit*, bekennt er geradezu, daß er sich »an einer heißen theoretischen Stelle befinde, da nämlich, wo der Streit zwischen Vulkanisten und Neptunisten sich noch nicht ganz abgekühlt habe«, und daß er selbst dazu »keinen dogmatischen« Standpunkt einnehme.

In der *Klassischen Walpurgisnacht* führt er dem Zuschauer die beiden Lehrmeinungen unter der Maske zweier Naturphilosophen vor, Anaxagoras und Thales. Die Szene zeigt schroffes Gebirge, bestehend einerseits aus zeittrotzendem granitenen »Naturfelsen«, andererseits aus einem Berg, den Seismos seinem Wesen gemäß eben erst durch gewaltiges Schütteln und Rütteln, Schwanken und Beben hervorgebracht hat. Homunkulus sucht Rat – er »möchte gern im besten Sinn entstehn« (V. 7831), doch die beiden Denker sind mit dem Austausch von Axiomen beschäftigt:

ANAXAGORAS
Durch Feuerdunst ist dieser Fels zu Handen.
THALES
Im Feuchten ist Lebendiges entstanden.
[...]
ANAXAGORAS
Hast du, o Thales, je, in Einer Nacht,
Solch einen Berg aus Schlamm hervorgebracht?
THALES
Nie war Natur und ihr lebendiges Fließen
Auf Tag und Nacht und Stunden angewiesen;
Sie bildet regelnd jegliche Gestalt,
Und selbst im Großen ist es nicht Gewalt.
ANAXAGORAS
Hier aber war's! Plutonisch grimmig Feuer,
Äolischer Dünste Knallkraft ungeheuer,
Durchbrach des flachen Bodens alte Kruste
Daß neu ein Berg sogleich entstehen mußte.
(V. 7836–7868)

Wem wird Homunkulus sich zuneigen, welcher Sphäre wird er seine zweite Geburt anvertrauen? Er hütet sich, zwischen die beiden verfeindeten Parteien (in denen Goethes Leser unschwer Leute wie den Vulkanisten Alexander von Humboldt oder den Neptunisten Abraham Gottlob Werner erkannten) noch mehr Unfrieden zu säen, doch ein kleines kumpelhaftes Wort verrät ihn. Auf des Anaxagoras Angebot »Kannst du zur Herrschaft dich gewöhnen, / So laß ich dich als König krönen« antwortet Homunkulus zwar – aber nicht dem Verführer: »Was sagt mein Thales? – « (V. 7879 ff.). Das Possessivpronomen hat, kaum merkbar, die Entscheidung des Flammenmännleins bezeichnet, das seinem Thales »zum heitern Meeresfeste« der Ägäis folgen und dort sich »der holden Feuchte« vermählen wird.

Verräterisch wie das Pronomen ist auch ein Satzzeichen, das durch seine Verdoppelung aus dem Rahmen fällt: »Alles ist aus dem Wasser entsprungen!!« (V. 8435) Thales ist es, dem hier sein Credo mit einem Ausrufungszeichen bekräftigt wird, mit dem zweiten pflichtet sein Schöpfer sozusagen bei; denn Goethe hat dieses Punktstrichpärchen eigenhändig in die *Faust*-Handschrift hineinkorrigiert. Er zeigte sich inzwischen offen als Anhänger der neptunistischen Schule. Alles war aus dem Wasser entsprungen, und die Theorie von der vulkanistischen Erdgeburt war des Teufels. Auf dem Hochgebirg des vierten Akts versucht Mephisto Faust davon zu überzeugen, daß das »gähnende Gestein«, auf dem sie stehen, »eigentlich ... der Grund der Hölle« gewesen sei. Die dort unten eingezwängten Teufel hätten durch Husten und Pusten (oral und anderswie) solch gewaltige Gase produziert, daß die Erdkruste schließlich bersten, daß sich Unterstes nach oben schieben mußte: »Was ehmals Grund war ist nun Gipfel.« (V. 10088) Natürlich hält Faust die skeptische Gegenposition; seine Natur hat nicht mit »tollen Strudeleien«, sondern bildend, sanft und milde gewirkt. Verschärfend aber für diesen Gegensatz von Revolutions- und Evolutionstheorie wirkt, daß Mephistopheles im Grunde gar nicht nur gegen Fausts geognostische Auffassungen opponiert, sondern daneben eine teuflische Variante menschlichen Verhaltens schildert:

> Sie gründen auch hierauf die rechten Lehren
> Das Unterste ins Oberste zu kehren.
> Denn wir entrannen knechtisch-heißer Gruft,
> Ins Übermaß der Herrschaft freier Luft.
> Ein offenbar Geheimnis wohlverwahrt
> Und wird nur spät den Völkern offenbart.
> (V. 10089 ff.)

Durch die Duplizierung des »offenbar« erhält hier der Goethesche Zentralbegriff vom öffentlichen Geheimnis eine geradezu spielerische Lösbarkeit zugeschrieben. Man lese nur die Zeilen Mephistos genau (die Regieanweisung für seine Ansprache lautet übrigens »ernsthaft«), so tritt das Verschleierte klar hervor: Die Rede von den seismischen Naturgewalten, die das »Unterste ins Oberste kehren«, ist ebenso zu deuten als Rede von revolutionären Menschengewalten, die das Unterste zuoberst kehren. Die Erderschütterer hießen nicht mehr nur Vulkanisten, sie hießen Juli-Revolutionäre von 1830.

Wie sehr Goethe jeder Umsturz in Chaos zuwider war, bezeugten schon seine Werke, die sich mit gewissen Auswirkungen der großen Französischen Revolution beschäftigten: *Der Groß-Cophta, Der Bürgergeneral, Reineke Fuchs, Die Aufgeregten* (über dieses Lustspiel alias *politische Drama* sagte Goethe »Ich schrieb es zur Zeit der Französischen Revolution, ... und man kann es gewissermaßen als mein politisches Glaubenbekenntnis jener Zeit ansehen«), *Hermann und Dorothea, Die natürliche Tochter, Des Epimenides Erwachen* sowie – wesentlich später – *Campagne in Frankreich*.

Allen Werken gemeinsam ist die Überzeugung des politischen Neptunisten Goethe, für notwendige Reformen sei auf das Zusammenwirken herrschender und latenter Kräfte zu vertrauen und nicht auf ein Erdbeben, mit dem letztere erstere zu vernichten suchten, ohne die Folgen solch allumfassender Erschütterungen zu kalkulieren. Den grotesken Begleiterscheinungen der Revolutionsumtriebe, Emigrationswellen und Neuerungsmanien der Jahre 1789 bis 1797 kam er noch mit Komödie und Satire auf die Schliche, der welsche Vulkanausbruch von 1830/31 aber, dessen Lava blutrot war, ließ selbst den Schalk Mephisto ernsthaft werden.

Munter (Der Dichter an die Interpreten)

>Im Auslegen seid frisch und munter!
>Legt ihr's nicht aus, so legt was unter.
>
>(*Zahme Xenien*)

Musterstück

Von 1820 bis 1822 widmete sich Goethe neben anderem der Arbeit an *Aus meinem Leben. Zweiter Abteilung Fünfter Teil*. In der *Ausgabe letzter Hand* erhielt diese Passage dann den Titel *Campagne in Frankreich*, später zusätzlich das Motto »Auch ich in der Champagne!«.

Von seinem Herzog aufgefordert, den Feldzug gegen Frankreich beobachtend zu begleiten, hatte Goethe von August bis November 1792 den Schlachtenbummler gespielt; immerhin teilte er dabei – hinter der Front – das Leben derer, die dazu da waren, es zu verlieren.

Der selbstgestellten prekären Aufgabe der nachträglichen Kriegsberichterstattung entledigt er sich dann bei Abfassung der *Campagne in Frankreich* durch Benutzung von Akten, Karten, Flugblättern und Memoiren, aber doch in eigenwilligem Umgang mit dem Material. Auf diese Weise gelingt es ihm, ein geradezu spannendes Stück Abenteuerprosa zu entwerfen, in dem das Leben von Soldaten der preußisch-österreichischen Armee wie auch dasjenige französischer Bauern oder Emigranten zum Paradefall menschlichen Verhaltens wird, der Krieg selbst zum »Musterstück von Feldzug« (an Karl Ludwig von Knebel, 27. 9. 1792). Dem Leser tritt im Erzähler dieser autobiographischen Gefechtsreportage ein Mensch gegenüber, der distanziert, doch scharfsichtig, mitleidig, doch nicht wehleidig, vor allem aber stets pragmatisch erscheint. Beispielsweise beschreibt er – wissenschaftlich durchaus anfechtbar, wenn auch literarisch eindrucksvoll – einen Selbstversuch zu

Musterstück

dem heute ganz aktuellen Thema »Vermehrter Adrenalinausstoß infolge Gefahrensituation«:

»Ich hatte so viel vom Kanonenfieber gehört und wünschte zu wissen, wie es eigentlich damit beschaffen sei. Langeweile und ein Geist, den jede Gefahr zur Kühnheit, ja zur Verwegenheit aufruft, verleitete mich, ganz gelassen nach dem Vorwerk La Lune hinaufzureiten. Dieses war wieder von den Unsrigen besetzt, gewährte jedoch einen gar wilden Anblick. Die zerschossenen Dächer, die herumgestreuten Weizenbündel, die darauf hie und da ausgestreckten tödlich Verwundeten und dazwischen noch manchmal eine Kanonenkugel, die sich herüberverirrend in den Überresten der Ziegeldächer klapperte.

Ganz allein, mir selbst gelassen, ritt ich links auf den Höhen weg und konnte deutlich die glückliche Stellung der Franzosen überschauen; sie standen amphitheatralisch in größter Ruh und Sicherheit […].

Mir begegnete gute Gesellschaft, es waren bekannte Offiziere vom Generalstabe und vom Regimente, höchst verwundert, mich hier zu finden. Sie wollten mich wieder mit sich zurücknehmen, ich sprach ihnen aber von besondern Absichten, und sie überließen mich ohne weiteres meinem bekannten wunderlichen Eigensinn.

Ich war nun vollkommen in die Region gelangt, wo die Kugeln herüber spielten; der Ton ist wundersam genug, als wär' er zusammengesetzt aus dem Brummen des Kreisels, dem Butteln des Wassers und dem Pfeifen eines Vogels. […]

Unter diesen Umständen konnt' ich jedoch bald bemerken, daß etwas Ungewöhnliches in mir vorgehe; ich achtete genau darauf, und doch würde sich die Empfindung nur gleichnisweise mitteilen lassen. Es schien, als wäre man an einem sehr heißen Orte, und zugleich von derselben Hitze völlig durchdrungen, so daß man sich mit demselben Element, in welchem man sich befindet, vollkommen gleich fühlt. Die Augen verlieren nichts an ihrer Stärke, noch Deutlichkeit; aber es ist doch, als wenn die Welt einen gewissen braunrötlichen Ton hätte, der den Zustand sowie die Gegenstände noch apprehensiver macht. Von Bewegung des Blutes habe ich nichts bemerken können, sondern mir schien vielmehr alles in jener Glut verschlungen zu sein. Hieraus erhellet nun, in welchem Sinne man diesen Zustand ein Fieber nennen könne. Bemerkenswert bleibt es indessen, daß jenes gräßlich Bängliche nur durch die Ohren zu uns gebracht wird; denn der Kanonendonner, das Heulen, Pfeifen, Schmettern der Kugeln durch die Luft ist doch eigentlich Ursache an diesen Empfindungen.«

Goethes »wunderlicher Eigensinn«, seine »besondern Absichten« nahmen sich auf dem Schlachtfeld Champagne mitunter aus wie das Haschen von Schmetterlingen unterm Galgen. So diente ihm ein wassergefüllter Krater, aus dem die Soldaten Nahrung zu fischen hofften, zu Beobachtungen der »schönsten prismatischen Farben« (hervorgerufen durch eine versunkene Tonscherbe), so benutzte er die Einquartierung bei französischen Bauern, sich des Rezepts von »pot au feu« zu versichern, und so stellte er geologische, botanische, meteorologische, akustische, trophologische, nicht zu vergessen ethnologische Betrachtungen an, während sich Feind, Kälte, Regen und Ruhr redlich um die Niederlage des Heeres bemühten.

Die militärische Binsenweisheit, daß die Versorgungslage der Soldaten entscheidend zu Sieg oder Verderb beiträgt, findet ihren Niederschlag auf jeder zweiten Seite von Goethes Bericht. Schon ein Schema zur *Campagne* verzeichnet die Bedeutung dieser Tatsache:

»d. 23. Septb. ... Brodmangel, alles durchnäßt. Kranke Reuter maskiren sich mit Pferdedecken. Aushilfe durch den Mundbäcker des Herzogs von Braunschweig. Wassernoth. Vorsorge der Köche. Täglich etwas Warmes. Noth um Taback und Lichter. d. 26 Septb. Kleine Brödchen. d. 27 Septb. Wunderbarer Befehl Gerste bis zum Aufplatzen zu kochen und statt des

Brodes zu essen. Nachmittags kommen zwey Wagen Victualien an. Man bemächtigt sich derselben. Rother Wein findet sich. d. 28 Septb. Nachts um 2 Uhr kommt das Brod an. 15 Wagen hatten die Franzosen genommen.«

Im Rang den preußischen Offizieren gleichgestellt, teilte Goethe das Schicksal der Soldaten, hatte aber doch die angenehmen Privilegien von eigenem Wagen und Pferden sowie Betreuung: »Nun waren die Zelte da, Wagen und Pferde; aber Nahrung für kein Lebendiges. Mitten im Regen ermangelten wir sogar des Wassers, und einige Teiche waren schon durch eingesunkene Pferde verunreinigt; das alles zusammen bildete den schrecklichsten Zustand. Ich wußte nicht, was es heißen sollte, als ich meinen treuen Zögling, Diener und Gefährten Paul Goetze von dem Leder des Reisewagens das zusammengeflossene Regenwasser sehr emsig schöpfen sah; er bekannte, daß es zur Schokolade bestimmt sei, davon er glücklicherweise einen Vorrat mitgebracht hatte; ja, was mehr ist, ich habe aus den Fußtapfen der Pferde schöpfen sehen, um einen unerträglichen Durst zu stillen.«

Die *Campagne in Frankreich* ist voller Szenen, die zwischen Genre und Greuel schwanken – »man wollte durchaus wahr bleiben und zugleich den gebührenden Euphemismus nicht versäumen«, so formuliert der Autor selbst es in den *Tag- und Jahres-Heften* von der Abfassungszeit. Der Anblick der Kanonade von Valmy, die sich über mehrere Tage Ende September 1792 hinzog, bietet ein typisches Exempel solch einer Szene, gemischt aus Erschütterung und gelinder Komik: »An den Stellen, wo die Kanonade hingewirkt, erblickte man großen Jammer: die Menschen lagen unbegraben, und die schwer verwundeten Tiere konnten nicht ersterben. Ich sah ein Pferd, das sich in seinen eigenen, aus dem verwundeten Leibe herausgefallenen Eingeweiden mit den Vorderfüßen verfangen hatte und so unselig dahin hinkte.

Im Nachhausereiten traf ich den Prinzen Louis Ferdinand,

Musterstück

im freien Felde, auf einem hölzernen Stuhle sitzend, den man aus einem untern Dorfe heraufgeschafft; zugleich schleppten einige seiner Leute einen schweren, verschlossenen Küchschrank herbei; sie versicherten, es klappere darin, sie hofften einen guten Fang getan zu haben. Man erbrach ihn begierig, fand aber nur ein stark beleibtes Kochbuch, und nun, indessen der gespaltene Schrank im Feuer auflöderte, las man die köstlichsten Küchenrezepte vor, und so ward abermals Hunger und Begierde durch eine aufgeregte Einbildungskraft bis zur Verzweiflung gesteigert.«

Der Erlebnisbericht von der *Campagne* gehört zu den Prosastücken Goethes, die – außer vielleicht einer historischen – wenig der Erläuterung bedürfen und den Leser unmittelbar zu fesseln vermögen. Nur bei einem kleinen Abschnitt hätte man gern ein Wort der Erklärung und stößt doch überall auf Zurückhaltung, obgleich der Satz zu den meistzitierten dieses Werkes gehört. Goethe gab im Feldlager auch den Hofnarr, der mit treffenden Bemerkungen vor Ort das Geschehen kommentierte: »Endlich rief man mich auf, was ich dazu [zur Kanonade von Valmy] denke, denn ich hatte die Schar gewöhnlich mit kurzen Sprüchen erheitert und erquickt.« Und womit erquickt er die Soldatenschar? »Von hier und heute geht eine neue Epoche der Weltgeschichte aus, und ihr könnt sagen, ihr seid dabeigewesen.« Das Wort ist zwar von wahrhaft geflügelter Prägnanz, doch mag man sich mit dessen Aussage nicht recht befreunden; denn gerichtet ist es an die in militärischem wie menschlichem Sinne offensichtlichen Verlierer eines durch antirevolutionäre Eiferer angezettelten Desasters. Ein Trost aus olympischem Munde also, getreu dem Motto »Dabeisein ist alles«? Ist der Spruch ex posteriori nicht vielmehr an die Nation dessen gerichtet, der Goethes Bewunderung erringt, dem er 1808 in der *Unterredung mit Napoleon* ein Denkmal setzt?

Vielleicht liegt der Schlüssel in dem Wörtchen »neu«, das

Musterstück

den erfolglosen Koalitionskriegern verheißungsvoll klingen mochte. Aber Neues muß das Alte nicht immer zum Vorteil ablösen, und Goethes Haß auf alle gewaltsam-revolutionären Umkehrungen etablierter Verhältnisse ist bekannt (→ **Montan**).

N

Nächtige Weile

Der Tragödie zweiter Teil in fünf Akten beginnt mit einem sprachlosen, entkräfteten, obdachlosen Mann. Er liegt »auf blumigen Rasen gebettet« (nicht etwa auf eine Ottomane), ist »ermüdet, unruhig, schlafsuchend«; Schuld und Sorge wehren wohltätigem Schlummer. Indes ist der locus amoenus dieser arkadischen Dämmerstimmung notwendige Kulisse nächtlichen Geisterreigens. Von Ariel eingesungen, vom Klang der Äolsharfen gewiegt, wird Faust in der Aura »anmutiger kleiner Gestalten« zum erstenmal von seinem »Erdenrest / Zu tragen peinlich« (V. 11954 f.) befreit werden. Dazu teilt Ariel den Elfen das vor Faust liegende Dunkel in die vier Vigilien der römischen Militärposten und des christlichen Kultus ein: »Vier sind die Pausen nächtiger Weile, / Nun ohne Säumen füllt sie freundlich aus.« (V. 4626 f.) Wahrhaft freundlich werden gute Geister sie ihm ausfüllen: mit Schlaf und Vergessen, Erquickung und Wiedergeburt. Doch sei erlaubt, im Zwischenstadium des Zwielichts noch einen Augenblick zu verharren, sich jene vier Nachtwachen zum Bild zu borgen.

Erste Vigilie oder Die Menächmen der Finsternis
Zum Verwechseln ähnlich sind sich die Zwillingsbrüder in Plautus' Komödie *Menaechmi*; Goethe zitiert das Doppelgängermotiv unter ihrem Namen in *Wilhelm Meisters Wanderjahre*, und er findet es in seinem *Gründlichen mythologischen Lexicon* wieder. Dort sind es Hypnos und Thanatos, die sich gleichen. Vom Himmel waren die Geschwister den Irdischen zugefallen:

Nächtige Weile

Schlummer und Schlaf, zwei Brüder, zum Dienste der
Götter berufen,
Bat sich Prometheus herab seinem Geschlechte zum
Trost;
Aber den Göttern so leicht, doch schwer zu ertragen
den Menschen,
Ward nun ihr Schlummer uns Schlaf, ward nun ihr
Schlafuns zum Tod.
(*Die Geschwister*)

Die Rede vom Tod als Schlafes Bruder war alt, aber vergessen. Gotthold Ephraim Lessing erst hatte 1769 die Zeitgenossen darauf verweisen müssen, *Wie die Alten den Tod gebildet*: nicht als schreckendes Gerippe, sondern als freundlichen Genius, gleich seinem Bruder ein Sohn der Nacht, die umgekehrte Fackel tragend, die Füße gekreuzt, eine Hand auf die Schulter der anderen Seite gelegt. Bereits in Leipzig hatte die Lessing-Lektüre tiefen Eindruck auf Goethe gemacht, wie er sich 1811 erinnert: »Am meisten entzückte uns die Schönheit jenes Gedankens, daß die Alten den Tod als den Bruder des Schlafs anerkannt, und beide, wie es Menächmen geziemt, zum Verwechseln gleich gebildet.« (*Dichtung und Wahrheit*, Zweiter Teil, 8. Buch)

Schlaf und ewiger Schlaf sind nicht von ungefähr Blutsverwandte. Im Bild der Ruhe gleichen einander die Menschen, die Besuch von ihnen bekommen: »Er hub den Schleier auf, und das Kind lag in seinen Engelkleidern wie schlafend in der angenehmsten Stellung«, heißt es von der toten Mignon. Auch kann der eine dem andern lautlos Platz machen. »Sie schlief so lange, sie wacht nicht mehr«, beschreibt Margarete ihrer Mutter Tod (V. 4571). Faust hatte sich eine Liebesnacht erkauft (»Hier ist ein Fläschchen! Drei Tropfen nur / In ihren Trank umhüllen / Mit tiefem Schlaf gefällig die Natur«, V. 3511–3513) und statt dem kurz weilenden Bruder dem Dauergast die Tür geöffnet, hinter der die Ahnungslose »zur langen, langen Pein hinüberschlief« (V. 3788) – hinüber zu ihrem Sohn, in dessen »Todesschlaf« (V. 3774) Fausts Verstrickung in Magie und Liebe noch einmal zum Sinnbild wird.

Austauschbar ist das Zwillingspaar von Tod und Schlaf demjenigen, der seinen Ort nicht findet in der Welt. Eugenie, die *Natürliche Tochter*, wechselt von einem zum andern Geschwister, von Wesen zu Erscheinung, von Vergehen zu Auferstehen, von Schatten zu Traum. Ihrem natürlichen Vater wird berichtet, »Eugenie sei tot! Vom Pferd gestürzt«, und sogleich vollbringt Bruder Schlaf sein besänftigendes Werk an ihm. »Er schläft! [...] Das Übermaß der Schmerzen löste sich / In der Natur balsam'schen Wohltat auf.« Indes war Bruder Tod die Maske für Eugenies Leben nur; zwar dem Dasein wiedergegeben, findet sie sich zwischen Ober- und Unterreich nicht mehr zurecht:

> So hob ich mich vor kurzem, aus der Nacht
> Des Todes, an des Tages Licht herauf,
> [...]
> Zum zweitenmal, von einem gähern Sturz,
> Erwach' ich! Fremd und schattengleich erscheint
> Mir die Umgebung, mir der Menschen Wandeln
> Und deine Milde selbst ein Traumgebild.

Ein Kundiger des Mythologems von den nächtlichen Menächmen wird später Thomas Mann sein, der Rühmer *Süßen Schlafs*. In seinem *Tod in Venedig* wird der eine Bruder die Nächte Gustav von Aschenbachs so lange fliehen, bis dieser in träumerischer Ermattung dem anderen Bruder folgt, geleitet von einem Knaben, einem Bild von Knaben, einem Marmorknabenbild, dessen Gestalt schon in C. F. Meyers Gedicht zwischen Eros, Hypnos und Thanatos schwankte.

Nächtige Weile

Zweite Vigilie oder Tau aus Lethes Flut

> Erst senkt sein Haupt aufs kühle Polster nieder,
> Dann badet ihn im Tau aus Lethes Flut«
> (V. 4628 f.).

So weist Ariel den »Geisterkreis« an, der Faust umschwebt. Der Lethe ist einer der Flüsse des Hades. Aus ihm trinken die Seelen der Verstorbenen, um Elend und Freude des vorigen Lebens zu vergessen, um bereit zu sein für die Wiedergeburt in einem neuen Körper. Dieser Fluß Lethe, »welcher mit seinem sanften Geräusche den Schlaf verursacht« (Hederich), entspringt an der Wohnstatt des Hypnos.

Faust aber, noch schattenfern, soll nicht aus ihm trinken und nicht in seinen Fluten untertauchen. Er wird umspült nur vom nächtens wiedergekommenen Wasser des Lethe, von seinem Tau. Nicht Vergessen ist das Ziel dieser rituellen Waschung, sondern Genesung und Heiligung. Was Faust widerfährt, ist die Versunkenheit des Heilschlafs, in dem Vergangenes mildtätig verschleiert und das palingenetische Erwachen kräftigend vorbereitet wird.

Der Heilschlaf Fausts ist nicht der einzige. Auch Egmont, der Eingekerkerte, ist ruhelos, der sonst »immer getreue Schlaf« bleibt aus, wie beim mitternächtlich schlaflosen Faust des 5. Aktes kann die Sorge sich bei ihm Zutritt verschaffen, und wie Faust, so wird schon Egmont ein Heilschlaf zuteil, in dem apotheotisch-allegorische Visionen seine Seele erheben. Gefährlich jedoch schlingen beide Menächmen hier ihre Arme um den Ruhenden; der Schlaf schenkt Vergessen, doch das Wecken besorgen die Henker: »Süßer Schlaf! Du kommst wie ein reines Glück ungebeten, unerfleht am willigsten. Du lösest die Knoten der strengen Gedanken, vermischest Bilder der Freude und des Schmerzes; ungehindert fließt der Kreis innerer Harmonie, und eingehüllt in gefälligen Wahnsinn, versinken wir und hören auf zu sein.«

Nächtige Weile

Orests Verrückung entbehrt gänzlich dieses »Gefälligen«. Vom Fluch des Muttermords, der Verfolgung der Erinnyen, kann Iphigenies Bruder nicht anders als durch den tiefsten Heilschlaf gerettet werden. »Aus seiner Betäubung erwachend«, preist er die Erlösung von der Erinnerung:

> Noch einen! reiche mir aus Lethes Fluten
> Den letzten kühlen Becher der Erquickung!
> Bald ist der Krampf des Lebens aus dem Busen
> Hinweggespült; bald fließet still mein Geist,
> Der Quelle des Vergessens hingegeben,
> Zu euch ihr Schatten in die ewgen Nebel.

Goethes Idee vom heilsamen Schlaf ist an den Mythos geknüpft – und an das Tägliche. Im *Schenkenbuch* treten die Vorstellung von der körperlichen Erholung und diejenige von der Heiligung zusammen – »Der schläft recht süß und hat ein Recht zu schlafen [...] Nun aber kommt Gesundheit holder Fülle / Dir in die Glieder, daß du dich erneust.« Zwischen sakraler und profaner Sphäre schwankend, gilt Goethe der Schlaf stets als Heiltum und Gesundbrunnen, als »heiliger Mohn« und »süßer Götterbalsam«. An Charlotte von Stein schreibt er am 15.3.1785: »Ich habe nur zwey Götter dich und den Schlaf. Ihr heilet alles an mir was zu heilen ist und seyd die wechselsweisen Mittel gegen die böse Geister.«

Die Mythologie führt Bruder Hypnos als den »sanftmüthigsten Gott« (Hederich), was es ungefährlich macht, ihn zum höchst irdischen Kuppler zu berufen:

> An den Schlaf
>
> Der du mit deinem Mohne
> Der Götter Augen zwingst,

Nächtige Weile

Und Bettler oft zum Throne,
Zum Mädchen Schäfer bringst,
Hör mich: Kein Traumgespinste
Verlang ich heut von dir,
Den größten deiner Dienste,
Geliebter, leiste mir.

An meines Mädchens Seite
Sitz ich, ihr Aug' spricht Lust,
Und unter neid'scher Seide
Steigt fühlbar ihre Brust.
Oft wären, sie zu küssen,
Die gier'gen Lippen nah,
Doch ach – dies muß ich missen:
Es sitzt die Mutter da!

Heut abend bin ich wieder
Bei ihr. O, tritt herein,
Sprüh' Mohn von dem Gefieder,
Da schlaf' die Mutter ein,
Blaß werd' der Lichter Scheinen.
Von Lieb' mein Mädchen warm
Sink, wie Mama in deinen,
Ganz still in meinen Arm.

Ein possierliches Bild gewiß – die Mama von Schlafes Arm gewiegt, das Mädchen vom Arm des Liebsten wach gehalten. Lange Zeit nach diesem Gedicht der Leipziger Jahre begann sich Goethe auch als bildender Künstler für den Schlaf zu interessieren. Mehrere Namenlose, dann Corona Schröter, Frau Christiane und Sohn August hielt er im Schlummerzustand fest. Allen Bildern ist sein Blick für die Gelöstheit, Unverstelltheit und Friedlichkeit der Physiognomien gemeinsam, alle halten die Ruhenden in größter Natürlichkeit fest. Fast als ein Kommentar

Nächtige Weile

zur Bleistiftzeichnung *Christiane Vulpius, auf einem Sofa schlafend* wirkt das Gedicht *Der Besuch*, das wie die Skizze 1788 entstand:

> Meine Liebste wollt' ich heut beschleichen,
> Aber ihre Türe war verschlossen.
> Hab' ich doch den Schlüssel in der Tasche!
> Öffn' ich leise die geliebte Türe!
>
> Auf dem Saale fand ich nicht das Mädchen,
> Fand das Mädchen nicht in ihrer Stube,
> Endlich, da ich leis' die Kammer öffne,
> Find' ich sie gar zierlich eingeschlafen,
> Angekleidet auf dem Sofa liegen.

Zwischen dem Bedürfnis nach dem Anblick der Schlummernden und dem Gelüste des Aufweckens hin und her gerissen, siegt beim Besucher schließlich die Scheu vor ihrem Schlaf. Ein Geschenk zurücklassend, »schleicht« er »sachte, sachte ... seiner Wege«.

Dritte Vigilie oder Sieben Schläfer

»Wohnung und Aufenthalt« soll der Schlafgott nach Benjamin Hederich »in einer großen Höhle eines Berges gehabt haben, wohin niemals einiger Sonnenstral kam, wohl aber alles daselbst neblicht war. [...] Vor dem Eingange der Höhle stunden Mohn und andere schlafbringende Kräuter: sie selbst aber hatte weder einige Thore, noch einigen Hund zum Hüter, der mit seinem Bellen den Schlaf hindern konnte: wohl aber stund in demselben ein Bette von Ebenholze, mit schwarzem Bettgewande, worauf der Schlaf lag, und um welchem herum sich alles voller Träume befand.«

Die Höhle ist einerseits unverzichtbarer Topos einer jeden Ideallandschaft; auch Faust und Helena ziehen sich zu »arkadisch freiem Glück« (und zur Zeugung Euphorions) in die »un-

Nächtige Weile

erforschten Tiefen« einer Höhle zurück. Auf der anderen Seite ist ihre Erscheinung – wie im Mythos, so bei Goethe – aufs engste mit dem Schlaf konnotiert. Mehrmals zitiert Goethes Werk die Geschichte von Endymion und Selene: Endymion begehrt von Zeus Unsterblichkeit, ewige Jugend und immerwährenden Schlaf. In eine Höhle gebettet, werden ihm die Wünsche gewährt, doch es kann nicht verhindert werden, daß seine himmlisch schöne Schlummergestalt das Begehren der Mondgöttin erweckt. Sie säumt nicht, sich über ihn zu neigen (V. 6504 ff.), »den schönen Schläfer zu küssen« (*III. Römische Elegie*), und wohl auch noch mehr, denn es entsprießen ihrem Verlangen 50 Töchter (ungeachtet ihr Liebhaber »ein Weichling« ist, wie er in der *Achilleis* geschmäht wird).

Schlaf und Höhle bedingen einander, man könnte fast sagen: Schlaf ist Höhle. Selbst Egmonts Kerker wird zur heiligen Katakombe, wenn der Eingesperrte von Schlaf und Vision heimgesucht wird. Der gleichmäßige Dämmer im Inneren der Höhle hebt die Gesetze der Außenwelt auf, schenkt Sicherheit und Linderung (*Faust I, Wald und Höhle*, V. 3232–3239). Im *Buch des Paradieses* aus dem *West-östlichen Divan* sind es nicht sieben Jahre, die von den *Siebenschläfern* im Dunkeln verbracht werden, es sind sieben Menschen (und ein »Schäfershund«), die fast 200 Jahre lang die Weltläufte verschlafen, in eine Felsenhöhle eingemauert, von Engeln gewartet und ernährt.

Der Mythos Höhle hat aber noch mehr Bewohner. Einer davon ist Epimenides, der in die Irre gegangene Hirte, der 57 Jahre in der Höhle verschlief, um nach dem Erwachen Verehrung als Weiser und Liebling der Götter zu genießen. Sein Libretto *Des Epimenides Erwachen* verfaßte Goethe als Auftragsarbeit zur Siegesfeier über Napoleon; die Uraufführung fiel auf den Jahrestag der Eroberung von Paris, den 30. 3. 1815. Die Fabel von Epimenides gibt in diesem Bühnenweihfestspiel über den Frieden Anlaß zu einem »gewissermaßen mysteriösen Werke« (Goethe an August Wilhelm Iffland), in dem

Musen, Genien, Dämonen und die allegorischen Gestalten Glaube, Liebe, Hoffnung auftreten. In Weiterführung des Mythos lassen »die Götter den weisen und hülfreichen Mann zum zweitenmal einschlafen ..., damit er eine große Unglücks-Periode nicht mit erlebe, zugleich aber auch die Gabe der Weissagung, die ihm bisher noch versagt gewesen, erlangen möge«. Epimenides verschläft die kriegerischen Zeiten des Umsturzes »im stillen«, damit er »rein empfinden kann« – Voraussetzung der Prophetengabe. Die göttliche Einladung zum Schlaf aber, die ihm zwei Genien aussprechen, erscheint Epimenides wie die Aufforderung, nun seinen zweiten, den ewigen Schlaf anzutreten, nun auch den zweiten Bruder kennenzulernen:

> Zum Schlafen? jetzt? – Ein sehr bedeutend Wort.
> Zwei euresgleichen sind's, wo nicht ihr selbst,
> Sind Zwillingsbrüder, einer Schlaf genannt,
> Den andern mag der Mensch nicht gerne nennen.

Epimenides gehorcht dem höheren Willen, »man sieht ihn sich niederlegen und einschlafen«. Die Pforten seiner Ruhestätte (von Goethe aus theatralischen Gründen von der Höhle des ersten Schlafs nun in »ein tempelähnliches Wohngebäude« verwandelt) schließen sich. Auf ihnen abgebildet sieht man »den Schlaf und Tod, nach antiker Weise, vorgestellt«.

Vierte Vigilie oder Schlaf ist Schale
Wie der Keimling aus seiner Samenhülle platzt, so solle Faust den Schlaf von sich schütteln am Ende seiner geheimnisvoll geheiligten Nacht, bedeuten ihm die Geisterchöre: »Leise bist du nur umfangen, / Schlaf ist Schale, wirf sie fort!« (V. 4661 f.) Faust dämmert nicht wie Epimenides prophetischer Kontemplation, sondern neuer Tätigkeit entgegen: »Säume nicht dich zu erdreisten / Wenn die Menge zaudernd schweift; / Alles kann der Edle leisten, / Der versteht und rasch ergreift.« (V. 4662–4665)

Das ist also der Faden, an dem Faust sich durch die Handlung des zweiten Teils finden soll.

Der als Schale fortgetane Schlaf Faustens ist aber kein Durchgangsereignis, vielmehr nur die höchste Ausformung eines täglich erfahrbaren Glücks. Wie Antäus aus der Berührung der Erde, schöpft der Mensch aus der Berührung mit dem Schlaf immer wieder neue Kraft. Der Schlaflose ist für Goethe kein strebsamer, sondern sorgenvoller, der Schlafende kein bewußtloser, sondern begünstigter Mensch. Deshalb gilt ihm auch der Zustand des Somnambulismus nicht als Symbol der Passivität, sondern der Schaffenskraft. »Ziemlich unbewußt, einem Nachtwandler ähnlich«, habe er den *Werther* verfaßt, heißt es in *Dichtung und Wahrheit*, nicht nur den *Wilhelm Meister*, sondern auch »seine übrigen Sachen« habe er »als Nachtwandler geschrieben«, erfährt Karl Ludwig von Knebel am 16.3.1814, vom »anerkannten Nachtwandel« wolle er »doch nicht aufgeweckt sein«, schreibt er einer »verehrten Freundin« (Josephine O'Donell, 24.11.1812) und resümiert Nees von Esenbeck gegenüber, das Dichten gleiche »durchaus einem Wachschlaf« mit »traumartigen« Zuständen (23.7.1820). Die »genialischen Nachtwandler« unter den Künstlern haben seine besondere Sympathie als »bevorteilte Naturkinder«, ja, Begabung und Somnambulismus sind für ihn geradezu Synonyme: »Dem Genie ist nichts vorzuschreiben, es läuft glücklich wie ein Nachtwandler über die scharfen Gipfelrücken weg, von denen die wache Mittelmäßigkeit bei'm ersten Versuche herunterplumpt.« (*Rameau's Neffe*)

Postdormitium oder Verweile doch
Zwischen Schlafen und Wachen, im Zustand des Postdormitium, widerfahren dem Menschen bisweilen seltsame Dinge, welche wie der Schläfer selbst ins Zwischenreich von Wahn und Wirklichkeit gehören. Da mischt sich ein Mann ins höfische Leben, ruft allerlei greifbaren Spuk hervor und verliebt sich am

Nächtige Weile

Ende in sein Geschöpf. Schlafend, »paralysiert« von Helena, so liegt Faust erneut hingestreckt (zu Beginn des zweiten Akts im zweiten *Faust*-Teil) – diesmal in seinem alten Studierzimmer. Aus dieser Ohnmacht soll ihn trostreiche »Wiederkunft« (V. 6662) erlösen. Derweile geschehen unerhörte laboratorisch-alchemistische Wunder; Faust verschläft sie, er verschläft sie in süßen arkadischen Träumen. Wie ein Nachtwandler durchschwebt er die *Klassische Walpurgisnacht*, halb erwachend, als er den Boden berührt, doch immer noch der weiblichen Traumgestalt nachjagend. Genesen ist Faust noch nicht (V. 6967), seinem Liebesschmerz wird erst in der Unterwelt geholfen – auch das nicht gerade ein Ort der hellwachen, nüchternen Art. Was folgt, ist eine »klassisch-romantische Phantasmagorie«, ein Beischlaf zwischen Antike und Mittelalter, zwischen Schatten und Lebenspuls zum Zweck der Zeugung einer Dichtungsallegorie namens Euphorion, sonst Knabe Wagenlenker, auch Lord Byron genannt. Bald schon machen Mutter und Sohn sich los vom arkadischen Dasein, das sie vertauschen mit ihrem eigentlichen, mit Persephones körperlosem Reich; Faust verläßt die Szene wolkenumhüllt, wolkengetragen.

Nein, Faust erwachte anfangs nicht aus seinem heilsamen Schlaf. Somnambul durchschritt er Klassische Walpurgisnacht, Inneren Burghof und Schattigen Hain. Nach einer letzten Vision von »Seelenschönheit« (V. 10064) gilt sein erster wirklich wacher Blick dem Hochgebirg des vierten Akts. (Vgl. eine Entwurfsskizze Goethes, wo es vom Eingang dieser ersten Szene des vierten Akts heißt: »Die Wolke steigt [...]. Erwachen. Mephistopheles und Faust. Umwendung zum Besitz.«) Weit entfernt vom Traum ist nun sein angebrochener Tag, der Tat geweiht, der Herrschaft und dem Eigentum; voll Härte, unbußfertig. Der Tod am Ende dieses schwerbeladenen Tags dann ereilt den Blinden wieder als ein schöner Schlaf. Wie der Schlummernde Geräusche der Umgebung seinen Träumen einverleibt, nährt Spatengeklirr Fausts letzte Vision vom »freien

Nächtige Weile

Volke« auf »freiem Grund« (V. 11580). Das Schaufelrasseln galt statt der Urbarmachung seiner eigenen Staubwerdung, statt dem Graben dem Grab, doch Faust wird die Gnade zuteil, im Stadium höchster beseligender Verblendung sterben zu dürfen: »Im Vorgefühl von solchem hohen Glück / Genieß ich jetzt den höchsten Augenblick.« (V. 11585 f.)

Ein letztes Mal wird Faust am Ende dem Schema von Schlaf und Erwachen, Tod und Wiedergeburt unterworfen. »Er ahnet kaum das frische Leben / So gleicht er schon der heiligen Schar. / Sieh! wie er jedem Erdenbande / Der alten Hülle sich entrafft, / Und aus ätherischem Gewande / Hervortritt erste Jugendkraft.« (V. 12086–12091) Die Engel befreien den Schmetterling seiner Seele aus dem »Puppenstand«, sie entführen seine Entelechie in die höheren Sphären himmlischer Regionen, dem Ewig-Weiblichen, der ewigen Liebe entgegen.

Nicht Ich

»Sind Sie es, junger Herr? wie viel Gestalten haben Sie denn?« – »Im Ernst nur eine, ... zum Scherz, so viel Sie wollen.« Nach dem Bericht in *Dichtung und Wahrheit* treibt Goethe – den hier Madame Brion inspiziert – in Sesenheim einen seiner Lieblingsscherze: Gestaltwechseln. Um auf unverdächtig-erheiternde Weise dem verstimmten Fräulein Friederike wieder unter die Augen treten zu dürfen, tauscht der Lizentiat der Rechte kurzerhand die Kleider mit einem Gastwirtssohn, welcher ihn »flüchtig an sich selbst erinnert«. Die Haare scheitelt man nach anderer Manier, den zu zarten Brauenschwüngen wird nachgeholfen, indem man sie »mit einem gebrannten Korkstöpsel« dichter zeichnet »und sie in der Mitte näher zusammenzieht«, um sich ganz und gar »zum Rätsel zu bilden«. (Das schön verwechselbare Wort meint einen Menschen mit zusammengewachsenen Augenbrauen.)

»Durchlauchtigster!« wendet sich ungefähr sieben Jahre später ein bescheidener Mann auf dem Gut Kochberg an den durchreisenden Herzog, »Durchlauchtigster! / Es nahet sich / Ein Bäuerlein demüthiglich, / Da ihr mit euerm Roß und Heer / Zum Schlosse thut stolziren sehr.« Carl August möge doch des Bauernvolkes samt dessen Wertes für die Volkswirtschaft eingedenk sein und im übrigen die Huldigung seines Untertans »Sebastian Simpel« sich gefallen lassen. In der landmännischen Tracht steckte ein weimarischer Freund und Geheimer Legationsrat, der wußte, daß sein Herzog ihm am allerwenigsten ob eines Mummenschanzes grollen würde, den er selbst gern – wie öfters – mitgemacht hätte.

Die Fallhöhe vom feudalbürgerlichen zum ruralen Stand reduzierte Goethe später bei seinen Verkleidungen, indem er sich die Maske des bildenden Künstlers vorhielt. Auf seiner Reise in den Harz gibt er der Behaglichkeit am anonymen Reisen in einem Brief an Charlotte von Stein Ausdruck: »Mir ists eine sonderbare Empfindung, unbekannt in der Welt herumzuziehen, es ist mir als wenn ich mein Verhältnis zu den Menschen und den Sachen weit wahrer fühlte. Ich heise Weber, bin ein Mahler, habe iura studirt, oder ein Reisender überhaupt, betrage mich sehr höflich gegen iedermann, und bin überall wohl aufgenommen. Mit Frauens hab ich noch gar nichts zu schaffen gehabt. Eine reine Ruh und Sicherheit umgiebt mich ...« (6.12.1777) In seiner »Verkappung« erfährt er die Anziehungskraft einfacher Leute und einfachen Lebens – »Es ist wie ein kaltes Bad, das einen aus einer bürgerlich wollüstigen Abspannung, wieder zu einem neuen kräfftigen Leben zusammen zieht.« (9.12.1777) Daß es sich bei dieser angenommenen Rolle nicht um eine Attitüde der Freundin gegenüber handelt, beweist das Gästebuch einer Bergwerksgrube, in dem die Eintragung »Johann Wilhelm Weber aus Darmstadt d. 8. Dez. 1777« in Goethes Schriftzügen erhalten ist.

Ist man in Mimikry unterwegs, kann man das daheim ge-

Nicht Ich

bliebene Ich als etwas Fremdes betrachten und von anderen betrachten lassen. Mehrfach gibt sich Goethe dem Vergnügen hin, getarnt als Gothaer, Leipziger oder Jenaer Bürger, auf Fragen, ob er denn nicht den berühmten Weimarer Dichter kenne, ausweichend, schälkisch und anspielungsreich Bescheid zu geben. Auf die »mit einigem Ungestüm« vorgebrachte Aufforderung des Herrn Plessing, er solle doch »das seltsame Individuum schildern, das so viel von sich reden mache«, legt Goethe eine beredte Selbstcharakteristik dieses »wohlgesinnten, wohlwollenden und hülfsfertigen jungen Mannes« vor.

Das Pseudonym als Maler erwies sich als so tragfähig – und kam ja schließlich der Wahrheit hochprozentig nahe –, daß Goethe diese Tarnung auch für seinen längsten Auslandsaufenthalt wählte. Nur dem Wohnungsgenossen Johann Heinrich Wilhelm Tischbein gegenüber gibt er sich in Rom zu erkennen. Für alle anderen ist er ein Leipziger Kaufmann oder Jean Philippe Möller oder Johann Philipp Möller oder der Signor Filippo von nebenan oder der Maler »Sig. Filippo Miller Tedesco«, wie das Einwohnerregister für die Casa Moscatelli festhält. Und weil er schon beim Versteckspiel ist, korrigiert er auch gleich sein Alter um fünf Jahre – nach unten, versteht sich: »di anni 32«. Seinen Briefpartnern der nördlichen Heimat verlangt er jetzt ab, sich selbst von einer fremden Namensunterschrift nicht beirren zu lassen und bloß den wohlbekannten Schriftzügen zu vertrauen. So ernst ist es ihm mit seinem Inkognito, daß er es »durch eine mäßige und schickliche Freigebigkeit respektable« erhält und stets einen Troß von Künstlern mit sich schleppt, um als einer der Ihren zu gelten (an Carl August, 25.1.1788). Zwar erregt der deutsche Maler als ein »fremdes Murmeltier« (*Italienische Reise*) so viel Aufsehen, daß er immer wieder Gefahr läuft, enttarnt zu werden, doch gelingt es ihm stets, rechtzeitig unterzutauchen. Zu Hilfe kommt ihm dabei Hofrat Reiffenstein, der seinen angenommenen Allerweltsnamen nicht zu goutieren vermag und ihn

Nicht Ich

flugs zu einem »Baron gegen Rondanini über« nobilitiert – nach dem Palazzo Rondanini, den Goethe sah, wenn er aus dem Fenster seiner römischen Wohnung blickte. Um einen Passierschein nach Neapel zu erhalten, lassen sich Tischbein und Goethe im Februar 1787 schließlich noch ein weiteres Namensspiel einfallen: Sie stammten aus Moskau, erklären sie dem zuständigen Sekretär, und hießen »Toichbein« und »Milleroff«.

Die Gründe für all die nominale Falschmünzerei Goethes liegen natürlich in der größeren Freiheit, die der Star ohne die Bürde nationalpoetischer und staatspolitischer Würde genoß. »Mein dezidiertes Inkognito spart mir viel Zeit«, legt er dem Ehepaar Herder in einem Brief vom 13. Dezember 1786 auseinander, denn er vermeide auf diese Weise alle lästigen Visiten- und unnützen Auskunftpflichten.

»Ich war von jeher überzeugt daß man entweder u n b e - k a n n t oder u n e r k a n n t durch die Welt gehe, so daß ich auf kleinen oder größeren Reisen ... meinen Namen verbarg« (an Johann Heinrich Meyer, 30.12.1795), faßt Goethe später sein Rollenspiel zusammen; selbst im heimischen Umfeld konnte die Maskerade nützlich sein, wenn man sich anonym ins Bad Lauchstädter Theaterparterre zwischen die unbefangen kommentierenden Zuschauer setzte (an Schiller, 5.7.1802). Fast notwendig folgt aus dieser Lust an der Verstellung auch die Kurzweil, die mit den eigenen Lesern zu treiben ist: »So viel habe ich überhaupt bei meinem Lebensgange bemerken können, daß das Publikum nicht immer weiß wie es mit den Gedichten, sehr selten aber, wie es mit dem Dichter dran ist. Ja ich leugne nicht, daß, weil ich dieses sehr früh gewahr wurde, es mir von jeher Spaß gemacht hat, Versteckens zu spielen.« (An Carl Friedrich von Reinhard, 22.6.1808) Die ersten, jetzt berühmtesten Werke Goethes erschienen anonym, ein Verfahren, das zu seiner Zeit gar nicht selten war und sich insbesondere bei politisch, religiös oder moralisch bedenklichen Schriften empfahl, gerne aber auch beim Roman angewendet wurde, damit der Hautgout, welcher diesen noch umwitterte, nicht etwa an einem gut beleumundeten Autor hängenblieb.

Je mehr Rätselraten um einen Schriftsteller entsteht, desto mehr Fehlzuschreibungen gibt es auch. Zwar mußte Goethe keine Offenbarungseide leisten, damit nicht ein anderer sich seine Werke auf die Fahnen schriebe, doch hatte er umgekehrt manche Erklärung abzugeben, um den unerwünschten Schmuck fremder Federn loszuwerden. Lessing hielt Leisewitzens *Julius von Tarent* für ein Goethesches Werk, Gleim glaubte, Klingers *Neue Arria* sei von ihm, Klopstock und Voß schrieben ihm den *Hofmeister* von Lenz zu, und alle Welt sah so lange in Goethe den Verfasser des *Allwill*, bis dieser Lavater gegenüber energisch klarstellte: »Allwills Briefe sind von Friz Jakobi – nicht von mir.« (16. 9. 1776) Als Autor eines zwar sentimentalen, aber immerhin lesenswerten Briefromans zu gelten mochte noch hingehen, doch wenn Spott, genauer eine leicht zu entschlüsselnde boshafte Posse, über einen Fall aus dem eigenen Gesichtskreis ins Spiel kam, mußte man auf der Hut sein. Der Leipziger Verleger Weygand hatte gegen Goethes ausdrücklichen Wunsch bei der dritten Auflage des bis dato anonymen *Werther* den Verfassernamen öffentlich im Messkatalog preisgegeben. Das war Anlaß für Heinrich Leopold Wagner, anonym den undichten Informanten als Papagei in seiner Farce *Prometheus, Deukalion und seine Recensenten* abzukonterfeien und gleichzeitig Wieland, seinem *Teutschen Merkur* und diversen *Werther*-Kritikern kräftig aufs Haupt zu spucken. Immerhin bestand der wahre Urheber der literarischen Frechheit in Knittelversen nicht allzu lange auf seinem Versteck vor dem Publikum, legte bei Goethe Beichte ab und beugte sich der folgenden öffentlichen Gegendarstellung: »Nicht ich, sondern H e i n r i c h L e o p o l d W a g n e r hat den Prometheus gemacht und drucken lassen, ohne mein Zuthun, ohne mein Wissen. Mir wars, wie meinen Freunden, und dem Publiko, ein Räzel, wer meine Manier in der ich manchmal

Nicht Ich

Scherz zu treiben pflege, so nachahmen, und von gewissen Anekdoten unterrichtet seyn konnte, ehe sich mir der Verfasser vor wenig Tagen entdeckte. Ich glaube diese Erklärung denen schuldig zu seyn, die mich lieben und mir auf's Wort trauen. Übrigens war mir's ganz recht, bey dieser Gelegenheit verschiedne Personen, aus ihrem Betragen gegen mich, in der Stille näher kennen zu lernen. Frankfurt, am 9. April 1775. G o e t h e«

Nobody

Daß einem Vorgesetzten, Herzog und Regierungschef zumal, der Deckname »Nobody« gegeben wird, wie es Carl August in der Korrespondenz zwischen Goethe und Charlotte von Stein bisweilen geschieht (vgl. z. B. die Briefe von Januar bis März 1776), darf dann weniger verwundern, wenn man sich jenes mythopoetischen Kabinettstückchens erinnert, wonach es dem listenreichen Odysseus gelingt, Polyphem und seiner zyklopischen Menschenfreßgier schafgedeckt zu entrinnen, indem er dem Riesen den eigenen Namen schlau mit »Niemand« angibt, um den auglos Gebrannten dann der Lächerlichkeit vor seinen Rudelmitgliedern preiszugeben mit dem Ausruf, Niemand habe ihn geblendet.

Non olet

Zwischen 20 Talern für *Stella* und 60 000 Talern für die *Ausgabe letzter Hand* schwankten Goethes Honorare. Sein Leben lang mißtrauisch gegen das »Packzeug« der Verleger (an Schiller, 19. 3. 1802), wechselte er schon bei seinem zweiten Werk vom Leipziger Unternehmen Breitkopf zum Selbstverlag über. Weil das finanziell und organisatorisch zum Fiasko geriet, durfte sich als nächstes der Leipziger Geschäftsmann Weygand an

Clavigo und *Werther* versuchen. Raub- und Doppeldrucke vergällten indes nicht nur dem meistgescholtenen Verleger seiner Zeit den jungen Autor, sondern diesem auch aufs neue das Druckwesen. Als er Georg Joachim Göschen 1787 eine achtbändige Werkausgabe in einer Auflage von 3 000 Stück anbot, erhielt der inzwischen berühmte *Werther*-Dichter bereits eine Zahlung dafür, deren Kaufkraft ungefähr heutigen 50 000 Euro entspricht. Je älter und bekannter er wurde, desto geschäftstüchtiger wurde er auch und scheute sich nicht, die Ware Goethe unter den finanzkräftigsten Verlegern zu versteigern.

Für den Druck von *Hermann und Dorothea* ließ er sich 1797 ein besonders trickreiches Geldvermehrungsspiel einfallen: Der Verleger Vieweg sollte ein anständiges Honorarangebot machen. Das wollte Goethe aber nur annehmen, wenn es nicht geringer wäre als seine eigenen Vorstellungen. Und letztere bestanden in einem versiegelten Zettel, auf dem die geforderte Summe stand, hinterlegt bei einem Mittelsmann. Vieweg war also in der Zwickmühle: Bot er zuwenig, würde Goethe zu einem anderen Verleger wechseln, bot er aus Vorsicht mehr als die von Goethe geheim hinterlegte Forderung, zahlte er drauf. Der Mittelsmann scheint nicht ganz unbeteiligt am glücklichen Ausgang der Chose gewesen zu sein, denn: Vieweg bot 1 000 Reichstaler in Gold, dann öffnete man das Siegel und las die Forderung auf Goethes Zettel: 1 000 Reichstaler in Gold.

Nach solchen nicht gerade feinen Methoden hätten eigentlich die Verleger einen Bogen um Goethe machen müssen; doch landete er schließlich durch Schillers Vermittlung beim besten, dem seitdem als »Klassiker-Verlag« gerühmten Unternehmen: bei Cotta. Ab 1800 erschienen in Stuttgart sämtliche Goetheschen Ausgaben bis hin zu derjenigen *letzter Hand*, für die zum erstenmal in der Geschichte ein Privileg aller deutschen Staaten gewährt wurde, woraufhin das leidige Raubdruckwesen eingedämmt blieb. Man schätzt, der großzügige Johann Friedrich von Cotta habe bis zu Goethes Tod an die

2,5 Millionen Euro heutigen Werts an seinen Autor gewendet, was jenen zum bestdotierten Dichter seiner Zeit und reichsten Weimarer Bürger machte.

Das kam zwar nicht von ungefähr, sondern von Arbeit, Fleiß und Verhandlungsgeschick, doch war schon die Grundlage solide. Ohne die Zuwendungen aus dem elterlichen Haus, ohne die Schenkungen seines Fürsten (Gartenhaus, Wohnhaus, Italienreise) und ohne die amtlichen Gehälter wäre der hohe Lebensstandard am Frauenplan nicht zu halten gewesen. Zu den insgesamt 140 000 Talern an Honoraren kamen im Lauf des Lebens an die 120 000 Reichstaler staatliches Salär dazu, außerdem 8 000 Taler der Mutter, 11 000 Taler väterliches Erbe und 23 000 Taler Zinserträge. Schließlich war Goethe der erste deutsche »freie Schriftsteller«, der von seinen literarischen Einnahmen leben, ja etwas zurücklegen konnte.

Damals war es üblich, Manuskripte gegen eine Pauschale zu verkaufen; das gesetzliche Urheberrecht des Künstlers existierte noch nicht, und der Verleger konnte sich nur mit Hilfe staatlicher Privilegien leidlich gegen billige, unautorisierte Drucke schützen. Man hatte also jegliche Chance weiterer Einnahmen durch Neuauflagen oder Übersetzungen an den Verlag abgegeben. So muß es als geniale Verwertung des eigenen Ruhms gelten, wie Goethe an seinen Schöpfungen zu verdienen verstand, denn ein Bestsellerautor war er keineswegs. Seine Absatzzahlen erreichten lange nicht diejenigen vielgelesener Schmökerproduzenten. Bei der Göschenschen Ausgabe beispielsweise hatten 358 Leser auf 626 Exemplare subskribiert – gedruckt wurden 4 000. Von Göschen muß er sich folglich sagen lassen, daß seine »Sachen nicht so kurrent« seien »als andere an denen ein größer Publikum Geschmack findet« (zitiert an Göschen, 4. 7. 1791). Das Argument Konsumentengusto schmälert aber auf Dauer nicht die Selbsteinschätzung und den sich beizumessenden Barwert. Mit dem schwierigen Luxusautor aus Weimar, so warnt Schiller den Freund Cotta, werde er immer wieder hohe Risiken eingehen, doch bleibe die »Hoffnung, sich auf einmal an dem Goethischen Faust für alle Verluste zu entschädigen«. Eine schwache Hoffnung: »Aber außer dem, daß es zweifelhaft ist, ob er dieses Gedicht je vollendet, so können Sie sich darauf verlassen, daß er es Ihnen, der vorhergehenden Verhältnisse und von Ihnen aufgeopferten Summen ungeachtet, nicht wohlfeiler verkaufen wird als irgendeinem andern Verleger, und seine Forderungen werden groß sein. Es ist, um es geradeheraus zu sagen, kein guter Handel mit Goethe zu treffen, weil er seinen Wert ganz kennt und sich selbst hoch taxiert und auf das Glück des Buchhandels, davon er überhaupt nur eine vage Idee hat, keine Rücksicht nimmt. [...] Liberalität gegen seine Verleger ist seine Sache nicht.« (Schiller an Cotta, 18. 5. 1802)

Es stimmte also schon immer: Reichtum erringt man nur ohne geschäftliche Liberalität. Das hätte eigentlich bedeuten müssen, diese einmalige Synthese von Genie und Geld auch nach außen sichtbar zu machen. Wer je Goethes Wohnhaus besichtigt hat, weiß vom Gegenteil zu berichten. Gewiß, die Repräsentationsräume sind großzügig und geschmackvoll, und unten ist Platz für Kutsche und Weinkeller. Doch die Zimmer, in denen Goethe die meiste Zeit seines Lebens verbrachte, sind alles andere als Salons – es sind Wohn-, Arbeits-, Schlafräume von bürgerlichem Zuschnitt. Die Möblierung ist teilweise geradezu ärmlich: »... ich sitze immer in meinem alten hölzernen Stuhl ... Eine Umgebung von bequemen geschmackvollen Meublen hebt mein Denken auf ...« Trotzdem wurde die geheimrätliche Börse fleißig in Anspruch genommen. Allein die Kosten für die Haushaltsführung – mit stets exquisitem Essen und reichlich Wein, auch für die täglichen Gäste – konnten sich auf 1100 bis 4400 Taler jährlich belaufen, 1830 sogar auf 12000. Sehr viel Geld floß in die zahlreichen Sammlungen, ob anatomische Präparate, Kupferstiche oder Münzen, in Materialien für die unzähligen Forschungsinteressen und natürlich in die Reisekasse. Dazu kamen die Gehälter für das Personal.

Daß Goethe seinen Besitz zusammenzuhalten verstand, macht sein Testament deutlich. Der vollstreckende Kanzler Müller hatte weisungsgemäß inskünftig zu verteilen: jährlich 50 Taler an den ehemaligen Sekretär und neu eingesetzten Kollektaneen-Verwalter Friedrich Theodor Kräuter, 2000 Taler an die Schwiegertochter Ottilie Goethe, von denen 1500 als Erziehungsgeld für die Enkel Wolfgang, Walther und Alma bis zu deren Volljährigkeit gedacht waren; dazu kamen an einmaligen Erbteilen 200 Taler für Rinaldo Vulpius, 200 für den Sekretär Johann August Friedrich John und 150 für den Diener Friedrich Krause. Eckermann sollte für die Redaktion der postum bei Cotta herauszugebenden Werke, Tagebücher und Briefe ein »billiges Honorar« übermacht werden, desgleichen Riemer für die Revision der Korrespondenz mit Schiller und Zelter. Und selbst des Krautlands wurde gedacht: Diener Krause war der Erbe. Nach allen Abzügen betrug der geschätzte Wert von Goethes Nachlaß – ohne die Immobilien – immer noch 63000 Taler. Ein Weimarer Kutscher oder Zimmermann verdiente zu dieser Zeit ungefähr 50 Taler im Jahr.

O

Oder

Am Ende des zehnten Buchs von Platons *Staat* erfahren wir die Geheimnisse der Metempsychose – wie im Jenseits eine jede Seele sich ihre neue Lebensweise wählt, wie sie von Lachesis ihren persönlichen Dämon zugeteilt erhält, wie Klotho das von ihr gewählte Geschick befestigt und Atropos es unveränderlich macht, wie sie durch den Thron der Notwendigkeit hindurchgeht und aus dem Fluß der Sorglosigkeit trinkt, wie sie sich schließlich in einem anderen Leib wiederfindet.

Die Lehre von der Seelenwanderung, die sich zum Beispiel in solch antiker Tradierung findet, gehörte zum unverrückbaren Ideengut Goethescher Anschauung: »Wenn einer fünf und siebzig Jahre alt ist, ... kann es nicht fehlen, daß er mitunter an den Tod denke. Mich läßt dieser Gedanke in völliger Ruhe, denn ich habe die feste Überzeugung, daß unser Geist ein Wesen ist ganz unzerstörbarer Natur; es ist ein fortwirkendes von Ewigkeit zu Ewigkeit. Es ist der Sonne ähnlich, die bloß unsern irdischen Augen unterzugehen scheint, die aber eigentlich nie untergeht, sondern unaufhörlich fortleuchtet.« (Johann Peter Eckermann: *Gespräche mit Goethe*, 2.5.1824) Dabei versteht er die Transmigration in den nächsten Wesenszustand als Folge der Notwendigkeit, mit der die entelechische Monade erhalten und einer ständigen Umartung unterworfen werden muß: »Die Überzeugung unserer Fortdauer entspringt mir aus dem Begriff der Tätigkeit; denn wenn ich bis an mein Ende rastlos wirke, so ist die Natur verpflichtet, mir eine andere Form des Daseins anzuweisen, wenn die jetzige meinen Geist nicht ferner auszuhalten vermag.«

Oder

Nicht nur eschatologischen Blick nach vorne, sondern auch mythischen Blick zurück erlaubt der Glaube an die Wiedererweckung alles Lebendigen. Im Briefgedicht (mit der Anfangszeile *Warum gabst du uns die tiefen Blicke*) an Charlotte von Stein vom 14. April 1776 dient Goethe die mögliche Erinnerung an frühere Existenz zur Deutung einer innigen Bindung:

> Sag', was will das Schicksal uns bereiten?
> Sag', wie band es uns so rein genau?
> Ach, du warst in abgelebten Zeiten
> Meine Schwester oder meine Frau.

Dem gleichen Vorstellungskomplex entstammt ein Brieffragment an Christoph Martin Wieland: »Ich kann mir die Bedeutsamkeit – die Macht, die diese Frau über mich hat, anders nicht erklären als durch die Seelenwanderung. – Ja, wir waren einst Mann und Weib! – Nun wissen wir von uns – verhüllt, in Geisterduft. – Ich habe keine Namen für uns – die Vergangenheit – die Zukunft – das All.« (Wohl April 1776)

Es scheint sich ganz derselbe Gedanke auszudrücken – mit einem bedeutenden Unterschied. Spricht der Brief unzweideutig von einer anamnetisch geahnten einstigen Ehegemeinschaft, bleibt das Gedicht bei der Interpretation dieses Déjàvu vage: »Ach, du warst in abgelebten Zeiten / Meine Schwester oder meine Frau.« Oder also.

Mit dem astrologischen Zeichen der Sonne verschleiert Goethes Tagebuch die Nennung der Freundin Charlotte von Stein; »bestes Gold« nennt er sie dementsprechend in der Korrespondenz des Jahres 1776, auch »liebe Frau«, »beste Frau«, »Engel« und »Madonna die gen Himmel fährt«. Den Attributen gesellt sich ein weiteres, wenn er bekennt, daß er an ihr »eine Schwester habe« (23. 2. 1776), und sein »Verhältnis« zu ihr charakterisiert als »das reinste, schönste, wahrste, das ich ausser meiner Schwester ie zu einem Weibe gehabt« (24. 5.

1776). Etwas anders klingt dagegen eine Art platonischer Heiratsantrag, in dem es heißt: »Meine Seele ist fest an die deine angewachsen, ich mag keine Worte machen, du weist daß ich von dir unzertrennlich bin und daß weder hohes noch tiefes mich zu scheiden vermag. Ich wollte daß es irgend ein Gelübde oder Sakrament gäbe, das mich dir auch sichtlich und geszlich zu eigen machte, wie werth sollte es mir seyn.« (12. 3. 1781)

Schwester oder Frau? Einen Antwortversuch wagte der, welcher sich Goethes Einakter *Die Geschwister* von Ende Oktober 1776 psychologisch zurechtlegte. Die Umleitbarkeit von erotischer in geschwisterliche Liebe, die sie in manchen Romanen vorgeführt findet, ist einer der beiden Hauptfiguren instinktiv zuwider:

MARIANNE. Unter allem konnt ich am wenigsten leiden, wenn sich ein Paar Leute lieb haben, und endlich kommt heraus, daß sie verwandt sind, oder Geschwister sind –

Verräterisch geht Marianne der Mund über beim Gedanken an die Umkehrung dessen, wovon ihr das Herz voll ist, und so läßt die Auflösung aller Wirrnisse nur noch ein paar retardierende Minuten lang auf sich warten. Sie und ihr heimlich geliebter Bruder Wilhelm geben der inzestuösen Versuchung nach –

MARIANNE. [...] Welch ein Kuß war das, Bruder?
WILHELM. Nicht des zurückhaltenden, kaltscheinenden Bruders, der Kuß eines ewig einzig glücklichen Liebhabers. – *(Zu ihren Füßen.)* Marianne, du bist nicht meine Schwester! [...]
MARIANNE *(ihn ansehend)*. Nein, es ist nicht möglich.
WILHELM. Meine Geliebte, meine Gattin!
MARIANNE *(an seinem Hals)*. Wilhelm, es ist nicht möglich!

Oder

Happy-End oder: Es ist möglich. Im Schauspiel ist es möglich, indem man mit einem knotenzerhauenden dramaturgischen Trick Bruder und Schwester zu Scheinverwandten wandelt, damit sie sich gatten können. Glaubt man wie Goethe daran, daß sich im Schauspiel, dessen Hauptdarsteller man ist, der Vorhang nach der Abschiedsvorstellung zu immer neuen Rollen hebt, kann man sich vielleicht auch eine Bühne imaginieren, auf der das Wort Oder nicht mehr fällt.

Operosere

Nein, weder Stadt noch Land noch Fluß, kein Musikdrama, auch kein Medikament, keine Pflanze, kein Tier.

Goethe bildet in der *Geschichte seiner botanischen Studien* einen Komparativ zu »operos«, um auszudrücken, welch anstrengend-arbeitsreiches Leben er in Italien bei seinen Studien geführt: »... ich habe in meinem Leben nicht leicht operosere, mühsamer beschäftigte Tage zugebracht.«

Otto

»Wer läutet die Glocken? Die Glöckner nicht.« In Thomas Manns Roman *Der Erwählte* läßt sie derjenige ertönen, der stets in Vergessenheit gerät über den Geschichten: »*Der Geist der Erzählung.*« Nicht weniger kunstvoll und das Verhältnis zwischen Autor und Leser ins Licht rückend, tritt uns dieses körperlose, allgegenwärtige Wesen aus dem ersten Satz eines Goetheschen Romans entgegen: »Eduard – so nennen wir einen reichen Baron im besten Mannesalter« beginnen *Die Wahlverwandtschaften*. Der hier im Pluralis majestatis die Taufglocken über Eduard schwingt, wird uns – allmächtiger Erzähler, der er ist – bald so kräftig in die Geschicke seiner

Figuren hineinziehen, daß wir darüber die Frage vergessen, warum der Baron von ihm erst beim Namen gerufen werden mußte. Im dritten Kapitel des ersten Teils nun klärt sich Eduards nominale Identität. Seine Frau schlägt vor, zur Feier eines Vorgangs, der das Paar zum Kleeblatt erhebt, ein »dreifaches Fest« zu veranstalten. »›Ein dreifaches?‹ rief Eduard. – ›Ganz gewiß!‹ versetzte Charlotte; ›unseres Freundes Ankunft behandeln wir billig als ein Fest; und dann habt ihr beide wohl nicht daran gedacht, daß heute euer Namenstag ist. Heißt nicht einer Otto so gut als der andere?‹ Beide Freunde reichten sich die Hände über den kleinen Tisch. ›Du erinnerst mich‹, sagte Eduard, ›an dieses jugendliche Freundschaftsstück. – Als Kinder hießen wir beide so; doch als wir in der Pension zusammenlebten und manche Irrung daraus entstand, so trat ich ihm freiwillig diesen hübschen, lakonischen Namen ab.‹ ›Wobei du denn doch nicht gar zu großmütig warst‹, sagte der Hauptmann. ›Denn ich erinnere mich recht wohl, daß dir der Name Eduard besser gefiel, wie er denn auch, von angenehmen Lippen ausgesprochen, einen besonders guten Klang hat.‹« Der Abschnitt endet mit Eduards Feststellung »Für ein Viertes wäre auch noch recht gut Platz.« Die sonderbare Anspielung, eigentlich auf kindlichen Zuwachs deutend, erfüllt sich durch das Dazutreten Ottilies. Die Vierzahl ist erreicht.

Wie nun die wechselseitigen Verhältnisse sich entwickeln, wird im chemischen Gleichnis erzählt, das dem Roman seinen Titel gab. So wichtig schien Goethe die Erklärung solch unerhörten Verfahrens, daß er sie in der Selbstanzeige seines neuen Buchs öffentlich machte:

»Notiz. Wir geben hiermit vorläufige Nachricht von einem Werke, das zur Michaelismesse im Cottaschen Verlage herauskommen wird: Die Wahlverwandtschaften, ein Roman von Goethe In zwei Teilen.

Es scheint, daß den Verfasser seine fortgesetzten physikalischen Arbeiten zu diesem seltsamen Titel veranlaßten. Er mochte bemerkt haben, daß man in der Naturlehre sich sehr oft ethischer Gleichnisse bedient, um etwas von dem Kreise menschlichen Wissens weit Entferntes näher heranzubringen, und so hat er auch wohl in einem sittlichen Falle eine chemische Gleichnisrede zu ihrem geistigen Ursprunge zurückführen mögen [...].«

Nicht anders konnte ein so seltsamer Vorgang, bei dem, »attractionibus electivis« gehorchend (wie das lateinische Werk hieß, das Goethe zu seinem Titel inspirierte), Menschen sich aneinander binden, dargestellt werden als mit einem Bild aus der Experimentalchemie. Noch bevor von den vier Menschen verhängnisvolle Verhältnisse eingegangen werden, haben tote Materien alles vorhergesagt:

»›Zum Beispiel was wir Kalkstein nennen, ist eine mehr oder weniger reine Kalkerde, innig mit einer zarten Säure verbunden, die uns in Luftform bekannt geworden ist. Bringt man ein Stück solchen Steines in verdünnte Schwefelsäure, so ergreift diese den Kalk und erscheint mit ihm als Gips; jene zarte, luftige Säure hingegen entflieht. Hier ist eine Trennung, eine neue Zusammensetzung entstanden, und man glaubt sich nunmehr berechtigt, sogar das Wort Wahlverwandtschaft anzuwenden [...]

›Verzeihen Sie mir,‹ sagte Charlotte, ›... aber ich würde hier niemals eine Wahl, eher eine Naturnotwendigkeit erblicken, und diese kaum; denn es ist am Ende vielleicht gar nur die Sache der Gelegenheit. Gelegenheit macht Verhältnisse, wie sie Diebe macht; und wenn von Ihren Naturkörpern die Rede ist, so scheint mir die Wahl bloß in den Händen des Chemikers zu liegen, der diese Wesen zusammenbringt. Sind sie aber einmal beisammen, dann gnade ihnen Gott! In dem gegenwärtigen Falle dauert mich nur die arme Luftsäure, die sich wieder im Unendlichen herumtreiben muß.‹«

Der Leser kennt den Chemiker, seit dieser mit dem ersten Romansatz begann, die Versuchsanordnung vorzubereiten und »diese Wesen zusammenzubringen«!

Was hier noch als interessante Information aus dem unergründlichen Reich der Naturwissenschaft aufgetischt wird, gewinnt im Verlauf der Geschichte menschliche Gestalt. Der innere Ehebruch, bei dem Charlotte statt ihres Mannes der Hauptmann, Eduard aber statt seiner Frau Ottilie vor Augen steht, führt zum sichtbaren Ergebnis der Schwangerschaft. Ein Fünftes tritt hinzu; die Symmetrie ist aufgehoben. Der in Lüge gezeugte Sohn offenbart augenfällig, daß in diesem Menschenkreis etwas Unheiliges waltet: Indem er nicht seinen natürlichen Eltern, sondern deren beim Akt imaginierten Liebespartnern gleicht, fügt sein Äußeres ein Paar zusammen, das in Unschuld nebeneinander lebt – das Kind trägt die Gestalt des Hauptmanns und blickt aus den Augen Ottilies. Es wird getauft. »Otto sollte das Kind heißen; es konnte keinen andern Namen führen als den Namen des Vaters und des Freundes.«

Stellten wir uns nun diese Figurenkonstellation wie eine Stammbaumzeichnung vor, so fänden wir das Ehepaar Eduard und Charlotte in der Mitte, Eduard flankiert von seiner Geliebten Ottilie, der Hauptmann zur Seite Charlottes. Legitimer Sproß der Eheleute ist das Kind Otto, tragisch verbunden jedoch auch den beiden Seitenpersonen. Jetzt ziehen wir hinzu, was wir über die Geburtsnamen der Protagonisten wissen: Eduard und der Hauptmann heißen beide Otto – wie das Kind, das nach »Vater und Freund« benannt ist. Demnach stellen sich die Figuren als Otto – Charlotte – Otto – Ottilie – Otto vor. Die merkwürdige Übereinstimmung läßt sich auf den kleinsten gemeinsamen Nenner der Silbe »Ott« bringen, der allen Namen inhärent ist.

Doch der Fünferkreis wird auf grausame Weise reduziert; durch einen von Ottilie verursachten Unfall ertrinkt das Kind. Ottos Tod restituiert die Vierzahl und leitet die tragödienartige Katharsis des Endes ein. Liest man den Roman noch einmal von diesem Ende her, wo sich die »arme Luftsäure« Ottilie fast von selbst ins Unendliche hinein auflöst und Eduard ihr in den

Tod folgt, so färben Vorausdeutungen dieses Schlusses den scheinbar so grünen Romangarten dunkel. Nicht zufällig lebt Ottilie im »Zwischengeschoß« des Schlosses; nicht zufällig bestimmen Platanen die Landschaft des Anwesens und Astern den Blumenschmuck; nicht zufällig ist dort, wo von Wasser die Rede ist, das Ertrinken nahe; nicht zufällig sind Friedhof, Kapelle und Mühle wichtige Schauplätze; nicht zufällig spielt Glas mehrfach und verhängnisvoll eine Rolle; nicht zufällig erinnern uns die Kahnpartien an charontische Überfahrten; nicht zufällig ist das wie durch Alchemie gezeugte Kind Otto so wenig lebensfähig, wie es Homunkulus und Euphorion des zweiten *Faust*-Teils und Mignon des *Wilhelm Meister* sind; nicht zufällig enthält Eduards Kästchengeschenk an Ottilie ein bräutliches Gewand, das sie als Leiche tragen wird; und nicht zufällig tritt uns in der Romangestalt Mittlers ein Mittler zwischen den Welten der Lebendigen und Toten, ein wahrhafter Hermes psychopompos, entgegen. Dieses Reich der *Wahlverwandtschaften* ist ein Zwischenreich, ein magisches Reich unter Glas, in dem nicht das natürliche Leben regiert, sondern die dämonische Elementarkraft der Verfallenheit an den Eros-Thanatos; ein Experiment in vitro mit letalem Ausgang. Deshalb haben alle Figurennamen die Silbe »O-T-T« gemeinsam. Weil sie als Anagramm gelesen werden kann.

P

Paralipomena

Wenn Sie diese Zeilen lesen, haben Sie Wörter vor sich, welche die Autorin direkt in den Computer eingegeben hat. Kein Tondokument, kein Manuskript, kein Typoskript existiert von ihnen. Wären sie versehentlich gelöscht worden, blieben sie unwiederbringlich. Kein schmerzlicher Verlust in diesem Falle, doch Anregung, sich einen solchen vorzustellen.

Glücklicherweise sind zu Goethes Texten außer der gedruckten Fassung oft weitere Quellen im Nachlaß erhalten, die wertvolle Aufschlüsse über seine Arbeitsweise, aber auch über inhaltliche Fragen geben. Neben Entwürfen, Schemata und später gestrichenen oder umgeänderten Abschnitten können dem Interpreten insbesondere alle aus gewissen Rücksichten vom Autor unterdrückten Stellen eines Werks (die Paralipomena = beiseite gelassenen Passagen) interessant werden.

Der *Faust* gilt gemeinhin als das deutsche National- und Charakterdrama. Wer möchte sich denn nicht mit einem Autor brüsten, der den tiefsinnigen Zweifler, den Erkenntnishungrigen, den Tätig-Strebenden, den zärtlichen Gretchenbetörer, mit einem Wort: den faustischen Menschen schlechthin, in Verse goß? Anders hätte die Rezeption freilich ausgesehen, hätte man wahrgenommen, wie dick es dieser *Faust* hinter den Ohren hat. Seit Albrecht Schöne zuerst im Aufsatz *Satanskult*, dann in seiner *Faust*-Ausgabe beispielsweise eine neue Bühnenfassung der richtiggestellten und um die Paralipomena bereicherten Walpurgisnachtszene gab, ist das hölzerne Dogma von der Infallibilität hehrer Dichterworte gottlob wieder einmal angenagt. Was Goethe in seiner von ihm selbst als »Walpurgissack« und

»infernalischer Schlauch« bezeichneten *Faust*-Geheimmappe zu späterem Gebrauch verschloß und was Schöne endlich ohne Rückstände losließ, stinkt. Es stinkt zu einem Himmel, der höllisch unanständig ist, wie es sich für die Blocksbergatmosphäre schließlich gehört.

Daß die Hexen- und Satansszenen bis heute so relativ unanstößig über die Bühne gehen, hat ausnahmsweise nichts mit schamvollen Goethe-Herausgebern zu tun. Es war eine dem Publikum gezollte Selbstzensur des Dichters, welche die in der Handschrift ausgeführten Deftigkeiten wegließ oder durch dürre Gedankenstriche ersetzte. In den bis heute gebräuchlichen Ausgaben begleiten Verse folgenden Zuschnitts Mephistos obszönen Brocken-Tanz mit einer alten Hexe:

MEPHISTOPHELES *mit der* ALTEN.
    Einst hatt' ich einen wüsten Traum;
    Da sah ich einen gespaltnen Baum,
    Der hatt' ein – – –;
    So – es war, gefiel mir's doch.
DIE ALTE.
    Ich biete meinen besten Gruß
    Dem Ritter mit dem Pferdefuß!
    Halt' Er einen – – bereit,
    Wenn Er – – – nicht scheut. (V. 4136 ff.)

Durch »Lispeln« unerkennbarer Worte oder Hüsteln an den anstößigen Stellen sollten die Striche beim Lesen wiedergegeben werden; so stellten sich die Zeitgenossen das vor, denen der Autor das Wort geredet hatte, indem er seine eigene Handschrift auf diese Weise für den Druck verhunzte. Macht man das rückgängig, lassen sich die Fehlstellen ausbessern: Die ersten drei Striche sind durch »ungeheures Loch« zu ersetzen, der vierte durch »groß«, in der vorletzten Zeile ist »rechten Pfropf« gemeint, in der letzten muß es heißen »das große

Loch«. Manchmal wäre es übrigens geradezu ein Akt der Pietät, ersetzte man den Keuschheitsgürtel Gedankenstrich durch das, was er mehr schlecht als recht verhehlt. Oder ist es etwa sittsamer, was Sie sich bei der Antwort Mephistos an das von »Gold« und »Schwanz« und »Schoß« verwirrte Mädchen, »Denn willst du wissen was der Teufel meynt, / So greife nur dem Nachbar in die –«, denken als das, was im Original statt des Strichs steht, nämlich »Hosen«?

Abfall sind solche verschwiegenen Wörter und auch die größeren sekretierten Passagen also keineswegs; im Gegenteil sind ja gerade diejenigen Stellen, die dem Anstand zu nahe treten, erhalten in sorgfältiger, eigenhändiger Reinschrift Goethes, und zwar zu unserer, der Deutschen, Erbauung: »wenn mein Walpurgissack nach meinem Tode sich einmal eröffnen und alle bis dahin verschlossenen, stygischen Plagegeister, wie sie mich geplagt, so auch zur Plage für andere wieder loslassen sollte [...] das, denke ich doch, vergeben sie [die Deutschen] mir sobald nicht!« (Goethe zu Johannes Daniel Falk)

Eine der stygischen Plagen, die zu besserem Verständnis des faustischen Dramas aus Goethes Pandorenbüchse vulgo Walpurgissack loszulassen wäre, ist geeignet, eine merkwürdige Lücke auszufüllen. Der Leser, Seher oder Hörer, der mit Faust und Mephisto durch die Walpurgisnacht auf den Brocken zieht, fühlt keine geringe Enttäuschung, wenn er kurz vor dem Gipfel mit ihnen umkehren muß. »Doch droben möcht' ich lieber sein! / [...] Dort strömt die Menge zu dem Bösen; / Da muß sich manches Rätsel lösen« (V. 4037 ff.), hatte Faust Richtung höhere Höhen gedrängt, wurde aber von Mephisto ausweichend-inhibierend beschieden: »Doch manches Rätsel knüpft sich auch. / [...] Wir wollen hier im Stillen hausen« (V. 4041 ff.). Ergänzt man vor dieser Nahtstelle das Szenarium durch das Hexensabbat-Paralipomenon, ist Faust nicht mehr (wie in der amputierten und notdürftig versäuberten Fassung) genötigt, das Gipfeltreffen der Höllengeister, zu dem es ihn zieht, aufgrund eines läppischen mephistophelischen Einwands zu verpassen. Er und sein Widerpart mischen sich unter die Teilnehmer des Hexensabbats, ja vermischen sich mit ihnen. Die Elemente der Schwarzen Messe, der sie auf dem Blocksberg beiwohnen, bestehen gemäß wohlunterrichteter Imitationsfähigkeit des Antichrist aus Kontrafakturen religiöser Überlieferung und Liturgie, wie Inquisitoren sie den »Hexen« und »Zauberern« unterstellten. Als Herrscher über Teufel, Hexen und andere Fratzen nimmt Satan imperial und papal die Huldigung seiner Untertanen entgegen und spielt dann gar Jüngstes Gericht:

[KNIENDER]
    [...] So küß ich, bin ich gleich von Haus aus Demokrat,
    Dir doch, Tyrann, voll Danckbarkeit die Klauen.
[Mephisto als] ZEREMONIENMEISTER
    Die Klauen! das ist für einmal!
    Du wirst dich weiter noch entschließen müssen.
[KNIENDER]
    Was fordert denn das Ritual?
ZEREMONIENMEISTER
    Beliebt dem Herrn, den hintern Teil zu küssen!
[KNIENDER]
    Darüber bin ich unverworrn,
    Ich küsse hinten oder vorn.
[*Satan wendet sich*]
    Scheint oben deine Nase doch
    Durch alle Welten vorzudringen,
    So seh ich unten hier ein Loch,
    Das Universum zu verschlingen.
    Was duftet[s] aus dem kolossalen Mund!
    So wohl kanns nicht im Paradiese riechen,
    Und dieser wohlgebaute Schlund
    Erregt den Wunsch hineinzukriechen.

[*Atemlose Stille. Dann frenetischer Aufschrei der Menge*]
   Was soll ich mehr?
SATAN [*richtet sich auf, wendet sich um*]
   Vasall, du bist erprobt!
   Hierdurch beleih ich dich mit Millionen Seelen.
   Und wer des Teufels Arsch so gut wie du gelobt,
   Dem soll es nie an Schmeichelphrasen fehlen.
NACHT. *Massen, Gruppen.* [*Der Satan auf dem Thron*]
SATAN
   Die Böcke zur Rechten,
   Die Ziegen zur Linken!
   Die Ziegen, sie riechen
   Die Böcke, sie stinken.
   Und wenn auch die Böcke
   Noch stinkiger wären,
   So kann doch die Ziege
   Des Bocks nicht entbehren.
   […]
SATAN *rechts gewendet*
   Euch gibt es zwei Dinge
   So herrlich und groß:
   Das glänzende Gold
   Und der weibliche Schoß.
   Das eine verschaffet,
   Das andre verschlingt.
   Drum glücklich, wer beide
   Zusammen erringt!
   […]
SATAN *links gewendet*
   Für euch sind zwei Dinge
   Von köstlichem Glanz:
   Das leuchtende Gold
   Und ein glänzender Schwanz.
   Drum wißt euch, ihr Weiber,

Paralipomena

> Am Gold zu ergötzen
> Und mehr als das Gold
> Noch die Schwänze zu schätzen.
>
> (Bühnenfassung von A. Schöne, die bei ihren Umstellungen und Einfügungen das von Goethe intendierte Schema des Hexensabbatrituals berücksichtigt)

Dieser Weltenrichterparodie auf dem Blocksberggipfel folgt konsequent des Satans zotige Aufforderung an die Menge »Seid reinlich bei Tage / Und säuisch bei Nacht«, die Erscheinung Liliths und schließlich Fausts Errettung vor irreversibler Unzucht mit dem Bösen durch die Erscheinung des Gretchen-Idols.

Philister

> Was ist ein Philister?
> Ein hohler Darm,
> Mit Furcht und Hoffnung ausgefüllt,
> Daß Gott erbarm!
> (*Zahme Xenien*; am 4. 9. 1831 in einem Brief
> an Carl Friedrich Zelter zitiert)

Prismatisch

> »Es ist vieles wahr, was sich nicht berechnen läßt, so wie sehr vieles, was sich nicht bis zum entschiedenen Experiment bringen läßt.«
> (*Maximen und Reflexionen*)

Mitunter löst die Mahnung, entliehene Güter endlich zurückzugeben, ein Interesse in letzter Minute aus. »Die Prismen standen eingepackt, wie sie gekommen waren ...« Goethe hatten Zeit und Gelegenheit gefehlt, sich damals, Anfang 1790, den Instrumenten des Hofrats Büttner zu widmen. Nun, da dieser ihn »aufs lebhafteste bat, die Prismen zurückzusenden«, hielt er folgenreich inne. »Schon hatte ich den Kasten hervorgenommen, um ihn dem Boten zu übergeben, als mir einfiel, ich wolle doch noch geschwind durch ein Prisma sehen [...] Eben befand ich mich in einem völlig geweißten Zimmer; ich erwartete, als ich das Prisma vor die Augen nahm, eingedenk der Newtonischen Theorie, die ganze weiße Wand nach verschiedenen Stufen gefärbt, das von da ins Auge zurückkehrende Licht in so viele farbige Lichter zersplittert zu sehen.

Aber wie verwundert war ich, als die durchs Prisma angeschaute weiße Wand nach wie vor weiß blieb, daß nur da, wo ein Dunkles dran stieß, sich eine mehr oder weniger entschiedene Farbe zeigte, daß zuletzt die Fensterstäbe am allerlebhaftesten farbig erschienen, indessen am lichtgrauen Himmel draußen keine Spur von Färbung zu sehen war. Es bedurfte keiner langen Überlegung, so erkannte ich, daß eine Grenze notwendig sei, um Farben hervorzubringen, und ich sprach wie durch einen Instinkt sogleich vor mich laut aus, daß die Newtonische Lehre falsch sei.« (*Geschichte der Farbenlehre*)

Schon aus der Wortwahl, die »zersplittert« einem »gefächert« oder »aufgeteilt« vorzieht, die von der Lehre nicht als korrekturbedürftig, sondern als »falsch« spricht, geht die Bewegung hervor, mit der Goethe diese Materie ergreift. Es gleicht geradezu einem religiösen Erweckungserlebnis, was hier mit ihm passiert, und fortan wird er seine eigene reformatorische »reine« Lehre mit allen Mitteln gegen die »Ketzerei« Newtons und seiner Anhänger verteidigen. Zwei Jahre später hat ihn der Gegenstand ganz eingenommen: »Das Licht- und Farbenwesen verschlingt immer mehr meine Gedankensfähigkeit und ich darf mich wohl von dieser Seite ein Kind des Lichts nennen«, schreibt er seinem Herzog (18. 4. 1792).

Daß Newton dieses Licht damit beschrieben hatte, ihm sei

Prismatisch

ein farbiges Spektrum inhärent, in das es zerlegt und aus dem es wieder zusammengesetzt werden könne, erregte Goethes entschiedensten Widerspruch. Nur unter den »Taschenspieler-Bedingungen« eines Dunkelkammerexperiments habe Newton das Licht einfangen, durch ein winziges Loch zwängen sowie schließlich zur prismatischen Brechung zwingen können und damit unweigerlich einem »unglaublichen Fehlschluß«, einem »Irrtum«, aufsitzen müssen, was er dann auch noch in »einem ungehörigen Versuch nach dem andern« zu erhärten versucht habe.

Dem »ekelhaften Newtonischen Weiß« als der Summe der Spektralfarben und dessen Zergliederer, dem Kreuziger, Peiniger und Folterknecht des lieben Lichts, gilt seine schärfste Polemik. Jedes Mittel der Diffamierung ist ihm recht, und sei es, daß er seinem Gegner unzureichende Versuchsbedingungen (aus Mangel modernerer Technik) vorwirft, die er selbst nicht hätte ändern können. So war es Newton natürlich nicht gelungen, aus der Zusammenmischung damals erhältlicher farbiger Pigmentpulver, die den Spektralfarben des Lichts entsprachen, sein von der Theorie vorausgesagtes »reines Weiß« zu erhalten, sondern das Ergebnis war »mäusefarben, aschfarben, etwa steinfarben oder wie der Mörtel, Staub, oder Straßenkot aussieht«, wie Goethe die entsprechende Passage der *Opticks* übersetzt. Seine Schlußfolgerung aus dieser schmutzig-grauen Enttäuschung ist süffisant – »nur wünschte ich, daß die sämtlichen Newtonianer dergleichen Leibwäsche tragen müßten, damit man sie an diesem Abzeichen von andern vernünftigen Leuten unterscheiden könnte«. Wie ein eifriger Kirchenvater wacht Goethe über seine monotheistische Lehre vom reinen, unteilbaren Licht; erst er habe durch seine *Farbenlehre* »die beschmutzte Sonne« wieder »in ihrer ewig-reinen Klarheit« gezeigt (an Johann Sulpiz Boisserée, 24.11.1831) und habe damit das gegründete Recht, Jünger auf seine Seite zu ziehen.

Prismatisch

Freunde, flieht die dunkle Kammer
Wo man euch das Licht verzwickt,
Und mit kümmerlichstem Jammer
Sich verschrobnen Bilden bückt.
Abergläubische Verehrer
Gab's die Jahre her genug,
In den Köpfen eurer Lehrer
Laßt Gespenst und Wahn und Trug.

Wenn der Blick an heitern Tagen
Sich zur Himmelsbläue lenkt,
Beim Siroc der Sonnenwagen
Purpurroth sich niedersenkt,
Da gebt der Natur die Ehre,
Froh, an Aug' und Herz gesund,
Und erkennt der Farbenlehre
Allgemeinen ewigen Grund.
(*Zahme Xenien*)

Öfter berichtet Eckermann von »diesem Gefühl der Superiorität«, das Goethe nie verließ, weil er sich als Überwinder einer großen Häresie sah: »... konnte ich nicht stolz sein, wenn ich mir seit zwanzig Jahren gestehen mußte, daß der große Newton und alle Mathematiker und erhabenen Rechner mit ihm in Bezug auf die Farbenlehre sich in einem entschiedenen Irrtum befänden und daß ich unter Millionen der Einzige sei, der in diesem großen Natur-Gegenstande allein das Rechte wisse?« (Man ist versucht zu wiederholen, was Schönberg ebenso prägnant wie ignorant über Strawinskys *Sacre du Printemps* sagte: »Es gibt keine sackere Gasse.«)

Während seiner vierzigjährigen Beschäftigung mit den Eigenschaften von Licht, Schatten und Farbe produzierte Goethe wissenschaftliche Prosa in Gesetzbuchdicke (allein *Zur Farbenlehre* umfaßt schon an die 1400 Seiten); seine Aufzeichnungen zum

Prismatisch

Thema waren ihm selbst nur noch papiersäckeweise zu erfassen, und sein Stolz auf dieses Hauptwerk ging so weit, seine Leistung als Wissenschaftler der des Dichters überzuordnen: »Es gereut mich auch keineswegs, ... obgleich ich die Mühe eines halben Lebens hineingesteckt habe. Ich hätte vielleicht ein halb Dutzend Trauerspiele mehr geschrieben, das ist alles, und dazu werden sich noch Leute genug nach mir finden.«

Erinnert es nicht an den greisen Faust, der in seligem Selbstbetrug stirbt, wenn da ein Mann im Alter davon überzeugt ist, seine Ära werde einmal deshalb in die Annalen eingehen, weil ein gewisser Goethe Newtons Lehrgebäude zertrümmert und dem Licht eine neue Kathedrale errichtet habe? »Um Epoche in der Welt zu machen, ... dazu gehören bekanntlich zwei Dinge; erstens, daß man ein guter Kopf sei, und zweitens, daß man eine große Erbschaft tue. Napoleon erbte die Französische Revolution, Friedrich der Große den schlesischen Krieg, Luther die Finsternis der Pfaffen, und mir ist der Irrtum der Newtonischen Lehre zu Teil geworden. Die gegenwärtige Generation hat zwar keine Ahnung, was hierin von mir geleistet worden; doch künftige Zeiten werden gestehen, daß mir keineswegs eine schlechte Erbschaft zugefallen.«

Prüfung

> Ich neide nichts, ich lass' es gehn,
> Und kann mich immer manchem gleich erhalten;
> Zahnreihen aber, junge, neidlos anzusehn,
> Das ist die größte Prüfung mein, des Alten.
> (*Zahme Xenien*)

Q

Quark

Schillers *Glocke* und Goethes *Faust* – so die Antworten auf Fragen nach den meistzitierten Quellen sprichwörtlich gewordener Zitate. Wir verdanken aber auch anderen Werken Beiträge zur redensartlichen Volkspoesie.

»Getretner Quark / Wird breit, nicht stark.« Der populäre Zwischenruf für manche Zwecke stammt aus dem *Buch der Sprüche* des *West-östlichen Divans*. Sein verborgener Sinn ist nicht leicht zu entdecken. Wahrscheinlich will der Dichter uns nicht sagen, daß eine Portion Hüttenkäse durch Traktieren mit den Füßen nur die eine, nicht die andere Konsistenz erlangt. Zwar bedeutete »Quark« auch vor 200 Jahren einen weißen Weichkäse, durch Lab aus geronnener Milch gewonnen, doch Goethes orientalischer Quargel scheint anderswohin zu gehören. Nehmen wir den *Prolog im Himmel* dazu, so wird die Materie schon durchsichtiger, denn dort höhnt Mephistopheles das Menschengeschlecht damit, es begrübe seine Nase »in jeden Quark«. Nun mag es eine verlockende Vorstellung sein, das halbe Gesicht in Topfen zu tunken, doch wie man den Geist, der stets verneint, kennt, hegt er dabei Tücke im satanischen Herzen. Und in der Tat ist »Quark« schon damals Synonym für Brei, Dreck, Matsch und andere feuchte Massen, davon abgeleitet dann auch für Nichtiges, Unrichtiges und Wertloses. Bis in der Tragödie zweiten Teils Grablegungsszene hinein behält Mephisto seinen unappetitlichen Wortschatz bei; dort weiß er sich der »englischen Schmeichelglut« kaum zu erwehren und schimpft die Irrlichter einen »eklen Gallert-Quark«.

Quark

Wir gehen also nicht fehl, wenn wir die Stelle aus dem *Divan* etwa so umschreiben: Man kann einen Blödsinn noch so viel breittreten – etwas Gescheites wird nicht daraus. Das ist das eine. Das andere ergibt sich aus dem Kontext. Der Quarkspruch hat nämlich eine Fortsetzung:

»Schlägst du ihn aber mit Gewalt / In feste Form, er nimmt Gestalt. / Dergleichen Steine wirst du kennen, / Europäer Pisé sie nennen.«

Europäer sind wir allerdings – doch Pisé-Steine? Sie bestehen aus in Schalen gepreßtem, getrocknetem Lehm. Unsere Interpretation bekommt eine zusätzliche Komponente: Lehm, welcher festgeklopft wird, geht zwar in die Breite, taugt aber nicht für Belastungen, ist höchstens für den Stampfboden einer Hütte geeignet; bringt man ihn jedoch unter Druck in Quaderform, lassen sich Gebäude mit ihm errichten. Aus dem Küchenspruch für Kindermund wird unversehens ein weltanschauliches Credo. Schon die Ausdrücke »feste Form« und »Gestalt-Nehmen« ließen das ahnen. Es ist das Goethesche Thema der Metamorphose von Natur in Kunst, das hier unter der Quarkmaske erscheint. Die noch strukturlose Masse bedarf der Prägung durch die Form, um zu wirken. Erst die Verwandlung des einen in den anderen Zustand durch äußeren Einfluß macht aus dem Chaos Ordnung, verleiht der Materie Kontur – ohne aber den Naturzustand, aus dem jene hervorging, zu verbergen.

Auf diese Weise erklärt der Text Goethes, indem er uns das Bild vom Lehmziegelbau vor Augen führt, auch sich selbst – allerdings mit einer gehörigen Portion Ironie. Denn die Nebenbedeutung des Quarks als Dreck bleibt ja bis in die hohe Bildlichkeit der Gestaltwerdung hinein erhalten, und das Ergebnis des Prozesses, der uns hier vor Augen geführt wird, zeugt nicht von ewig steinerner Art und Kunst, sondern bleibt eine minderstabile Bauform. Scheinbarer Nonsens wie der lose Spruch über den getretnen Quark kann uns eine tiefere Bedeutungsschicht erschließen, weil er mit der lyrischen Gewalt von Versmaß, Reim und Metapher in eine feste Gestalt gezwungen ist (oder: Quark in Form von Gedicht ist Weisheit). Doch liegt es an uns, auch diejenigen Gerüche wahrzunehmen, die aus dem Gedicht aufsteigen, wenn man es nur lange und dicht genug unter die Nase hält.

Quecksilber

>   Westen mag die Luft regieren,
>   Sturm und Fluth nach Osten führen,
>   Wenn Mercur sich schläfrig zeigt;
>   Aller Elemente Toben
>   Osther ist es aufgehoben,
>   Wenn er aus dem Schlummer steigt.

Offensichtlich handelt es sich bei diesem *Zahmen Xenion* um eine Art von kleiner Götterlehre. Merkur – himmlischer Bote, Gott der Reisenden, Handelsleute und Diebe – verfügt über wetterwendische Kräfte, so erfahren wir. Je nachdem, ob er schläft oder wacht, ist mit West- bzw. Ostwindeinfluß zu rechnen. Vielleicht ein heute unbekannter Überlieferungsstrang hermetischer Mythologie?

Nun, Sie haben diesen Artikel von vorne her gelesen, und Sie vermuten richtig einen Zusammenhang zwischen Überschrift und gereimtem Spruch. Der flügelfüßige Jüngling mit dem Caduceus in der Hand ist durch seinen Planeten alchemistischer Pate eines Elements, das man schon im Altertum als »flüssiges Silber« kannte, und also wäre das Xenion so zu übersetzen: Bei niedriger Quecksilbersäule im Barometer droht von Westen her Sturm und schlechtes Wetter einzufallen; steigt das Barometer, kommt der Wind von Osten, heitert es auf.

Quecksilber

Warum aber bewegt sich überhaupt das flüssige Metall in seinem engen Röhrchen? Welche Kräfte wirken auf es ein? »Ich nehme zwey Atmosphären an, eine untere und eine obere; die untere erstreckt sich nicht sonderlich hoch, gehört eigentlich der Erde zu und hat eine heftige Tendenz sich und was sie enthält von Westen nach Osten zu tragen; [...] Die Eigenschaft dieser Atmosphäre ist Wasser zu erzeugen, und zwar vorzüglich bey niederem Barometerstand; die Nebel, die sich aus Teichen, Bächen, Flüssen und Seen erheben, steigen alsdann in die Höhe, versammeln sich zu Wolken, gehen bey noch mehr fallendem Barometer als Regen nieder, und auf dem tiefsten Puncte desselben erzeugen sich wüthende Stürme. Das Steigen des Barometers jedoch bewirkt sogleich ein Gegengewicht; der Wind bläst von Osten [...] Da ich bey allem Obgesagten das Barometer mit allen Erscheinungen durchaus in Bezug setze, so spreche zuletzt den Hauptpunct aus: daß ich jene Elasticität, Schwere, Druck, wie man es nenen will, [...] der vermehrten oder verminderten Anziehungskraft der Erde zuschreibe. Vermehrt sie sich, so wird sie Herr über das Feuchte; vermindert sie sich, so nimmt die Masse des Feuchten überhand, und wir sehen jene Wirkungen erfolgen.« (An Carl Friedrich Zelter, 5.10.1828)

In dem Brief vom 5. Oktober 1828 erklärt Goethe dem Freund Zelter also seine »tellurische« Hypothese: Die zu beobachtenden Wetterbewegungen verdankten sich der mehr oder weniger stark wirkenden Gravitation, welche auch das Quecksilber im Barometer heftiger oder schwächer anziehe und damit seinen Pegel zum Fallen oder Steigen bringe:

> Seht nur hin! Ihr werdet's fassen!
> Wenn Mercur sich hebt und neigt,
> Wird im Anziehn, im Entlassen,
> Atmosphäre schwer und leicht.
> (*Zahme Xenien*)

Quecksilber

Eckermann berichtet zusätzlich über diese Anschauung, Goethe habe sie mit seinem Systole/Diastole-Prinzip erläutert, nämlich daß »die Erde mit ihrem Dunstkreise ... ein großes lebendiges Wesen« sei, »das im ewigen Ein- und Aus-Atmen begriffen ist. Atmet die Erde ein, so zieht sie den Dunstkreis an sich, so daß er in die Nähe ihrer Oberfläche herankommt und sich verdichtet bis zu Wolken und Regen. Diesen Zustand nenne ich die Wasser-Bejahung; dauerte er über alle Ordnung fort, so würde er die Erde ersäufen. Dies aber gibt sie nicht zu; sie atmet wieder aus und entläßt die Wasserdünste nach oben [...] Diesen Zustand der Atmosphäre nenne ich die Wasser-Verneinung. [...] Hoher Barometer: Trockenheit, Ostwind; tiefer Barometer: Nässe, Westwind, dies ist das herrschende Gesetz, woran ich mich halte.« (Johann Peter Eckermann: *Gespräche mit Goethe*, 11. 4. 1827)

Eine quicklebendige, schimmernde Materie wie das merkurische Element, das von unsichtbaren Kräften an sich gezogen und wieder entlassen wird, schmiegt sich poetischer Inanspruchnahme vollendet an:

> Wenn sich lebendig Silber neigt,
> So gibt es Schnee und Regen,
> Und wie es wieder aufwärts steigt,
> Ist blaues Zelt zugegen.
> Auch sinke viel, es steige kaum
> Der Freude Wink, des Schmerzens,
> Man fühlt ihn gleich im engen Raum
> Des lieb-lebend'gen Herzens.

Der engen Röhre des Barometers wird der enge Raum des liebenden Herzens verglichen, in dem – wie in jenem die winzigste Quecksilberschwankung auf die großen Wetterveränderungen verweist – die bloße Andeutung freudiges oder schmerzliches Gefühl spürbar macht.

Quecksilber

Goethe war übrigens auch prominentester Benutzer eines schon länger erfundenen Barometers mit ungiftiger Füllung, das noch heute in Weimar zu besichtigen ist: Der Glaskolben in Form einer längs geteilten halben Birne läuft an breitester Stelle des Bauches in ein nach oben geschweiftes, sich verjüngendes Röhrchen aus; halb mit Flüssigkeit gefüllt, reagiert der Wasserstand innerhalb des Glasrohrs auf die Erdanziehungskraft (hätte Goethe gesagt, wir korrigieren:) auf den herrschenden Luftdruck: steigt er, fällt der Pegel – das Wetter wird schön, fällt er, steigt der Pegel und zeigt Regen oder gar Sturm an.

R

Rechtschreibreform, gewisse Tendenzen der

»Die Muttersprache zugleich reinigen und bereichern ist das Geschäft der besten Köpfe; Reinigung ohne Bereicherung erweis't sich öfters geistlos: denn es ist nichts bequemer, als von dem Inhalt absehen und auf den Ausdruck passen. Der geistreiche Mensch knetet seinen Wortstoff, ohne sich zu bekümmern, aus was für Elementen er bestehe, der geistlose hat gut r e i n sprechen, da er nichts zu sagen hat. Wie sollte er fühlen, welches kümmerliche Surrogat er an der Stelle eines bedeutenden Wortes gelten läßt, da ihm jenes Wort nie lebendig war, weil er nichts dabei dachte.« (*Über Kunst und Alterthum, Deutsche Sprache*)

Regelrecht

Im August 1823 wünschte der Graf von Saint-Leu, der Goethe genau 13 Jahre zuvor in Teplitz kennengelernt hatte, eine tabellarische Übersicht seiner dichterischen Produktionen zu besitzen. Das von Goethe selbst hergestellte Verzeichnis übersetzte man dann ins Französische, wobei Wert darauf gelegt wurde, bestimmte Singspiele und Gelegenheitsdichtungen (»poésies d'occasion«) für den ehemals den Titel eines Königs von Holland führenden Auftraggeber Louis Bonaparte de Saint-Leu besonders hervorzuheben: Sie seien entstanden »pour S. M. l'Impératrice d'Autriche Louise« oder »pour de grandes fêtes données pendant la présence de S. M. l'Impératrice mère de toutes les Russies«. Wie manche Übertragungen wirkt auch diese mitunter erheiternd, so wenn die Urfassung des *Faust* den Untertitel »tableau hasardé du monde et des mœurs« trägt, wenn mehrere »nouvelles nouvelles« verzeichnet sind oder *Wilhelm Meister* brav mit »Guillaume Maître« wiedergegeben wird. Vor allem interessant sind aber die Kennzeichnungen, die Goethe seinen Dramen gibt. »Hors de règles«, also außerhalb der Normen, ist das Signet für *Götz* und *Egmont*, wogegen *Stella* und *Tasso* jeweils »tragédie, selon les règles«, Tragödie gemäß den Regeln, genannt werden. Als einziges Stück erhält *Iphigenie* das Prädikat, ganz und gar regelrecht zu sein – »tout à fait selon les règles«.

Goethe muß also beim Grafen vorausgesetzt haben, daß er Bühnenstücke immer noch an der Regelpoetik des französischen Klassizismus messe und dementsprechend Interesse daran habe, ob ein deutsches Drama nach jener neoaristotelischen Doktrin (welche z. B. die Einheit von Ort, Zeit und Handlung verlangt) gestaltet sei oder nicht.

Eine frühe Arbeit taucht übrigens in dieser Aufstellung für Napoleons Bruder nicht auf – die hymnische Feierrede *Zum Schäkespears Tag* von 1771. Unter dem Eindruck von Shakespeares Theater hatte Goethe dort »alle französische Trauerspiele Parodien von sich selbst« genannt, deren »regelmäßige« Art todlangweilig sei und deren darin obwaltender »sogenannter guter Geschmack« Gestalten hervorbringe, die keine »Leidenschaften im Herzen und kein Mark in den Knochen« hätten. Für ihn selbst (der gerade die *Lebens-Beschreibung Herrn Gözens von Berlichingen* zu anregender Lektüre auf dem Nachtkästchen hatte) sei aber ein neues Zeitalter angebrochen: »Ich zweifelte keinen Augenblick, dem regelmäßigen Theater zu entsagen. Es schien mir die Einheit des Orts so kerkermäßig ängstlich, die Einheiten der Handlung und der Zeit lästige Fesseln unsrer Einbildungskraft. Ich sprang in die freie Luft und fühlte erst, daß ich Hände und Füße hatte. Und jetzo, da ich sahe, wie viel Unrecht mir die Herrn der Regeln in ihrem Loch angetan haben, wie viel freie Seelen noch drinne sich krümmen, so wäre mir mein Herz geborsten, wenn ich ihnen nicht Fehde angekündigt hätte und nicht täglich suchte, ihre Türne [sic] zusammenzuschlagen.«

Reim

Welchem Gedicht sind die folgenden Endreime entnommen? »Wind? / Kind; / Arm, / warm. / Gesicht? / nicht? / Schweif? / Nebelstreif. / mir! / dir; / Strand; / Gewand. / nicht, / verspricht? / Kind! / Wind. / gehn? / schön; / Reihn / ein. / dort / Ort? / genau; / grau. / Gestalt; / Gewalt. / an! / getan! / geschwind, / Kind, / Not; / tot.«

Was Sie, aufmerksamer Leser, sicher erraten haben, ist Beweis für die Aussagekraft und gedächtnisstützende Funktion von Reimen.

Durchblättert man Goethes Lyrik, einmal nur auf den Endreim achtend, ist man in der Regel nicht gerade von der Originalität seiner Reimwörter beeindruckt. Das meiste reimt solide und konventionell; die »Sterne« sind »ferne«, »Saft« geht auf »Kraft« und »Sieg« auf »Krieg«, im »Himmel« herrscht ein »Gewimmel« und hinter der »Stirn« das »Gehirn«, die »Luft« ist erfüllt von »Duft«, wo Wasser »fließt«, sich ein Strom »ergießt«, man wünscht zum »Feste« viele »Gäste« und sich manchmal »fort« vom »Ort«. Vergebens wird in Goethes Erlebnis- und Gefühlslyrik auf »Lust« ein anderer Reim als »Brust« zu finden gehofft; auf »Sonne« geht nur »Wonne«, auf »Musen« folgt »Busen«, und das »Leben« reimt sich außer auf das blasse »geben« eben nur auf »Streben«. Ganz vertrackt wird es dann beim unentbehrlichen »Herz«: »Herz« auf »Schmerz« (und vice versa) muß dutzendemal herhalten, dazwischen auch ein »Scherz« und – immerhin – »März« und »himmelwärts«. Und was reimt sich auf die »Liebe«? Genau: »Triebe«; daneben

»Diebe« und »Geschiebe«, ein konjunktivisches »bliebe« und der unreine Reim »Trübe« (bedeutsam für Goethes naturwissenschaftliche Terminologie auch und gerade in der Lyrik).

Nicht selten gelingen Goethe allerdings Reime von anhaltender Einprägsamkeit, so »Orthodoxen« auf »boxen« oder »Fritz« auf »Sitz«, »sub rosa« auf »Prosa« oder »Achtzehnhundertsieben« auf »eingeschrieben«. Gewisse Wörter scheinen nur in der Sprache zu existieren, um sich bei Goethe reimen zu können – wie »Frauen« auf »schauen« oder »Kühlung« und »Fühlung« –, andere müssen erst zu ihrer Reimfähigkeit gezwungen werden: »Lektion – stohn«, »lüftet – düftet«, »bedünkeln – Fünkeln«. Der *West-östliche Divan* ist besonders reich an Reimkarfunkeln wie »Liebeschnaufen« auf »entlaufen«, »Mädchen« auf »Basarlädchen«, »reizumhangen« auf »Lockenschlangen« oder »begrüßen« auf »Sauersüßen«. Das orientalische Kolorit des *Divan* erlaubt dem Dichter auf das Allerweltswort »gehen« die »Moscheen« zu reimen und gleich darauf auf »nette« mit »Minarette« zu antworten; das größte Verdienst jedoch kommt dem exotischen Ambiente zu, weil es ein Reimwort auf »Seele« anbietet: »Kamele« (was doch weit besser klingt als das ebenfalls von Goethe gebrauchte »Pamele«).

In dieser Sammlung enthalten ist auch mein persönlicher Lieblingsreim, welcher dem geneigten Leser ins Stammbuch zu übertragen empfohlen wird. Nicht etwa einem Schlager der 1930er Jahre, sondern dem *Buch Suleika* entstammt folgendes Verspaar: »Wenn ich mich vergesse / Unter der Zypresse« ...

Falls Sie, liebenswürdiger Leser, gerade das Schmunzeln nicht unterdrücken konnten, muß sich hier notwendig ein düsteres Kapitel Goethescher Verseschmiedekunst anschließen: der sogenannte Frankfurter Reim. Es ist schwer zu entscheiden, bei welcher Gretchen-Darstellerin der heutige Zuschauer mehr zusammenzuckte: derjenigen, die korrekt »Ach neige / Du Schmerzensreiche« spräche, oder derjenigen, die sich des

Frankfurter Reims bediente: »Ach neische / Du Schmerzensreische«. Goethes Werk ist voller Beispiele dieser regionalen Besonderheit (die seiner Zeit allerdings als weite Kreise beherrschende Sprechweise wesentlich ohrenfreundlicher klang als der unseren), vom *Maifest* mit seinem »Zweig – Gesträuch« über »Zeug« auf »Streich« und »Tugend« auf »versuchend« bis hin zum *Divan* mit seinem Verspaar »... Mir auf ihren Angeln schwiegen ... Laß mich, daß es grunelt, riechen!« sowie zur ersten Strophe des *Hochbilds*, wo sich »besiegen« reimt auf die »Griechen«.

In seiner lyrischen Produktion ist Goethe dem Brauch des Endreims erstaunlich treu geblieben. Man möchte es fast lange verinnerlichtem kindlichem Gehorsam zuschreiben; denn Johann Caspar Goethe galt alles Ungereimte als hassenswert. So mußte die kleine Frankfurter Familie den neuerschienenen *Messias* Klopstocks ängstlich vor dem Vater verbergen, dessen »unheilbare Abneigung« gegen das reimelose Machwerk (*Dichtung und Wahrheit*) nicht zu kurieren war. Die ersten anakreontischen Versuche des juvenilen Dichtersohnes durften am Großen Hirschgraben nicht herumgezeigt werden, »weil sie keine Reime hatten, und ich doch vor allem meinem Vater etwas Angenehmes zu erzeigen wünschte«. Zwar ist sich Goethe bewußt, daß »das eigentlich tief und gründlich Wirksame« nur »dasjenige« ist, »was vom Dichter übrig bleibt, wenn er in Prose übersetzt wird«, doch sind ihm die kreativen Potenzen des Reims viel zu verlockend, um auf sie allzuoft zu verzichten. Mit Bewunderung erwähnt er in den *Noten und Abhandlungen zu besserem Verständnis des west-östlichen Divans* ein orientalisches Spiel, bei dem »ein Liebendes dem Geliebten irgendeinen Gegenstand zusendet« und »der Empfangende sich das Wort aussprechen und suchen« muß, »was sich darauf reimt, sodann aber ausspähen, welcher unter den vielen möglichen Reimen für den gegenwärtigen Zustand passen möchte«. Beispiele für diese Zeichen-Sprache sind »Stroh – Ich brenne lichterloh«,

»Korallen – Kannst mir gefallen«, »Karotten – Willst meiner spotten«, »Gold – Ich bin dir hold«, »Jasmin – Nimm mich hin« oder »Bohnenblüte – Du falsch Gemüte« und »Kalk – Bist ein Schalk«.

Es scheint natürlich, daß das Schäkern mit Reimen besonders gern im Kontext von Liebesbeziehungen auftaucht, ist doch das Zusammenbindende des Reims gerade sein Besonderes. Ob man es mit Termini wie »Paarreim«, »umarmender Reim«, »Schweifreim« oder »Kreuzreim« ausdrückt oder zu Buchstabendiagrammen à la »a a b c c b« seine Zuflucht nimmt, die wahlverwandtschaftlich zusammenstrebende Tendenz gleich auslautender Wörter bleibt ein Faszinosum, dem sich kaum jemand entziehen kann. (Dem Leser sei hierzu dringend das im Literaturverzeichnis angeführte Buch Peter Rühmkorfs ans Herz gelegt.) Von da bis zur Erkenntnis, daß sich der Reim als erotische Metapher anbietet, ist es nicht weit. Dem zweiten *Faust*-Teil gebührt der Lorbeer, eine Liebesszene auf die Bühne zu bringen, die voll zärtlicher Spannung ist, ohne daß ein Körper einen anderen berührt – der Funke, der hier überspringt, ist der Reim. Bei der ersten Begegnung Helenas mit Faust im *Inneren Burghof* des dritten Akts fällt der antiken Schönheit sogleich der angenehme Klang der ihr noch fremden Sprechweise auf: »Doch wünscht' ich Unterricht, warum die Rede / Des Manns mir seltsam klang, seltsam und freundlich. / Ein Ton scheint sich dem andern zu bequemen, / Und hat ein Wort zum Ohre sich gesellt, / Ein andres kommt, dem ersten liebzukosen.« Faust nutzt die Gelegenheit zum Flirt – learning by doing: »Doch ist am sichersten, wir üben's gleich; / Die Wechselrede lockt es, ruft's hervor.« Und ganz wie in eine neue Art von Liebesstellung führt er sie vorsichtig in die neue Technik des umarmenden Sprechens ein, die der alten Welt unbekannt ist:

HELENA. So sage denn, wie sprech' ich auch so schön?
FAUST. Das ist gar leicht, es muß von Herzen gehn.
    Und wenn die Brust von Sehnsucht überfließt,
    Man sieht sich um und fragt –
HELENA.   wer mitgenießt.
FAUST. Nun schaut der Geist nicht vorwärts, nicht zurück,
    Die Gegenwart allein –
HELENA.   ist unser Glück.
FAUST. Schatz ist sie, Hochgewinn, Besitz und Pfand;
    Bestätigung, wer gibt sie?
HELENA.   Meine Hand.

Helenas »liebkosende« Reimantworten auf Fausts Worte belegen die natürliche Begabung der Liebenden, »des Reims ... holden Lustgebrauch« sofort zu beherrschen (wie es im *Buch Suleika* heißt), weil das Herz von selbst das Rechte spricht.

Das schönste am Reim ist vielleicht, daß er auch dort ist, wo er nicht ist – einfach weil sein Paarwort ihn notwendig fordert; Anlaß zu manch beziehungsreicher Andeutung:

> Ein alter Freund erscheint maskirt,
> Und das, was er im Schilde führt,
> Gesteht er wohl nicht allen;
> Doch du entdeckst sogleich den Reim
> Und sprichst ihn aus ganz in's geheim:
> Er wünscht dir zu ....
> (*Mit Wahrheit und Dichtung*)

Sie, geduldiger Leser, sind nun mit so vielen Reimwassern gewaschen, daß Ihnen die abschließende Charade ein leichtes sein dürfte: Im *Buch Suleika* steht ein Gedicht Hatems; es enthält vier Strophen zu je vier Zeilen, welche alle nach dem Schema »a b a b« reimen, also etwa in der ersten Strophe »gefangen / Gesichts / Schlangen / nichts«. Was stimmt an der

Reim

folgenden Strophe nicht und welch subtile Botschaft vermittelt damit der Autor des *Divan*?

> Du beschämst wie Morgenröte
> Jener Gipfel ernste Wand,
> Und noch einmal fühlet Hatem
> Frühlingshauch und Sommerbrand.

S

Schade

> »Gerne hätt' ich fortgeschrieben,
> Aber es ist liegen blieben.«
> (*Episteln*)

Schade, daß Goethe folgende Idee zu einer Anekdote aus seinen *Kurzen Notizen zu eignen und fremden Novellen, nebst verschiedenen sonstigen Bemerkungen* nicht ins Werk setzte – ins eigene: »Kennzeichen. Die Wirthin die bemerkt, daß die Fremden eigenen Wein, den sie mitgebracht, getrunken haben, weil der ihrige niemals Flecken ins Tischtuch macht.«

Schibboleth

Die Geschichte geht so: Es kämpften die Gileaditer und die Ephraimiter, und es besetzten die Männer von Gilead das Jordangebiet, wo sie denen von Ephraim den Rückzug abriegelten. Und wenn nun einer die Fluten des Jordan durchschreiten wollte, so hießen ihn die Gileaditer sagen: Schibboleth (das ist hebräisch und heißt Ähre). Redete er aber: Sibboleth, weil er aus dem Stamme Ephraims war und ihm die rechte Aussprache mangelte, so erschlugen sie ihn an den Ufern des Jordan.

Die Geschichte entstammt dem 12. Kapitel des *Buchs der Richter* aus dem Alten Testament; seitdem wird ein Erkennungszeichen auch ein »Schibboleth« genannt.

Die Geschichte geht so: Es kämpften die Deutschen gegen die Franzosen, und es versuchten die Männer aus Preußen und Österreich und ihr Lehnsgefolge, die Champagne zu besetzen.

Schibboleth

Nun war einer dabei, der war zum Schauen bestellt, der erinnerte sich des hebräischen Worts und hatte bei sich zwei Franzosen (die waren blutjung und gefangen), und jene wollten nicht essen grobes, sondern nur feines Brot. Und siehe: Sie flohen ins Ungewisse vor dem deutschen Kommißbrot. Der Seher aber schrieb: »Weiß und schwarz Brot ist eigentlich das Schibboleth, das Feldgeschrei zwischen Deutschen und Franzosen.«

Schöne

> Dem Dummen wird die Ilias zur Fibel;
> Wie uns vor solchem Leser graus't!
> Er lies't so ohngefähr die Bibel,
> Als wie Herr S c h ö n e meinen Faust.
> (*Aus dem Nachlaß: Invectiven*)

Hier irrt der Dichter, und wir wollen ihn durchaus berichtigen in der Weise, daß eine Bibel für jeden Literaturfreund genannt zu werden verdient, wie Herr Schöne den *Faust* liest.

Sempervivum

Dreimal widerfuhr Goethe die Genugtuung, daß sein Name in die wissenschaftliche Nomenklatur Eingang fand. »Wohlwollende Männer auf dem Westerwald entdecken ein schönes Mineral und nennen es mir zu Lieb und Ehren G o e t h i t«, teilt er in *Zur Morphologie* mit; zuvor war schon in der Pflanzensystematik eine »Goethia« aufgetaucht, »freundlich genug« unter der Rubrik »semper vivum«, also zur widerstandsfähigen und immergrünen Gattung der Hauswurze zählend, deren Blütenstände bei manchem Assoziationen wecken (»Hauswurz männlich Glied«. Aus den *Notizbüchern*). »Einen dritten Versuch meinem Namen in der Wissenschaft ein Denkmal zu setzen machte in der letzten Zeit, in Erinnerung früherer guter Verhältnisse, Professor F i s c h e r, welcher 1811 in Moskau Prodromum craniologiae comparatae herausgab, worin er Observata quaedam de osse epactali, sive Goethiano palmigradorum verzeichnet und mir die Ehre erweis't eine Abtheilung des Hinterhauptsknochens, der ich bei meinen Untersuchungen einige Aufmerksamkeit geschenkt, nach meinem Namen zu nennen.«

Die Bezeichnungen »Goethia« und »Goethiano« mußten im Lauf der Wissenschaftsgeschichte anderen Termini weichen; geblieben ist jedoch der Name »Goethit« für das Eisenmineral α-FeOOH (Nadeleisenerz) sowie Goethes Patenschaft für den von ihm entdeckten menschlichen Zwischenkieferknochen.

Späne

Die Herausgeber der *Weimarer* oder *Sophien-Ausgabe* von Goethes Werken bemühten sich, auch Notizen und fliegende Blätter, die sich im Nachlaß Goethes gefunden hatten, wiederzugeben – zumindest in Auswahl. So kann man am Ende des 38. Bandes der III. Abteilung unter der Überschrift *Späne* in einem allerliebsten Potpourri herumschnüffeln. Gerade das Sammelsurium aus Schreibproben, Dialogfetzen und Geistesblitzen macht hier den Reiz aus und läßt des Dichters Arbeitsweise ahnen. Fünf Proben aus der Duftschale seien vorgelegt:

»Ich sag euch es ist dem Elenden wohler der in ein Papier scheisst mit seiner Famielie, und es nachts sehr feyerlich an eine Ecke trägt. Pirli! Pirli! Parli! – Da ist er nun auch im Himmel wo die Engelgen einander auf die Schwänze treten. – Solls

Späne

einen nicht verdriessen daß so ein Schmetterling die Empfindungen und Gedancken woran unser einer den Arsch wischt, unter Schreibpapier und Vignetten klang dem Publikum vormarcktschreiert, das denn immer nach dem Dreck Pillen Amüsement greifft, weils an der ennuyeusen Verstopfung des ganzen Ichs laborirt.«

»Onckel und diri bleiben / Werden ich dumsi da / Also nit weiter treiben / Mochten im samsi da«.

»Unser Herr Gott der im Trauben hinter dem Tische sizt – Vom Zähn putzen. – So mach ich eine Bratwurst. – Melchiors söhngen«.

»Die Freuden der Liebe überschwemmen mein Herz, wie eine Heerde Schafe im Frühling sich die Wiese hinverbreiten, gedrängt schwellen sie vorwarts und nahren sich, hin und wieder hüpfen die iungen und blocken.«

»Die Furien und Hexen können keine Rosen riechen und Keine Nachtigall hören – Bequemlichkeit der Hauptmannischen Bordell Wirthschafft – Posse mit der Parole ob Kümmel oder Franz – Halt ist er von meiner Kompagnie«.

Spiritus

Wenn wir heute Dienstleistungen von einem Taxifahrer, einer Putzfrau, einem Friseur oder einer Prostituierten entgegennehmen, ist diese Aufwartung mit der Bezahlung schon wieder vergessen. Ein Zeit- und Standesgenosse Goethes dagegen verbrachte sein ganzes Leben mit Dienstboten. Er wurde gestillt und gewickelt von der Amme, gepflegt und erzogen vom Kindermädchen, unterrichtet vom Hofmeister, gebildet von Sprach-, Musik-, Tanz-, Reit-, Fechtlehrern, angezogen und frisiert vom Kammerdiener, rasiert und operiert vom Chirurgus, verarztet vom Bader, kuriert vom Arzt, gefahren vom Kutscher, bekocht vom Küchenpersonal, mit sauberen Kleidern,

Spiritus

Tischtüchern und Bettzeug versehen von der Waschfrau, mit Obst, Gemüse und Blumen versorgt vom Gärtner, stets auf blanken Böden gehend und durch spiegelnde Fenster blickend dank der Hausmädchen, in der Verwaltung unterstützt vom Sekretär und in der Korrespondenz entlastet vom Schreiber. Einkäufe, Postdienste, Geschenke und Billetts von Haus zu Haus besorgten die Laufburschen; daneben gab es natürlich zahlreiche Handwerker, die vom Buchbinden über das Schneidern und Schustern, das Spannen von Tapeten, das Kesselflicken und das Wurstmachen bis hin zum Pferde-Beschlagen alles Nötige verrichteten.

Hält man sich das stark reglementierte, sittlich-strenge, tabuisierende und delegierende Familienleben jener bürgerlichen Kreise vor Augen, muß man daraus schließen, daß den Domestiken eine intime Sonderrolle zufiel: Sie waren die einzigen, die ihre Herrschaft nackt sahen (wenn sie beim Baden, Anziehen, Einreiben, Klistier-Setzen halfen); sie waren die einzigen, die Kinder trösteten, wenn die ersten Zähne kamen; sie waren die einzigen, die sich wissende Blicke über den Flecken in der Wäsche zuwarfen, und die einzigen, die erfuhren, welche Mühe mit dem Konservieren von Obst, Gemüse, Fleisch und Fisch verbunden ist.

Goethe verfügte über die in seinen Kreisen übliche Anzahl von Bedienten. Im Jahre 1816 lebten in seinem Haushalt ein Kammerdiener, eine Köchin, ein Hausmädchen, eine »Jungfer« (Mädchen für alles) sowie ein Kutscher und ein Schreiber. Je nach Arbeitsanfall kamen die Waschfrau und der Laufbursche ins Haus, den Gärtner lieh man sich aus. Bei der Einstellung der Bediensteten wurde auf Vielseitigkeit geachtet; eine Dienstanweisung für den Kutscher enthielt beispielsweise neben der eigentlichen Berufsbeschreibung weitere »Bedingungen, die er zu erfüllen hat«, nämlich »dem Gärtner im Garten zu helfen, Holz zu machen, im Herbst das Obst abzunehmen, bey Wäsche rollen zu helfen, … auf dem Krautland mit helfen«. Da

Goethes Arbeitstageslauf zu einem großen Teil aus Lektüre, Korrespondenz und Diktat bestand, mußte jeder seiner persönlichen Angestellten auch als Schreiber, Kopist und Hausverwalter tauglich sein. Viele der Diener waren gebildete Gesprächspartner (oder wurden dazu gemacht) und anstellige Assistenten; ja, sie führten selbständig mineralogische, optische oder botanische Experimente durch und machten das Forschertreiben des Meisters zu ihrem eigenen Steckenpferd.

Philipp Friedrich Seidel lebt von 1775 bis 1788 als Diener und Vertrauter bei Goethe. Im Gartenhaus backt er Pfannkuchen für ihn, er führt die Keller-, Milch-, Rahm-, Garten-, Bau- und Theater-Rechnungshefte, er übernimmt das Tagebuch-Schreiben und kleine Bühnenrollen, schneidet Schattenrisse und erledigt den Briefverkehr, überbringt Liebesgaben und hilft bei der Führung der Kriegskommission. Reinliche Abschriften von *Iphigenie*, den *Geschwistern*, *Stella*, dem *Triumph der Empfindsamkeit*, der Neuausgabe des *Werther* und des Aufsatzes über den *Zwischenkieferknochen* stammen von seiner Hand. Seidel weiß als einziger von Goethes Flucht nach Italien und vertritt seinen Herrn während dessen Abwesenheit außer im Hauswesen und bei Verlagsverhandlungen auch bei der Erziehung Fritz von Steins. Sein »Verhältniß« zu Goethe beschreibt er damit, es sei gewesen »wie Mann und Frau gegeneinander«. Als Christiane Vulpius ins Gartenhaus einzieht, geht Seidel.

Bei Goethe gedient zu haben steigerte die Reputation ungemein. Nicht nur Seidel konnte mit diesem Pfund wuchern; Christoph Erhard Sutor stieg vom Goethediener zum Ratsdeputierten auf, Johann Georg Paul Götze (1777 bis 1794 im Dienst) brachte es danach zum Baukonducteur, Wegebauinspektor und Oberaufseher der »Chaussee-Wege-und-Brückengeld-Einnahme« Jenas, und Johann Michael Christoph Färber wurde zum Vertrauten Herzog Carl Augusts. Die verlockende Vorstellung, dem Genius Goethe nahe zu sein, und sei es, indem man ihm die Schuhe putzte, fand sogar literarischen Niederschlag. In Karl Philipp Moritz' psychologischem Roman *Anton Reiser* (erschienen 1785–1790) wandeln den Helden »tausenderlei romanhafte Ideen« an – er will Prediger werden, Schauspieler, ein philosophischer Bauer gar –, »worunter eine ihm besonders reizend schien, daß er in Weimar bei dem Verfasser von Werthers Leiden wollte Bedienter zu werden suchen, es sei unter welchen Bedingungen es wolle; daß er auf die Art gleichsam unerkannterweise, so nahe um die Person desjenigen sein würde, der unter allen Menschen auf Erden den stärksten Eindruck auf sein Gemüt gemacht hatte«.

In der Weimarer Gesellschaft besonders bekannt war Goethes Kammerdiener und Schreiber Johann Ludwig Geist, der von 1795 bis 1804 im Gesindezimmer des Erdgeschosses am Frauenplan lebte. Er brachte schon eine gute Bildung mit in diese Dienstehe und assimilierte sich den Liebhabereien seines Herrn immer mehr. Auf Reisen führte er neben Goethes Tagebüchern auch seine eigenen, er korrespondierte selbständig mit Goethes Mutter und machte Exkursionen mit Sohn August (über die er dann schriftlich berichtete), er begleitete Goethe zu Theaterproben wie -aufführungen und notierte dessen wissenschaftliche Ergebnisse. Von der Goetheschen Botanisierlust und Meteorologenleidenschaft schließlich war der Junggeselle bis ans Lebensende angesteckt. Ohne Geist war es Goethe zeitweise unmöglich, seine ausgedehnte Berichts- und Korrespondenztätigkeit aufrechtzuerhalten. Seine »rechte Hand« nennt er ihn und – Schillers Ausspruch aufnehmend – seinen »Spiritus«; Caroline Schlegel spricht sogar von Goethes Haus als der Heimstatt von »Vater, Sohn und Geist«.

Wenn anfangs die Rede davon war, früher habe man sich tagtäglich in der Obhut von Dienstboten befunden, so gilt das für Goethe wahrhaft von der Wiege bis zur Bahre. Sein letzter Kammerdiener Gottlieb Friedrich Krause errang sich zwar den zweifelhaften Ruf des geschäftstüchtigsten der Hausangestellten

Spiritus

(indem er bei Sammlern Zettel aus Goethes Papierkorb zu Geld machte), er war es aber auch, der während der letalen Krankheit seinem Herrn beistand (→ **Botschanper oder: Mehr Licht!**). Goethe konnte die letzte Zeit nur noch sitzend im Lehnstuhl neben dem Kopfende seines Bettes verbringen; Krause versorgte ihn tagsüber, nachts schlief er in Goethes Bett. Auch Sekretär Johann August Friedrich John war ständig um ihn. Wie Schiller, so starb auch Goethe in Dienerarmen.

Sportelfrei

Ludwig XI. ließ in seinem nicht kleinen Herrschaftsgebiet an den Hauptstraßen alle vier Meilen feste Stationen für berittene Kuriere errichten, die »postes«. Nach diesen benennt sich unser privatisiertes teilmonopolistisches Unternehmen noch heute. Ähnlich althergebracht wie sein Name ist sein Signet; noch aus den Anfängen Thurn- und Taxisscher Dienstleistung stammt das Horn, welches die Deutsche Post AG bis in die Gegenwart ziert.

Pferdewechselstationen, Postchaisen, Postillone, Posthörner – das sind die Begriffe, die Goethe bei einem brainstorming zum Thema eingefallen wären.

Hatte er einen Brief beendet (meistens: beenden lassen), signierte er, trocknete die Tinte, legte das Papier zusammengeknickt in ein weiteres gefaltetes Blatt als Umschlag und verschloß ihn, indem er in den aufgeträufelten geschmolzenen Lack sein persönliches Siegel drückte. Mit welcher Sorgfalt er dem ganzen Geschäft oblag, überliefert Friedrich Theodor Kräuter, seit 2.4.1814 Sekretär im Hause Goethe: »So muß ich bei Briefen, sie mögen an Vornehme oder Geringe sein, stets mich bemühen an allen Seiten einen breiten gefälligen Raum zu lassen, und ich ernte jedesmal Lob ein, wenn es mir glückt den Brief so einzuteilen, daß alle Seiten gleich voll sind. Alles wird unter seinen Händen zu einem Bilde. Den Brief zu brechen versteht nur er mit dem Falzbein, so zierlich; das Tintenfaß darf nie zu voll sein, die Feder taucht er mit Vorsicht ein, kein Tropfen darf daneben fallen; das Geschriebene abzusanden ist streng verboten, lieber stellt er sich damit eine Weile am Ofen. Mit gleicher Eleganz siegelt er alle Briefe, und, damit das zusammengebrochene Blatt zu dem Couvert genau passe, muß der Buchbinder das Papier mit großer Accuratesse beschneiden. Einen Vorrat quadratzollgroßer Blättchen hält er deswegen, um in jedem Brief eins auf die Stelle zu legen wo das Siegel darauf gedrückt wird, er will nämlich damit vermeiden, daß das Siegellack, im Fall das Couvert etwas knapp sein sollte, nicht das beschriebene Blatt mit anklebe. Und das alles geschieht mit so viel Gewandtheit, Ruhe und Anstand, daß ich ihn auch hierin zu bewundern habe. Wie er nun gewohnt ist immer für sich einzelne Worte zu sprechen, oder zu brummen, so höre ich meist bei solchen Gelegenheiten sein »Nur still! – Nur ruhig!« p p.

Auf das gesiegelte Kuvert schrieb der hier Bewunderte dann Namen und Ort des Empfängers: »An Frau Rath Goethe zu Frankfurt«. Keine Straße, keine Postleitzahl, kein Absender, keine Briefmarke (die kam erst nach Goethes Tod auf). Trotzdem blieb die Titelseite seines Schreibens später nicht kahl. Der Frankaturvermerk orientierte über die Länge der Freimachung (d. h. bis zu welcher Grenzpoststation die Beförderung ging, z. B. in der Form »f^{rco} Wesel« oder »fco. Berlin«), die Portoziffer über deren Betrag. Von Weimar nach Leipzig betrug das Porto 2 Groschen, doppelt soviel, wie Goethes Sekretär für das Abschreiben einer Seite bekam. An festgesetzten Posttagen gingen Briefe in der Regel mit der reitenden, umfangreichere Sendungen mit der fahrenden Post ab, die auf ihren 6 Sitzen auch Passagiere, auf ihrem Dach Gepäck beförderte. Ungefähr vier Tage bis zu zwei Wochen später konnte der Empfänger – je nach Entfernung und Witterung – mit seiner Epistel rechnen.

Sportelfrei

Goethe ließ in langen Listen alle zur Post gegebenen und empfangenen Zuschriften, Päckchen und Pakete notieren. Dort wurde auch der Preis jedes Briefes und das eventuell gezahlte Nachporto für erhaltene Sendungen verzeichnet. Obwohl er sich selbst immer wieder der Schreibfaulheit zieh, verging kaum ein Tag seines Lebens ohne Korrespondenz. Ab 1817 gehörte er zu den Privilegierten, die keine Gebühren mehr zu bezahlen hatten; er war »sportelfrei« geworden.

T

Teil, heilsamer

Seit dem 11. Jahrhundert nennt man die scheibenförmige, ungesäuerte Oblate, die zur Kommunion während der Meßfeier gereicht wird, nach dem im Lateinischen für »Opfer« gebrauchten Wort »Hostie«. Fromme Mönche stellen sie mit Hilfe spezieller Waffeleisen her, die dem von Kindern respektlos »Eßpapier« Titulierten das heilige Zeichen des Kreuzes einbrennen. Wie aber nennt Goethe den mehlgeborenen Leib Christi? Was »der Pfaffe ... zum Gott sich geweiht«, ist für ihn nur eine Hinterlassenschaft des vom Christen- so verachteten Heidenvolks und also »gestempeltes Brod«. Dem in den *Nachträgen zu den Gedichten* enthaltenen Epigramm über des Pfaffen »christlichen Stolz«, der gleichermaßen sich wie den »nackten Erlöser« herausputzt, stehen weitere nicht gerade sakrophile Kurzgedichte zur Seite. Das eindrücklichste davon versetzt uns ins Allerheiligste der Lagunenstadt:

> Heraus mit dem Theile des Herrn! heraus mit dem Theile
> des Gottes!
> Rief ein unglücklich Geschöpf blind für hysterischer
> Wuth,
> Als, die heiligen Reste Gründonnerstag Abends zu
> zeigen,
> In Sanct Markus ein Schelm über der Bühne sich wies.
> Armes Mädchen was soll dir ein Theil des gekreuzigten
> Gottes?
> Rufe den heilsamern Theil jenes von Lampsacus her.

Teil, heilsamer

Jener von Lampsacus ist der in Lampsakos am Hellespont verehrte Gott Priapus. Sein Abbild zeigte, so das von Goethe stets in Reichweite gehaltene *Gründliche mythologische Lexicon* Benjamin Hederichs, einen »Knaben von einer ungemeinen Dicke, häßlichem Gesichte, und mit einem fast so großen männlichen Gliede ... als sein übriger Körper war«.

Tollhaus

Zu einem unverbesserlich eigenbrötlerischen Junggesellen wird Immanuel Kant von Goethe in einem Brief vom 19.12.1798 an Christian Gottlob Voigt erklärt, von dem er sich Kants *Anthropologie in pragmatischer Hinsicht abgefaßt* ausgeborgt hatte. Kants »Behauptung, daß junge Weiber deswegen allgemein zu gefallen suchen, um sich nach dem Tode ihres Mannes einen zweiten vorzubereiten, die er noch dazu einigemal« wiederhole, sei »eigentlich so ein Einfall, wie die schlechten Spaßvögel manchmal in Gesellschaft« vorbrächten, und gezieme »sich nur für so einen alten Hagestolz«. Kant, sein »alter Lehrer«, habe ja durchaus »Vortreffliches, Scharfsinniges, Köstliches«, bleibe aber in diesem Werk »borniert« und »illiberal«, »pedantisch«, »seicht« und wenig »artig«. »Genie und Talent« seien »ihm überall im Wege, die Poeten« seien »ihm zuwider, und von den übrigen Künsten« verstehe »er Gott sei Dank nichts«. Und wann wäre die Kantsche *Anthropologie* überhaupt zu lesen? »... meo voto ... nur im Frühjahr ..., wenn die Bäume blühen, um von außen ein Gleichgewicht gegen das Untröstliche zu haben, das durch den größten Teil des Buches herrscht, ich habe es gelesen, indem Kinder um mich spielten, und da mag es auch noch hingehen, denn von der Vernunfthöhe herunter sieht das ganze Leben wie eine böse Krankheit und die Welt einem Tollhaus gleich.«

Trennung

Zu Goethes Lebzeiten starben: 1754 die Großmutter Cornelia Goethe; 1758 der Bruder Hermann Jacob im Alter von sechs Jahren; 1766 Johann Joachim Winckelmann sowie 1768 Johann Christoph Gottsched und 1769 Christian Fürchtegott Gellert; 1771 der Großvater Johann Wolfgang Textor; während der Wetzlarer Zeit 1772 Karl Wilhelm Jerusalem; im Jahr des *Werther* 1774 Susanne Katharina von Klettenberg; 1777 die Schwester Cornelia Schlosser, 26jährig; 1778 im Januar das Hoffräulein Christel von Laßberg freiwillig und in der Ilm nahe Goethes Gartenhaus, im selben Jahr auch Jean-Jacques Rousseau und Voltaire; 1779 Heinrich Leopold Wagner, Anton Raphael Mengs; 1781 Gotthold Ephraim Lessing; 1782 der Vater Johann Caspar Goethe und derjenige, dem *Auf Miedings Tod* gewidmet ist; 1783 die Großmutter Anna Margaretha Textor; 1784 Denis Diderot; 1786 Friedrich II.; 1788 Johann Georg Hamann; 1790 Joseph II., deutscher Kaiser; 1791 Johann Heinrich Merck und Wolfgang Amadeus Mozart; 1792 Jakob Michael Reinhold Lenz, auch der Onkel Johann Jost Textor; 1793 Karl Philipp Moritz und Maximiliane von Brentano, geborene von La Roche, auch Ludwig XVI., unnatürlich; 1794 Johann Georg Adam Forster, Gottfried August Bürger, Justus Möser, Johann Gottlob Immanuel Breitkopf; 1797 die junge Weimarer Schauspielerin Christiane Becker; 1799 Adam Friedrich Oeser, Johann Georg Schlosser, Georg Christoph Lichtenberg; 1800 Johann Georg Christian Kestner, ein Jahr später Johann Caspar Lavater, ein weiteres später Corona Schröter; 1803 Johann Wilhelm Ludwig Gleim und Johann Gottfried Herder, auch Friedrich Gottlieb Klopstock; 1804 Immanuel Kant und Johann Friedrich Unger; 1805 Friedrich von Schiller; 1806 Ernestine und Juliane Vulpius, Heinrich Christian Boie, Adelheid Amalie Fürstin von Gallitzin, Georg Melchior Kraus; 1807 Herzogin Anna Amalia, Luise von Göchhausen, Philipp Hackert, Angelica Kauffmann, Sophie von La Roche und der

Verleger Christian Friedrich Weygand; 1808 die Mutter Catharina Elisabeth Goethe; 1809 Caroline Herder und der Leipziger Jugendfreund Ernst Wolfgang Behrisch; 1810 Philipp Otto Runge, Käthchen Schönkopf; 1813 Christoph Martin Wieland und Friederike Brion; 1814 August Wilhelm Iffland, Johann Friedrich Reichardt; 1816 die Ehefrau Christiane von Goethe, auch Prinzessin Caroline von Sachsen-Weimar-Eisenach und Maria Ludovica, Kaiserin von Österreich; 1817 Johann Heinrich Lips, Johann Heinrich Jung-Stilling, Anne Louise Germaine de Staël-Holstein, Lili Schönemann; 1819 Christian Gottlob von Voigt, Friedrich Heinrich Jacobi, Friedrich Leopold zu Stolberg, der Sekretär Christian Georg Carl Vogel; 1820 der ehemalige Diener Philipp Friedrich Seidel; 1821 Johanna Katharina Sibylla Fahlmer, Johanna Schlosser, Christian zu Stolberg, auch Napoleon Bonaparte; 1822 Friedrich Johann Justin Bertuch; 1823 Friedrich Bury; 1824 Lord George Noël Gordon Byron; 1825 Wilhelm Rehbein und Maddalena Riggi, Mailand; 1826 Charlotte von Schiller und Johann Heinrich Voß; 1827 Charlotte von Stein, Christian August Vulpius, Franz Michael Leuchsenring, Johann Jacob Riese sowie Ludwig van Beethoven; 1818 Charlotte Kestner, geborene Buff; 1828 der Verleger Georg Joachim Göschen, Herzog Carl August und Friedrich Hildebrand von Einsiedel; 1829 Johann Heinrich Wilhelm Tischbein; 1830 der Sohn August von Goethe, daneben Herzogin Luise; 1831 Maria Szymanowska, Friedrich Maximilian von Klinger und Georg Friedrich Wilhelm Hegel.

In Goethes Todesjahr 1832 werden auch Carl Friedrich Zelter, Johann Heinrich Meyer und Johann Friedrich von Cotta sterben; Karl Ludwig von Knebel wird ihn um zwei, der Diener Johann Georg Paul Götze um drei, Friedrich Wilhelm Riemer um dreizehn, Johann Peter Eckermann, Johann Sulpiz Boisserée und die Schreiber Johann Ludwig Geist sowie Johann August Friedrich John um zweiundzwanzig Jahre überleben; die Schwiegertochter Ottilie von Goethe wird 1872, die Enkel werden 1844, 1883 und 1885 sterben; Ulrike von Levetzow wird bis 1899 am Leben bleiben.

Wie trauerte Goethe um seine Toten? Man würde meinen, jede neue Sterbensnachricht habe ihn aus der Bahn geworfen, habe ihn zu Reflexionen über Wesen und Wehe des Menschen veranlaßt. Die Sache ist indes komplizierter. Das Tagebuch vom 6. bis 8. Juni 1816 verzeichnet:

»6. Gut geschlafen und viel besser. Nahes Ende meiner Frau. Letzter fürchterlicher Kampf ihrer Natur. Sie verschied gegen Mittag. Leere und Todtenstille in und außer mir. Ankunft und festlicher Einzug der Prinzessin Ida und Bernhards. Hofr. Meyer. Riemer. Abends brillante Illumination der Stadt. Meine Frau um 12 Nachts ins Leichenhaus. Ich den ganzen Tag im Bett.

7. Nicht besonders geschlafen. Zahlreiche Condolenzen. Außer Bett. Hofr. Meyer. Mittags mit August. Frau Prof. Riemer. Farbenversuche. Gegen Abend Prof. Riemer, die Versuche fortgesetzt. Hofr. Meyer auf kurze Zeit. Riemer blieb.

8. Meine Frau früh um 4 Uhr begraben. Verschiedene Briefe. Fragment aus dem Ramajan an Major von Knebel. Acten geheftet. Rehbein, Huschke und Kämpfer. Im Garten. Das nächst zu Beobachtende durchgedacht. Farbenversuche vorbereitet. Mittags mit August. Kupfer zu Péron. Um 3 Uhr Collecte meiner Frau von Voigt gehalten. Englische Journale. Hofr. Meyer. Schloßflügelbau besonders.«

Genauso ist August von Goethes Tod eingebettet in das Tagesgeschehen des Novembers 1830:

»10. [...] Gegen Abend Herr Geh. Rath von Müller und Hofrath Vogel, mir mit möglichster Schonung das in der Nacht von 26. bis 27 October erfolgte Ableben meines Sohns in Rom zur Kenntniß zu bringen; worauf denn Nachstehendes theils mitgetheilt, theils überlegt wurde. – Herrn J. W. Reichel, Augsburg, den 38. Band der kleinen Ausgabe.

Trennung

11. Aus meinem Leben 4. Theil fortgesetzt. Auch bedeutende Familiennotizen dictirt.«

Etwas mehr über die innere Anteilnahme verraten da schon die Briefe. Nach Schillers Tod erfährt Zelter: »Ich dachte mich selbst zu verlieren, und verliere nun einen Freund und in demselben die Hälfte meines Daseins.« (1.6.1805) Nach Christiane von Goethes Tod erhält Boisserée ein Postskriptum des Inhalts »Füge ich hinzu: daß meine liebe, kleine Frau uns in diesen Tagen verlassen; so nehmen liebe Freunde gewiß teil an meinem Zustande.« (8.6.1816) Kurz darauf benennt Goethe diesen »Zustand« seinem Freund gegenüber, er »grenze an die Verzweiflung« (24.6.1816). Ein Brief, wiederum an den gleichen Adressaten, kommentiert den Tod Herzog Carl Augusts: »Das Unerträgliche, das man so lange fürchtet, ja voraussieht, wird nicht erträglicher dadurch, daß es in die Wirklichkeit hereintritt; es übt alsdann erst seine eigentliche ganze Gewalt aus.« (6.7.1828) Alle genannten Briefe aber widmen sich in weit größerem Maße anderen Dingen; auch stockt die Briefproduktion in solchen Trauertagen keineswegs.

Wie ist es zu erklären, daß der Lebensfluß nicht unterbrochen wird bei der Nachricht vom endgültigen Versiegen eines Lebens? Es ist mit einer Eigenschaft zu erklären, deren Besitz Goethe zu den Grundfesten seines Daseins zählte. Nachdem seine Lebensgefährtin am 1. November 1795 einen Sohn geboren hatte, der schon 2 ½ Wochen später starb, antwortet Goethe auf ein Kondolenzschreiben Schillers: »Man weiß in solchen Fällen nicht ob man besser tut sich dem Schmerz natürlich zu überlassen, oder sich durch die Beihülfen die uns die Kultur anbietet zusammen zu nehmen. Entschließt man sich zu dem letzten, wie ich es immer tue, so ist man dadurch nur für einen Augenblick gebessert und ich habe bemerkt, daß die Natur durch andere Krisen immer wieder ihr Recht behauptet.« (21.11.1795) Mit den »Beihülfen« der Kultur sind keineswegs Zerstreuungen von außen gemeint, vielmehr zivilisatorische Errungenschaften der menschlichen Vernunft, dazu aufgeboten, das Herz in Schach zu halten. Am klarsten drückt das ein Brief vom 21.11.1830 aus; gerichtet ist er an Carl Friedrich Zelter, aus dessen Brief die »Hiobsbotschaft« von August von Goethes Tod in Rom stammte:

»Das eigentliche Wunderliche und Bedeutende dieser Prüfung ist, daß ich alle Lasten, die ich zunächst, ja mit dem neuen Jahre abzustreifen und einem jünger Lebigen zu übertragen glaubte, nunmehr selbst fortzuschleppen und sogar schwieriger weiter zu tragen habe.

Hier nun allein kann der große Begriff der Pflicht uns aufrecht erhalten. Ich habe keine Sorge, als mich physisch im Gleichgewicht zu bewegen; alles andere gibt sich von selbst. Der Körper muß, der Geist will, und wer seinem Wollen die notwendigste Bahn vorgeschrieben sieht, der braucht sich nicht viel zu besinnen.«

Der Tod des Sohns ist »Prüfung«, ihre Bewältigung ist »Pflicht«, Ziel ist ein Verbleiben auf der »notwendigsten Bahn«. Warum Goethe den Tod so integrieren konnte in seinen stets tätigen, nie ins Stocken geratenden Lebenslauf – oder ihn daraus verdrängen? Weil er ihm ein hundertfach erfahrener, nur noch gesteigerter Abschied war.

Schon immer hatten ihm Trennungen das andere Wort mit »T« herbeigerufen –

> Tod ist Trennung,
> Dreifacher Tod
> Trennung ohne Hoffnung
> Wiederzusehn.
> (Aus einer der drei *Oden an meinen Freund* von 1767)

Schon immer waren Schauderhaftigkeit und Banalität der T-Begriffe zusammengerückt – »Wir pflegen mit dem Todte

Trennung

zu spasen, und es fällt doch so schweer sich auf kurze Zeit zu trennen.« (An Charlotte von Stein, 7.3.1781)

Schon immer gab es gegen die Intoxikation der Trennung nur das Remedium der Pflicht: »In jeder großen Trennung liegt ein Keim von Wahnsinn; man muß sich hüten, ihn nachdenklich auszubrüten und zu pflegen.« (*Italienische Reise*)

Tüchtighaft

Man schätzt, Goethes Wortschatz umfaßte rund 80000 Wörter. Das klingt erst einmal gar nicht so gewaltig. Will man aber jedes dieser Wörter in Goethes Schrifttum nachweisen, landet man schnell bei über drei Millionen Belegstellen. Kein Wunder, daß noch nicht einmal die Hälfte des Alphabets abgearbeitet ist von den Herausgebern des *Goethe-Wörterbuchs*, die sich seit 1946 redlich bemühen, dem Meister seine Sprache abzulauschen. Streift man durch diesen Mischwald der Buchstaben, fühlt man sich bald verzaubert. Ganz allerliebst zu ambulieren von Altertum nach Aneignen, von Ameis-Wimmelhaufen nach Ausmisten!

Eine andere Methode ist die rein statistische: Das Wort »Ich« verwendete Goethe, so das Ergebnis der elektronischen Trefferzählung bei Volltextsuche, 132555mal in seinen Werken, Tagebüchern und Briefen. »Gott« kommt insgesamt 2415mal vor: 84mal im *Götz*, dagegen nur 53mal in *Faust I* und *II* zusammen, 29mal in den naturwissenschaftlichen Schriften, 41mal in den Tagebüchern und 480mal in Briefen. Im *Goethe-Wörterbuch* aber ist es nur ein G-Begriff unter vielen und befindet sich also in Gesellschaft von »Gakchen, Galgenschwengel, Gänsestuhlgang, ganzrechtgut, Gedankenfabrik, Geniestreich, Gerillgeschiebe, Gesamtsang, Glockgebembel, Glückstopf, Gottseibeiuns, Götzenstürmer, Gräserei, gustös, Gutweib«.

Tüchtighaft

Natürlich hatte Goethe seine Lieblingswörter, denen er zeit seines Lebens große Bedeutung zumaß. Eben das »bedeutend« gehört an oberster Stelle dazu (593mal geschrieben, am häufigsten in der Autobiographie), auch das »offenbare Geheimnis«, die »Notwendigkeit«, die »Einbildungskraft« und der »Augenblick«. Lebendigstes, Höchstes, Lieblichstes. Das Gesetzmäßige und das Behaglich-Behäglich-Genügliche. Das Kästchen. Weltliteratur. Unbegreifliches. Bilder und Zeichen. Anschauung und Tätigkeit. Polarität und Steigerung. Entsagung und Bewahrung. Gestalt und Wandel. Persönlichkeit und Dämon. Wiedergeburt und Dauer. Neigung und Pflicht. Talent und Liebe. Gleichnis und Geheimnis. Schein und Wesen. Trübe und Klarheit. Spiegelung und Abglanz. Symbol und Allegorie. Natur und Welt. Besonderes und Allgemeines. Eins und Alles. Dichtung und Wahrheit. Zusammensetzungen mit »-schein-« erscheinen über 5000mal im Werk, natürlich in der *Natürlichen Tochter* besonders oft, wobei die »Erscheinung«, schon im *Wilhelm Meister* arg strapaziert, in den *Entoptischen Farben* mit 54 Nennungen den Rekord hält.

Nicht nur im Gebrauch gebräuchlicher Begriffe, ihrer Neuordnung oder Neudefinition zeigt sich Goethes Virtuosität. Zusammen mit Christoph Martin Wieland, Georg Christoph Lichtenberg und Jean Paul gehört er zu den Meistern des Neologismus, der Wortneuschöpfung. Noch dudenlos, hatte der Dichter kein anderes Organon seiner Ausdrucksweise als Gedächtnis, Wissen und Kreativität, und alle drei waren eine unerschöpfliche Quelle der Sprachformung. Die Möglichkeit, im Deutschen fast beliebig viele Wortkomponenten zusammenzusetzen, nutzte Goethe zur Bildung poetischer Föderationen wie »Buntgewühl, Flügelflatterschlagen, Flüsterzittern, Glanzgewimmel, Lebensplunder, leichtgemütlich, morgenschön, Polterkammer, Raumgelaß, Schneckschnickeschnack, Strudeltagsgelese, Tatgepränge, Wolkensteg« oder die unübertrefflichen »Knabenmorgen-Blütenträume« aus der Handschrift

Tüchtighaft

der *Prometheus*-Ode. Fehlte ein passendes Adjektiv, bog er sich ein »flügelhaft, freudehell, mittelweltisch, mordgesinnt, nachtnächtlich, neugiergesellig, öhrig, raritätenkastenmäßig, raubschiffend, reichgestaltig, tüchtighaft, wimmelhaft« zurecht. Statt von einer Frau zu sagen, sie habe »Grillen«, also Launen, schreibt er gleich, es »grillt die Frau«, und meißelt überhaupt Verben neu nach dem Vorbild vorhandener: »entjauchzen, gruneln, ruschen, überschlafen, verunnaturen« oder »gefürstenkindern«. Besonders plastisch wirken die Ableitungen »Gegängel, Ohnegleiche, Quälodram, Schweignis, Selbstchen, Skizzisten, Zauder« und die inzwischen vertraut klingenden Neologismen »Gebrauchsfolge, Kommunikationskanal, Tastatur«. Wurde ein Element aus anderen Sprachen eingeführt (Goethe nennt das einmal »Kolonialwort«), oder hatte ein Kollege einen treffenden Begriff geprägt, finden sich solche Wörter auch schnell bei Goethe wieder – ein Theaterstück ist »eine der tollsten Performances die man je gesehen«, Untergrundkämpfer sind »Guerillas«, die »Oase« dient als eingängige Metapher, »Trocknis« kann man in der Wissenschaftsprosa verwenden und Lichtenbergs »verschlimmbessern« ist zu schön zum Ignorieren. Andererseits führen seine Werke Ausdrücke, die noch im verborgenen schlummern, erst richtig in den Sprachschatz ein, beispielsweise den »Lebemann« und das »mißhören«.

LinguistofeministInnen vermögen sich bei Goethe, der ihnen zum »Laffen« eine »Läffin« anbietet, ebenso zu bedienen wie Machos, die gern von »Mädels« reden (*Faust I*, V. 3525); und für notorische Radfahrer hält er die »Parksucht« bereit, welche sie den ihre Wege versperrenden Automobilisten an den Kopf werfen können (o.k.: geschwindelt ... Goethe meint natürlich die Sucht nach englischen Parks).

Wo Goethe in der Literatur einen »Schändismus« ausmacht, ein »Klosterbrudrisieren«, »Klopstöckeln« oder »Lichtenbergisieren« vernimmt, vermögen wir inzwischen zu behaupten: Bei Jacobi, bei Lenz, bei Hölderlin, bei Novalis, bei Brentano, bei Eichendorff, bei Rückert, bei Immermann, bei Mörike, bei Stifter, bei Fontane, bei Keller, bei George, bei Rilke, bei Hesse, bei Brecht, bei Mann hat es mitunter ganz gewaltig gegoethet.

U

Übertrieben

Wer glaubt, Geistesmenschen von Dignität und Rang seien im Alltag der Notwendigkeit des Grollens und Schmollens, des Krittelns und Rüffelns, des Mäkelns und Meckerns enthoben, weil sie sowieso überall mit Zuvorkommenheit und Schonung behandelt würden, der irrt.

Beruhigt es uns so Normale wie Sterbliche nicht ungemein, wenn wir unter dem Datum des 21. Juni 1811 in Goethes Tagebuch die uns sattsam vertraute banale Ärgerlichkeit einer außer Hauses genossenen Mahlzeit, die ihren stolzen Preis nicht wert war, verzeichnet finden? »Im rothen Ochsen zu Mittag. Händel mit dem Wirth wegen übertriebener Forderung.« Zwei Sätze, ein Schmunzeln – wenn da nicht die *Sophien-Ausgabe* noch Anmerkungen bereithielte, welche die ganze Dimension dieser gastronomischen Tragödie enthüllen. Goethe war nämlich nicht gewillt, die unbillige Behandlung seines Portemonnaies hinzunehmen. Einen Tag nach der unbefriedigenden Jause teilt er dem Tagebuch gleich als erstes mit: »Promemoria wegen des Wirths in Schlackenwalde und Vorschlag an den Kreishauptmann.« Und hier haben nun die erwähnten Anmerkungen das Verdienst, den Zusammenhang durch Mitteilung des genannten *Ganz gehorsamsten Promemoria* zu erhellen. Es ist eine Seite lang, gefolgt von dem ebenso langen *Unmaßgeblichen Vorschlag*. Der Kern des *Promemoria* besteht in der Schilderung der Bewirtung von vier Personen durch den Besitzer des »rothen Ochsen«. »Nichts als das bloße Mittagsessen und weder Frühstück noch Wein, noch Kaffee« habe man genossen, trotzdem aber »66 Gulden und für den Kutscher

Übertrieben

10 Gulden, zusammen also 76 Gulden« bezahlen sollen. Die Qualität der Kollation sei aber höchstens mit derjenigen »der Picknicks auf dem Posthofe« vergleichbar, mithin ein Preis von höchstens 30 Gulden gerechtfertigt gewesen. Man solle doch auch bedenken, daß es sich um ein »immer mehr um sich greifendes Übel« handle, nämlich die schamlose Ausnutzung der allgemeinen Konjunkturbelebung durch den Tourismus: »Aber es ist in diesen Tagen schon öfters zur Sprache gekommen, daß Gesellschaften, welche durch die schönen Wege, die herrlichen Naturgegenstände und das gute Wetter auswärts gelockt worden, mit Verdruß über ganz unerwartete Zechen nach Hause gekehrt, und ihre gehoffte und genossene Freude vergällt worden.«

Da des Unterzeichnenden Sache nicht ist, sich lediglich und fruchtlos zu beschweren, ist mit dem *Unmaßgeblichen Vorschlag* gleich ein Gesetzesentwurf angehängt. Er sieht zur Eindämmung der »exorbitanten« Preise vor, daß sich der Gast, noch bevor er die Serviette vorgebunden und den ersten Schluck genommen, mit dem Wirt über die Bezahlung einige. »In Italien, wo die Menschen einander zu trauen weniger geneigt sind, ist es durchaus hergebracht, daß man nichts in einem Gasthofe genießt, bis man seine Bedingungen gemacht hat, und es hängt von dem Reisenden ab, wohlfeiler oder theurer zu leben, und man macht sich jeden Tag seine Zeche selbst.« Es liefe also einfach darauf hinaus, daß »den Gästen« die Menüpreise vorher »bekannt gemacht« würden, »und jeder würde sich gern danach richten, weil die Sache sehr einfach ist«. Vielleicht gibt es auf Erden doch so etwas wie Fortschritt: Speisekarten.

Der Wirt vom »rothen Ochsen« zu Schlackenwalde wurde zu einer Strafe von 10 Gulden sowie zur Herabminderung der Zeche auf 41 Gulden und 20 Kronen verurteilt, Goethes Vorschlag vom zuständigen Karlsbader Kreishauptmann wohlwollend und dankend beantwortet.

Unerhört

Obwohl Goethe keine eigene Theorie zu ihr entwickelte, ist seine en passant gegebene und mittelbar überlieferte Definition der Novelle wie keine andere zum geflügelten Wort geworden. Aus dem Gespräch am 29. Januar 1827 hatte Eckermann Goethes Äußerung notiert: »... was ist eine Novelle anders als eine sich ereignete unerhörte Begebenheit.«

Der Anlaß zu dieser Erklärung war ein doppelter. Goethe erwartete sich von Eckermanns erneuter Lektüre seiner im Vollenden begriffenen Erzählung Aufschlüsse über gewisse kompositorische Änderungsvorhaben. Zum anderen sollte der endgültige Titel des Opus festgelegt werden. In den Tagebüchern war es von Goethe während der Entstehungszeit mal »wunderbare Jagd«, mal »romantisches Jagdstück« oder »Jagd-Novelle« genannt worden. Weder der treue Eckermann noch Goethe fanden die Bezeichnungen hinreichend passend. »Wissen Sie was, sagte Goethe, wir wollen es die N o v e l l e nennen«. Das Werk war getauft, und nicht gerade nach einem gängigen Heiligen. Ganz bewußt verzichtet der Vater-Pate auf den bestimmten oder unbestimmten Artikel und überschreibt die Jagdgeschichte simpel mit der literarischen Gattung. Das ist programmatisch gedacht. Gefolgt wird nämlich die Entscheidung für das nackte Generische als Titel von jener eingängigen Begriffsbestimmung, die Eckermann bewahrte.

Jedes Wort der Goetheschen Erläuterung gibt seinen Feingehalt auf der Goldwaage preis, wenn man als Gewichtsmaß seine *Novelle* selbst verwendet – »eine sich ereignete unerhörte Begebenheit«:

»Eine« – nicht eine Kette von Ereignissen wie im Roman bildet den Inhalt, sondern dieser ist zusammengedrängt in eine bedeutende Situation.

»Sich ereignete« – nicht das Mystische und Symbolische verleiht der Schilderung Kolorit, sondern das Realistische und Detailfreudige.

Unerhört

»Unerhörte« – nicht die altbekannte Fabel, der Mythos oder das Volksbuch geben den Stoff her, sondern dieser ist neu und nie vernommen.

»Begebenheit« – nicht die Figuren knüpfen den Handlungsknoten, sondern ein vom Schicksal verhängtes Ereignis führt sie zusammen und wird zu ihrem Prüfstein.

Kaum zwei Wochen zuvor war das Gespräch zwischen Poet und Sekretär schon einmal um die Novelle vom Fürsten und der Fürstin, von Honorio und den Zigeunern, vom Knaben, seiner Flöte, dem Tiger und dem Löwen gekreist. »Um für den Gang dieser Novelle ein Gleichnis zu haben«, erklärt der Verfasser seinem Leser, »so denken Sie sich aus der Wurzel hervorschießend ein grünes Gewächs, das eine Weile aus einem starken Stengel kräftige grüne Blätter nach den Seiten austreibt und zuletzt mit einer Blume endet. – Die Blume war unerwartet, überraschend, aber sie mußte kommen; ja, das grüne Blätterwerk war nur für sie da und wäre ohne sie nicht der Mühe wert gewesen. [...] Zu zeigen, wie das Unbändige, Unüberwindliche oft besser durch Liebe und Frömmigkeit als durch Gewalt bezwungen werde, war die Aufgabe dieser Novelle, und dieses schöne Ziel, welches sich im Kinde und Löwen darstellt, reizte mich zur Ausführung. Dies ist das Ideelle, dies die Blume. Und das grüne Blätterwerk der durchaus realen Exposition ist nur dieserwegen da und nur dieserwegen etwas wert. Denn was soll das Reale an sich? Wir haben Freude daran, wenn es mit Wahrheit dargestellt ist, ja, es kann uns auch von gewissen Dingen eine deutlichere Erkenntnis geben; aber der eigentliche Gewinn für unsere höhere Natur liegt doch allein im Idealen, das aus dem Herzen des Dichters hervorging.« Wie Schuppen sei es ihm daraufhin von den Augen gefallen, berichtet Eckermann weiter, er habe den lyrischen, scheinbar fragmentarischen Schluß der Novelle plötzlich verstehen können, und eine nie gekannte Frömmigkeit habe ihn ergriffen. Dieses religiöse Gefühl gilt dem letzten der eingestreuten Lieder, das die Novelle beschließt. Der Knabe Löwenlenker und Dornauszieher singt es seinem Freund, dem »Tyrannen der Wälder«:

> Und so geht mit guten Kindern
> Sel'ger Engel gern zu Rat,
> Böses Wollen zu verhindern,
> Zu befördern schöne Tat.
> So beschwören, fest zu bannen
> Liebem Sohn ans zarte Knie
> Ihn, des Waldes Hochtyrannen,
> Frommer Sinn und Melodie.

Urinos

Um die von Friedrich Wilhelm von Gleichen-Rußworm erstmals beschriebenen Erscheinungen primitiver Lebensformen nachzuprüfen, hat Goethe, so entnehmen wir seinen Aufzeichnungen mit dem Titel *Infusions-Thiere*, über einen längeren Zeitraum zwischen 1785 und 1788 diverse Aufgüsse zubereitet, um sie gären, faulen oder schimmeln zu lassen und dabei die in der schleimigen Masse sich bildenden »Infusions-Thierchen« unter dem Mikroskop beobachten zu können. Den Versuchen eine gewisse Systematik gebend, versetzte er Wasser nach und nach mit verschiedenen Materien, bevor er den so entstandenen Aufguß in die Sonne stellte: Bananenmark, Kaktus, Trüffel, Steinpilze, Roggen, Leinsamen, Pfeffer, Bier, Linsen, Kartoffeln, Fichtenreiser, Tee, Froschlaich.

Unter dem Vergrößerungsglas sah er, was wir heute auch sehen würden: Schimmelsporen, Algen und diverse Ein- und Mehrzeller wie Hefen, Bakterien, Wimper-, Geißel- und Rädertiere, Wurzelfüßer und Krebschen. Er nannte sie allerdings »unförmliche gallertartige Wesen«, »beinah runde durchsichtige Kügelchen«, »oval Thierge denen ich vor Geschwindigkeit keine Gestalt abgewinnen konnte«, »Glockenthiere«, »lange und verflochtne Faden«, »Punct-Thiere«, »Wurmgestalten«, »Pandeloquenthierchen«, »Markbläschen«, »Kartoffel-Thierchen«, »kleine längliche Geschöpfe«, »Nierenthierchen« oder »Perlen-Gestalten«.

Mitnichten läßt sich Goethe dabei von Ekel oder Verachtung hinreißen, ganz im Gegenteil wachsen ihm seine Infusionstierchen ans Herz wie anderen ihre Aquarienfische. Eines »abends gegen achte« notiert er: »Sie schienen mir nicht so lebhaft wie das vorige Mal [...]. Das sonderbarste daran war mir daß sie ein geselliges Wesen untereinander zu zeigen schienen. Auf Plätzen, wo sie nicht mit der Gallerte bedeckt waren, sondern frei herum schwammen, scheinen sie sich gern beisammen zu halten. Sie waren ihrer wohl ein Dutzend, die sich zusammen hielten, und wenn sie an einander stießen, nicht wie andre Infusionsthiere sich mit Heftigkeit auswichen; sie rutschten vielmehr sachte an einander hin, um einander herum, kehrten wieder, und schienen sich mit ihren vordern spitzen Enden zu beschnuppern.« Andere »schöne Punctthierchen« halten »sich in Trupp auf« und scheinen »mit einander zu spielen«, es gibt welche, die sich »in dicken wimmelnden Haufen versammeln«, und welche, die »sich überschlagen«. Teilnahmsvoll wird festgehalten, wenn die »Lebenspuncte« sich nur mühsam fortbewegen können, wenn die »Creaturen« sich aus ihrer Umgebung loszumachen suchen, sich plötzlich auf die Seite legen, unruhig werden oder gar durch Zugabe von »einem Tropfen Urin ... alle in einem Augenblicke« getötet werden.

Selbst die Begleitumstände der Labortätigkeit vermögen Goethe nicht von fortgesetzten Tierversuchen abzuhalten. Ausführlich, doch völlig unsentimental registriert er von Tag zu Tag: »arger Gestanck«, »fauler Geruch«, »Geruch moderig«, »höchst stinkend, faulender Geruch«, »schleimige Haut«, »säuerlich gerochen«, »sehr stinkender Geruch«, »Geruch säuerlicher Gärung«, »unleidlicher Gestank«, »flüchtiger faulender

Urinos

Geruch«, »saurer faulender Geruch«, »unerträglicher Gestank«, »völlig urinoser Geruch«.

Es zeugt vom entschiedensten Enthusiasmus, wenn der Naturwissenschaftler Goethe entdeckt, was Ästheten in dieser nasebeleidigenden Umgebung nie gesucht hätten: »Auch bemerkte ich einige aus Puncten zusammengereihte Stabchen von großer Schönheit.«

Urworte

Der Ur-Worte sind mannigfache in Goethes Wortschatz. Sein naturwissenschaftliches Werk führt die Welt der Erscheinungen immer wieder zurück auf ihre »Ursprünge«, den »Urzustand«, den »uralten«, »urältesten« »Uranfang«, als das »Ur-Eine« sich in »Urbildung« zu den »Urelementen« formte und in dieser »Urformation« (jener »Urzeugung« und »Urgestaltung«, Produkt einer »Urpolarität«), wie es die »Urdetermination« vorsah, eine »Urwelt« entstand: »Urlicht«, »Urzeit«, »Urstoff«, das »Urmeer«, »Urgestirn« und »Urgestein« (durch »Urdurchgitterung« verfestet – »Urkalk«, »Urtrapp«, »Ursandstein«, »Urgrünstein«, der ganze »Urfelsboden«, die »Urgebirgsknoten«); da ist das »Urei«, da sind die »Urtiere« (»Urpferd«, »Urstier«), die »urgliedrigen« »Urwesen«, die das gleiche »Urphänomen« zeigen: »Urbild«, »Urfarbe«, »Urform«, »Urkraft« – das »Urlebendige«, den »Urgrund« der Existenz.

Es bedurfte des heiteren Lichts Italiens und seiner unübersehbaren Pflanzenvielfalt, um in Goethe eine »alte Grille« zur idée fixe werden zu lassen. In Padua schon fängt es an – »Hier in dieser neu mir entgegentretenden Mannigfaltigkeit wird jener Gedanke immer lebendiger, daß man sich alle Pflanzengestalten vielleicht aus einer entwickeln könne.« (*Italienische Reise*) Ganz im Süden dann, in einem giardino pubblico, dem

»wunderbarsten Ort von der Welt«, fordert einer jener Urbegriffe seinen Tribut von dem, der ihn erfand:

»Palermo, Dienstag, den 17. April 1787.

Es ist ein wahres Unglück, wenn man von vielerlei Geistern verfolgt und versucht wird! Heute früh ging ich mit dem festen, ruhigen Vorsatz, meine dichterischen Träume fortzusetzen, nach dem öffentlichen Garten, allein eh' ich mich's versah, erhaschte mich ein anderes Gespenst, das mir schon diese Tage nachgeschlichen. Die vielen Pflanzen, die ich sonst nur in Kübeln und Töpfen, ja die größte Zeit des Jahres nur hinter Glasfenstern zu sehen gewohnt war, stehen hier froh und frisch unter freiem Himmel, und indem sie ihre Bestimmung vollkommen erfüllen, werden sie uns deutlicher. Im Angesicht so vielerlei neuen und erneuten Gebildes fiel mir die alte Grille wieder ein, ob ich nicht unter dieser Schar die Urpflanze entdecken könnte. Eine solche muß es denn doch geben! Woran würde ich sonst erkennen, daß dieses oder jenes Gebilde eine Pflanze sei, wenn sie nicht alle nach einem Muster gebildet wären?«

Was Goethe mit dem Terminus meinte, faßte er in der *Geschichte seiner botanischen Studien* als »sinnliche Form einer übersinnlichen Urpflanze« zusammen, worunter er das konkrete Modell einer wissenschaftlichen These von der »ursprünglichen Identität aller Pflanzenteile« verstand. Führte man alle Einzelglieder jeder beliebigen Pflanze, so seine Vorstellung, auf das ihnen Gemeinsame zurück, abstrahierte und reduzierte immer weiter, so müßte am Ende ein Grundorgan erscheinen, das den Typus, das Pflanzenhafte an sich, darstellte. Wie bei vielen anderen Phänomenen richtete Goethe auch in der Botanik sein Augenmerk auf das allen Lebewesen inhärente Prinzip der Metamorphose, der Fähigkeit zu Verwandlung und Umgestaltung, der »glücklichen Mobilität und Biegsamkeit«, welches letztlich das Eine und das Alles zusammenband.

Anscheinend bewährte sich die Methode an der Praxis – »ich werde immer sicherer daß die allgemeine Formel die ich gefunden habe, auf alle Pflanzen anwendbar ist« (an Karl Ludwig von Knebel, 3.10.1787) – und bildete sogar den Keim zu einer Welterklärungsformel. »Sage Herdern«, so trägt Goethe von Neapel aus am 1. Juni 1787 Charlotte von Stein auf, »daß ich dem Geheimnis der Pflanzenzeugung und Organisation ganz nah bin und daß es das Einfachste ist was nur gedacht werden kann. [...] Die Urpflanze wird das wunderlichste Geschöpf von der Welt über welches mich die Natur selbst beneiden soll. Mit diesem Modell und dem Schlüssel dazu, kann man alsdann noch Pflanzen ins Unendliche erfinden, die konsequent sein müssen, das heißt: die, wenn sie auch nicht existieren, doch existieren könnten und nicht etwa malerische oder dichterische Schatten und Scheine sind, sondern eine innerliche Wahrheit und Notwendigkeit haben. Dasselbe Gesetz wird sich auf alles übrige Lebendige anwenden lassen.«

Nicht nur der so kreative wie akribische Forschungsdrang ist charakteristisch an dieser Leidenschaft namens Urpflanze, sondern die neuerliche Verbindung von Wissenschaft und Poesie. Wie in der Mineralogie und Zoologie, in der Farben- und Wolkenlehre, so verhilft auch die Versatilität botanischer Phänomene der Dichtung zu Gleichnis und Symbol. Das *Die Metamorphose der Pflanzen* betitelte, an Christiane Vulpius gerichtete Gedicht von 1798 ist eine künstlerische Interpretation der botanischen These von der Urgestalt in allem Pflanzlichen. Mit der ersten Strophe »Dich verwirret, Geliebte, die tausendfältige Mischung / Dieses Blumengewühls über dem Garten umher« ist das Thema genannt: »geheimes Gesetz ... heiliges Rätsel« der Pflanzenbildung. Wie nun »stufenweis« vom Samen über Keim, Sproß und Trieb der Stengel entsteht, wird genau verfolgt – »Stille zieht sich der Trieb der strebenden Ränder zurücke, / Und die Rippe des Stiels bildet sich völliger aus.« Von einer lyrischen Illustration zur nächsten schreitend, entwickelt sich vor des Lesers Augen eine Blume ganz so, wie schon in der wissenschaftlichen Abhandlung beschrieben. Am

Höhepunkt vegetabiler Fruchtbarkeit angelangt (»Nun vereinzelt schwellen sogleich unzählige Keime, / Hold in den Mutterschoß schwellender Früchte gehüllt«), steht der vers-erzählerische Fluß still, um die eingangs beschworene Situation aufzugreifen: »Wende nun, o Geliebte, den Blick zum bunten Gewimmel, / Das verwirrend nicht mehr sich vor dem Geiste bewegt. / Jede Pflanze verkündet dir nun die ew'gen Gesetze, / Jede Blume, sie spricht lauter und lauter mit dir.« – Und was die Blütenreichen in weiteren Distichen verkünden, ist fortgesetzte metaphorische Liebeshuldigung:

> O, gedenke denn auch, wie aus dem Keim der Bekanntschaft
> Nach und nach in uns holde Gewohnheit entsproß,
> Freundschaft sich mit Macht aus unserm Innern enthüllte,
> Und wie Amor zuletzt Blüten und Früchte gezeugt.
> Denke, wie mannigfach bald die, bald jene Gestalten,
> Still entfaltend, Natur unsern Gefühlen geliehn!
> Freue dich auch des heutigen Tags! Die heilige Liebe
> Strebt zu der höchsten Frucht gleicher Gesinnungen auf,
> Gleicher Ansicht der Dinge, damit in harmonischem Anschaun
> Sich verbinde das Paar, finde die höhere Welt.

Die Rede von der Verbindung des Paars, dem harmonischen Anschaun und der höheren Welt paßt auch in anderem Sinne in die Reihe. *Glückliches Ereigniß* überschreibt Goethe den Bericht von jener Sitzung der Naturforschenden Gesellschaft Jena im Juli 1794, als die Urpflanze ein Traumpaar zusammenbrachte. Die Vorgeschichte des Happy-Ends ist natürlich, daß sich die »zwei Geistesantipoden« nicht leiden konnten. »An keine Vereinigung war zu denken.« Doch dann kam Jena, es kam der Sitzungssaal, es »gingen zufällig beide zugleich heraus, ein Gespräch knüpfte sich an«, dieses war so fesselnd, daß

Urworte

es im Hause fortgesetzt wurde; schließlich »trug« Goethe »die Metamorphose der Pflanzen lebhaft vor und ließ, mit manchen charakteristischen Federstrichen, eine symbolische Pflanze vor seinen Augen entstehen«. Der andere allerdings bringt die Verschiedenartigkeit der Terminologie auf den Punkt: »Das ist keine Erfahrung, das ist eine Idee.« Schon sind die Gegensätze bezeichnet, die später im Diktum vom Naiven und Sentimentalischen gipfeln sollten, schon ist Widerspruch herausgefordert. »Der erste Schritt war jedoch gethan.« Es war der Beginn einer wunderbaren Freundschaft – oder »eines der höchsten Verhältnisse, die mir das Glück in spätern Jahren bereitete«: die »nähere Verbindung mit Schiller«. Kein deus ex machina hätte symbolträchtiger in die Geschicke eingreifen können, als es die Erfahrung sive Idee von der Urpflanze tat, indem sie die beiden »Pole« unter das Gesetz magnetischer Anziehungskraft brachte.

Zwölf Jahre nach Schillers Tod wird Goethe seine Lehre von der Urbildung allen Daseins erneut lyrisch formulieren, in den fünf Stanzen der *Urworte. Orphisch.* Sowohl die Abfolge der *Daimon*, *Tyche*, *Eros*, *Ananke* und *Elpis* überschriebenen Strophen wie auch ihr innerer Gehalt variieren Goethes altes Thema der Polarität und Steigerung. Das Menschlich-Individuelle, vom Zufälligen, Emotionalen und Notwendigen in seiner Existenz beeinflußt, wird sich doch gemäß dem Gesetz entwickeln, nach dem es angetreten. Der zentralen Frage um die Spannung zwischen Freiheit und Bedingtheit, zwischen Wille und Vorsehung antwortet die letzte Stanze mit dem Flügelschlag der Hoffnung.

Noch einmal geht es Goethe um den Urcharakter alles Lebendigen, um »dieses feste, zähe, dieses nur aus sich selbst zu entwickelnde Wesen«, wie es in seinen *Erläuterungen eigener Gedichte* über die *Urworte* heißt. Hier könnte die Rede auch vom Wesen der Pflanze sein. Vergleichbar macht beide das von Goethe immer wieder zugrunde gelegte Denkmodell der Entelechie, der jedem Organismus innewohnenden Wirkkraft, die sie zur Vollendung des in ihr einmal Angelegten treibt: »Und keine Zeit und keine Macht zerstückelt / Geprägte Form, die lebend sich entwickelt.«

Zum erstenmal veröffentlicht wurden die *Urworte* nicht in einem Musenalmanach oder einer Goetheschen Lyriksammlung, sondern im zweiten Heft seiner *Morphologie*.

V

Veloziferisch

Es ist ein gern genossenes Privileg des Alters, vom hohen Roß der Weisheit auf das im Grase wuselnde Kroppzeug herabzublicken, gesättigt von der Überzeugung, früher sei alles besser gewesen. Angenehm ist dabei sowohl das Trauerklagen um die alten Werte wie das Schmähen neuerer Rastlosigkeit, Technikbegeisterung und Durchschnittlichkeit: »... alles aber, mein Teuerster, ist jetzt u l t r a [...]. Junge Leute werden viel zu früh aufgeregt und dann im Zeitstrudel fortgerissen; Reichtum und Schnelligkeit ist was die Welt bewundert und wornach jeder strebt; Eisenbahnen, Schnellposten, Dampfschiffe und alle mögliche Fazilitäten der Kommunikation sind es worauf die gebildete Welt ausgeht, sich zu überbieten, zu überbilden und dadurch in der Mittelmäßigkeit zu verharren.«

Als Beispiel für die zeitraffenden Tendenzen der Gegenwart dient die eilzugartige Geschwindigkeit und Pünktlichkeit, mit der Nachrichten in die modernen Massenmedien einrücken: »Für das größte Unheil unsrer Zeit, die nichts reif werden läßt, muß ich halten daß man im nächsten Augenblick den vorhergehenden verspeist, den Tag im Tage vertut, und so immer aus der Hand in den Mund lebt, ohne irgend etwas vor sich zu bringen. Haben wir doch schon Blätter für sämtliche Tageszeiten, ein guter Kopf könnte wohl noch eins und das andere interpolieren. Dadurch wird alles, was ein jeder tut, treibt, dichtet, ja was er vorhat, ins Öffentliche geschleppt. Niemand darf sich freuen oder leiden, als zum Zeitvertreib der übrigen; und so springt's von Haus zu Haus, von Stadt zu Stadt, von Reich zu Reich und zuletzt von Weltteil zu Weltteil, alles veloziferisch.«

Was dem Reiter der günstigste Weg über den schlüpfrigen Pfad der Zeitmode dünkt? »Laß uns soviel als möglich an der Gesinnung halten in der wir herankamen, wir werden, mit vielleicht noch wenigen, die Letzten sein einer Epoche die sobald nicht wiederkehrt. / Und so allem Guten und Echten empfohlen! / treu beharrlich / Goethe.« (Zwei Briefe Goethes, an Carl Friedrich Zelter und an Georg Heinrich Ludwig Nicolovius, 6.6. und Ende November 1825)

Ein Vierteljahrhundert zuvor hatte Goethe übrigens der Herzogin Anna Amalia, um ihren 61. Geburtstag und zugleich ihre hohen Gesinnungen zu feiern, ein kleines Festspiel verfaßt, in dem der Vertreter der an das Alte Denkenden (sein sprechender Name: Paläophron) und die sich am Neuen Erfreuende (Neoterpe) zum Schluß in schöner Versöhnung Eichen- und Rosenkranz tauschen und sich immer sympathischer werden, weil ersterer seine Begleiter Griesgram und Haberecht, letztere aber die vorlauten Kinder Gelbschnabel und Naseweis fortgeschickt haben.

> Denn da ich noch ein Kind war, hört' ich stets:
> Der Jugend Führer sei das Alter; beiden sei,
> Nur wenn sie als Verbundne wandeln, Glück beschert.

Venezianer

Der gewöhnliche Venezianer wird gut 3 Fuß lang und leicht bis zu 54 Pfund schwer. Er ist ausgezeichnet an das Wasserleben angepaßt, wozu ihm sein wasserdichtes Fell, verschließbare Ohren- und Nasenlöcher sowie ein schuppichter, abgeplatteter Schwanz und Schwimmhäute zwischen den Hinterzehen dienen. Beiden Geschlechtern eigen sind die Kastorsäcke, die das sogenannte Venezianergeil absondern. Überwiegend nachtaktiv, bildet der Venezianer Kolonien und wirft bis zu vier

Junge, die schon im Alter von einem Monat schwimmen können. Venezianerfrauen sind monogam, Männchen paaren sich aber auch gelegentlich mit anderen Weibchen; die Paarung findet mitten im Winter statt. Venezianer sind hervorragende Baumeister; besonders im Herbst sind sie geschäftig, Reparaturen an ihren Dämmen auszuführen und Nahrungsvorräte anzulegen.

Nun kann es nicht weiter verwundern, daß Goethe auf seiner italienischen Reise auch die Heimat der Venezianer besichtigen wollte. Drei Wochen nachdem er den Brenner hinter sich gelassen hatte, war er seinem Ziel nahe: »So stand es denn im Buche des Schicksals auf meinem Blatte geschrieben, daß ich 1786 den achtundzwanzigsten September, abends, nach unserer Uhr um fünfe, Venedig zum erstenmal, aus der Brenta in die Lagunen einfahrend, erblicken und bald darauf diese wunderbare Inselstadt, diese Biberrepublik betreten und besuchen sollte.«

Inwieweit sich Goethe in das Getriebe der Biberrepublik hineinvermischt, und ob er Lebensweise und Bräuche der Venezianer geteilt hat, ist ungewiß. Jedenfalls verläßt er die Wasserstadt am 14. Oktober wieder – »gern«, wie er betont; sein Fazit: »Ich habe indes gut aufgeladen und trage das reiche, sonderbare, einzige Bild mit mir fort.«

Volksetümelogisch

Der gesunde Volksverstand hat die Tendenz, fremdländische Ausdrücke, deren Bedeutung und Herkunft er sich nicht erklären kann, durch einheimische Wortbildungen zu ersetzen. So wurde aus der haitischen »hamaca«, dem Schwebebett der Eingeborenen, durch weitere Umbildungen – von »hamac« über »hangmak« bis »hangmat« – schließlich, weil das bequeme Ding nun mal einen Namen brauchte und weil es nun mal eine

Volksetümelogisch

durchhängende Matte war, die urdeutsche »Hängematte«. Genauso erging es dem althochdeutschen »muwerf«, dem Haufen aufschichtenden Tier, das zu einem Maulhelden im Erdwurf popularisiert wurde.

In einer Miss Celle [lies: Miszelle] des 1820er-Jahrgangs seiner Zeitschrift *Über Kunst und Alterthum* versammelt Goethe unter dem Titel *Hör-, Schreib- und Druckfehler* einige solcher Volksetymologien privater Natur. Privat sind sie deswegen, weil er sie am eigenen Textkorpus erfuhr: »Hiervon«, von den Hörfehlern nämlich, »kann ich aus eigener Erfahrung die wunderbarsten Beispiele anführen: denn da ich, von jeher an das Dictiren gewöhnt, oft auch ungebildeten oder wenigstens zu einem gewissen Fache nicht gerade gebildeten Personen dictirt, so ist mir daraus ein besonderes Übel zugewachsen. Vorzüglich geschah es, wenn ich über wissenschaftliche Gegenstände, denen ich nur Zwischenstunden widmen konnte, Blätter, ja Hefte dictirte, solche aber nicht sogleich durchsehen konnte. Wenn ich sie nun aber nach Jahren wieder vor die Hand nehme, so muß ich die wunderlichsten und unverständlichsten Stellen darin entdecken. Um ein solches Abracadabra zu entziffern, lese ich mir die Abhandlung laut vor, durchdringe mich von ihrem Sinn und spreche das unverständliche Wort so lange aus, bis im Fluß der Rede das rechte sich ergibt.«

Und dann folgen sie also, die »wunderlichen und unverständlichen Stellen«, die mißhörte Laute zu eingängigen Begriffen modelten. Aus den mineralischen »Pyriten« machte der Schreiber »Beritten«, aus dem Engländer »John Hunter« ein »schon hundert«, »das Ideellste« mußte wohl heißen »daß sie die älteste«, die kleine Verschleifung bei »und Ammen« provozierte »und Damen«, eine »Löwengrube« mutierte aus Mangel an Weimarer Vorbildern zur »Lehmgrube«, die »Kirchenseite« profanierte man flugs zur »Küchenseite« und den »Tugendfreund« zum »Kuchenfreund« (fällt uns da nicht der Frankfurter Reim ein? Er fällt uns ein! → **Reim**); war an etwas die »Evidenz« zu rühmen, durfte wohl »Residenz« das Schicklichere sein, und der etwas genuschelte »Irrthum« konnte leicht zum »sehr dumm« ausgebaut werden.

Daß Fremdwörter sich dem gemeinen Verständnisse sträuben, belegt Goethe dann noch unter der Rubrik »Verwandlung französischer Worte im Ohr und Sinn der deutschen Menge« neben anderen mit den Beispielen der »Recruten«, die als »Rückruthen«, und dem »renoviren«, das als »reine führen« im Deutschen gelandet war. (Neben der Erinnerung an Mehdi Charefs »Le thé au harem d'Archimede« für das »Théorème d'Archimede« darf ich hier aus meiner oberbayerischen Kinderzeit das Wort »Ringlo« für die in der Tat ringrunden gelben Pfläumchen beisteuern: nichts anderes als »Reineclauden«. Auch sei hier auf Karl Philipp Moritz' *Anton Reiser* verwiesen, welcher dasselbe Phänomen mit umgekehrtem Vorzeichen beschreibt, indem sein Protagonist den Kirchenliedbeginn »Hüll, o Sonne« stets als ein arkanes »Hylo, Sonne« vor dem inneren, fromm erschütterten Auge sieht. Was Karla Schneiders *Kor, der Engel* dazu beiträgt, sei nicht verraten, doch gleichfalls empfohlen. Axel Hacke veröffentlichte unter dem Titel *Der weiße Neger Wumbaba* ein ganzes, höchst vergnügliches Buch über Verhörer.)

Ja, dem Dichter waren sie ärgerlich, diese Hörfehler, die zu Schreib- und oft genug zu Druckfehlern wurden! Es ist schon ein Unterschied, ob es im 5. Kapitel des ersten Buches der *Wanderjahre* heißt: »… als sie das Blut gestillt, schloß sie die Wunde mit englischem Wasser aus ihrem Besteck«, oder korrekt »… mit englischem Pflaster«. Wenige Seiten davor wäre gar beinahe ein dadaistisches Kunstwerk stehengeblieben, weil auch Goethe und der Korrektur lesende Riemer nicht mehr zusammenbrachten, was mit dem vom Sekretär Niedergeschriebenen eigentlich gemeint gewesen war: »als eine Wand von Säulen ragte es als ein einsamer Gipfer hervor an geschlossene Säulen-Wände bilden fordern und Gänge mach Gännen«. Heute liest

Volksetümelogisch

man: »Wände von Säulen ragten auf einem einsamen Gipfel hervor, geschlossene Säulenwände bildeten Pforten an Pforten, Gänge nach Gängen.«

Wem aber waren eigentlich die Fehler in die Schuhe zu schieben? Zunächst einmal dem volksamen [lies: folgsamen] Sekretär, der da mit der Feder das Papier tragtierte [lies: traktierte] und versuchte, dem Gedankengang seines Diktators nachzukommen; denn: »Niemand hört als was er weiß, niemand vernimmt als was er empfinden, imaginiren und denken kann. Wer keine Schulstudien hat, kommt in den Fall, alle lateinischen und griechischen Ausdrücke in bekannte deutsche umzusetzen; dieses geschieht ebenmäßig mit Worten aus fremden Sprachen, deren Aussprache dem Schreibenden unbekannt ist.«

Es liegt also nur am Sekretär? Gottseidank nein, und nun sind wir mit unserem hesselnden Poeten wieder ganz Dakar [lies: d'accord]: »An den Hörfehlern aber ist der Dictirende gar oft selbst Schuld.«

Von

Sieben Jahre vor Beginn der Französischen Revolution durfte sich ein gewisser Weimarer Bürger neuerdings Johann Wolfgang von Goethe nennen. Herzog Carl August hatte bei Kaiser Joseph II. zum 10.4.1782 das Adelsdiplom für seinen Geheimrat und späteren Staatsminister erwirkt, sicher nicht ohne an die diplomatischen Vorteile solcher Auszierung der Visitenkarte zu denken.

Goethe arbeitete nach diesem scheinbar denkwürdigen Datum auch nicht mehr oder besser für seinen Mentor und Brotgeber. Mit Eckermann (am 26.9.1827) plaudernd, spricht er sich selbst von jeder Devotion angesichts nur nomineller Nobilität frei. »Ich will nun just eben nicht damit prahlen; aber es war so und lag tief in meiner Natur. Ich hatte vor der bloßen

Fürstlichkeit, als solcher, wenn nicht zugleich eine tüchtige Menschennatur und ein tüchtiger Menschenwert dahinter steckte, nie viel Respekt. – Ja es war mir selber so wohl in meiner Haut und ich fühlte mich selber so vornehm, daß, wenn man mich zum Fürsten gemacht hätte, ich es nicht eben sonderlich merkwürdig gefunden haben würde. Als man mir das Adelsdiplom gab, glaubten Viele, wie ich mich dadurch möchte erhoben fühlen. Allein, unter uns, es war mir nichts, gar nichts! Wir Frankfurter Patrizier hielten uns immer dem Adel gleich, und als ich das Diplom in Händen hielt, hatte ich in meinen Gedanken eben nichts weiter, als was ich längst besessen.«

Bedurfte es noch eines Belegs von Goethes laxem Umgang mit den würdigen Exponenten der Monarchie, so überliefert ihn wiederum Eckermann: »Als die Mutter des jetzt regierenden Herrn noch in hübscher Jugend war, befand ich mich dort [in Gotha] sehr oft. Ich saß eines Abends bei ihr alleine am Teetisch, als die beiden zehn- bis zwölfjährigen Prinzen, zwei hübsche blondlockige Knaben, hereinsprangen und zu uns an den Tisch kamen. Übermütig, wie ich sein konnte, fuhr ich den beiden Prinzen mit meinen Händen in die Haare, mit den Worten Nun, ihr Semmelköpfe, was macht Ihr? – Die Buben sahen mich mit großen Augen an, im höchsten Erstaunen über meine Kühnheit, – und haben es mir später nie vergessen!«

W

Wer ist welches Tier?

Davon, daß Christiane Vulpius sich öfter als »Hase« fühlte und auch so unterschrieb, war schon die Rede (→ **Hasig**). »Hühnermönch« lautete – nach dem Zeugnis einiger Familienbriefe – der Spitzname von Goethes Sohn August. Den Enkel Wolfgang pflegte Goethe »Wolf« oder »Wölfchen«, bisweilen auch »kleines Käferchen« zu nennen. Goethe selbst beschrieb sich als »Schnecke«, die »eingezogen ins Haus« lebe, ja wie diese »eine Kruste über« ihre »Thüre ziehe« (an Friedrich Heinrich Jacobi, 3.10.1788 und 18.10.1784). Als etwas größeres Tier sieht er sich, wenn er vom Bären schreibt, der »durchgebrochen« ist, wenn er sein Dichtertum dem Bären vergleicht, der »immer an eignen Pfoten zehrt«. Und nach dem Bericht von Amalie Nähter, ehemals Kammerzofe bei Goethes Schwiegertochter, begrüßte Herzog Carl August den noch im Bett liegenden Goethe einmal: »Guten Morgen, altes Kamel, liegst du noch in der Sauen?«

Whimsical

Nur ein Bündel deutscher Begriffe scheint Goethe tauglich zu sein, den Jugendfreund Jakob Michael Reinhold Lenz zu charakterisieren: »bilderstürmerisch«, »so talentvoll als seltsam«, »sanft, gleichsam vorsichtig«, »zwischen Zurückhaltung und Schüchternheit«. Dem enthusiastischen Rezensenten des *Werther*, dem Verfasser der *Anmerkungen übers Theater*, dem Übersetzer von *Love's Labour's Lost*, dem genialischen Außenseiter

Whimsical

wird nach Goethes Zeugnis indes nur die Sprache Shakespeares wirklich gerecht: »Für seine Sinnesart wüßte ich nur das englische Wort whimsical, welches, wie das Wörterbuch ausweist, gar manche Seltsamkeiten in e i n e m Begriff zusammenfaßt.« In der Tat hat das Lexikon lediglich eine Handvoll Übersetzungspuzzleteile für das eine englische Originalwortbild parat, dessen Abbildungsqualität sie nicht zu erreichen vermögen: wunderlich, schnurrig, neckisch, launisch, spleenig, seltsam, grillenhaft, verrückt.

Tragisch ist allerdings, daß dieses englische Bonmot zwar die stürmisch-drängerische Auffassung von der Wesensart eines Genossen angemessen wiedergibt, im ganzen aber ein schiefes Urteil darstellt. Durchaus richtig zwar sieht Goethe Lenz als hartnäckiges Opfer des *Werther*-Fiebers, unterstellt ihm aber doch »Hang zur Intrige«, zum »Fratzenhaften«, zum »Imaginären« und »Willkürlichen«. Wie später dem Romantischen drückt er Lenzens Begabung das Kainsmal des Krankhaften auf: »Aus wahrhafter Tiefe, aus unerschöpflicher Produktivität ging sein Talent hervor, in welchem Zartheit, Beweglichkeit und Spitzfindigkeit mit einander wetteiferten, das aber, bei aller seiner Schönheit, durchaus kränkelte ...«

Für Goethe hat das Innere des ehemaligen Freundes also Züge des Pathologischen, ausufernd aber doch in Boshaftigkeit. Lenz habe aus niederen Beweggründen Goethes Farce *Götter, Helden und Wieland* zum Druck befördert, er habe sich nach Goethes Weggang von Straßburg bei Friederike Brion als Liebhaber »introduziert«, nur um herumzuspionieren und den Exfreund herabzusetzen. Als ihm das alles nicht angeschlagen habe, sei er auf die »lächerlichsten Demonstrationen des Selbstmordes« verfallen, »da man ihn denn für halbtoll erklären und nach der Stadt schaffen« mußte. Auch Friederike Brion sei überzeugt gewesen, seine Absicht wäre, Goethe »zu schaden und« ihn »in der öffentlichen Meinung und sonst zu Grunde zu richten« (*Besuch in Sesenheim 1779*). Schließlich sei Lenzens ganzes Trachten dahin gegangen, Goethe »zum vorzüglichsten Gegenstande seines imaginären Hasses, und zum Ziel einer abenteuerlichen und grillenhaften Verfolgung« zu machen. Besonderes Unverständnis bringt der disziplinierte Autor der differierenden Lebensauffassung des anderen entgegen: »Seine Tage waren aus lauter Nichts zusammengesetzt [...] er konnte ... viele Stunden verschlendern [...] ihm konnte nicht wohl werden, als wenn er sich grenzenlos im einzelnen verfloß und sich an einem unendlichen Faden ohne Absicht hinspann.« Zu so einem Gesellen paßte es auch, daß er zum Schreiben schlechtes Papier verwendete, noch dazu »ohne den mindesten Rand weder oben noch unten, noch an den Seiten zu lassen«.

Lenz, das »seltsamste und indefinibelste Individuum«, war zwar ein problematischer und einsamer, doch kein intrigantmaliziöser Charakter, das hätte der Dichter dem auf Goethe-Spuren mäandernden Lebensweg Lenzens und dessen an ihn gerichtetem Aufsatz *Über unsere Ehe* abmerken können, in dem, so formuliert Goethe es selbst, der Verfasser es unternahm, »bald ... sich mir zu subordinieren, bald sich mir gleichzusetzen« und jedenfalls »auf die innigste Verbindung drang«. Endgültig zerstört wurde die Verbindung 1776, als Goethe veranlaßte, Lenz aus Weimar, wo dieser für einige Zeit bei ihm gelebt hatte, ausweisen zu lassen; die Gründe dafür konnten nie aufgeklärt werden.

Als Goethe sich in *Dichtung und Wahrheit* jenes Gastes erinnerte, war Lenz schon 20 Jahre tot, gestorben mit 41 Jahren im sogenannten Wahnsinn – in selbstzerstörerischer Hellsicht. Was aber bleibt, sind Lenzens geniale Werke und ist Georg Büchners literarische Rettung eines an Genie und Sensibilität leidenden Unzeitgemäßen, den bis zum Erfrieren fröstelte im Schatten der Großen.

Whist

Angeblich ist sein Name ein lautmalerischer und bedeutet das englische »Pst!«, mit dem dieses Kartenspiel Aufmerksamkeit von seinen vier Betreibern heischt. Das Urbild des Bridge erhielt seine ersten Regeln 1746 in England. Es wird mit 52 Karten nach Partien (10 Points) und Robbern (2 Partien) gespielt, je zwei Gegenübersitzende sind verbündet, die fünf höchsten Trumpfkarten von As bis Zehn heißen Honneurs. Gewonnen wird mit kleinem oder großem Robber, Kleinschlemm oder Großschlemm (grand slam). Auch das Spiel mit dreien (und einem Strohmann) war gebräuchlich.

Goethe hatte das Whist-Spielen zusammen mit Pikett und L'hombre in Leipzig erlernt, als Teil einer galant-bürgerlichen Welt, die er nicht kannte, weil der Vater sie für überflüssig hielt. Nun hatte er Gelegenheit festzustellen: »Eine gewisse allgemeine Geselligkeit läßt sich ohne das Kartenspiel nicht mehr denken«, und er konstatiert, »daß man sich« durch das Spielen »sogar eine größere Freiheit in der Sozietät verschaffen könne, als man sonst genießen würde«. Also führt er fortan einen »Spielbeutel« mit sich, »welcher unter allen Umständen unantastbar sein sollte; und nun fand ich Gelegenheit, mit meinem Freunde die meisten Abende in den besten Zirkeln zuzubringen«.

Das englische Blatt scheint seinen Platz in Goethes gesellschaftlichen Gepflogenheiten über lange Zeit behauptet zu haben. Viele Jahre nachdem er in Leipzig eingeweiht worden war, begegnet es an vermuteter und an unvermuteter Stelle wieder. Vermutet kann es werden als häuslicher Zeitvertreib. Im Tagebuch blätternd, findet man beispielsweise mühelos folgende Reihe aus dem Jahr 1811:

9. April »Zu Hause die neue biographische Epoche durchgedacht. Mittags unter uns. Nachher Whist gespielt.«

23. April »Mittags unter uns. Nach Tische Whist gespielt.«

7. Mai »Mittag bey Hofe. Griesbach. Nachher zu Hause

Whist gespielt mit den Frauenzimmern und John.« (Es folgt ein Karlsbader Badeaufenthalt ohne Kartenspiel, zu Hause in Weimar wird es wieder hervorgeholt.)

8. Oktober »Abends Whist.«

11. Oktober »Abends Whist.«

22. Oktober »Abends Lorzings Whist.«

25. Oktober »Nach Tische Unterhaltung mit August. Whist gespielt.«

1. November »Gegen Abend die Frauenzimmer Whist.«

6. Dezember »Abends Dem.[oiselle] Engels und Whist gespielt.«

10. Dezember »Nach Tische italiänisches Portefeuille. Abends Romeo und Julie. Dann zusammen und Whist gespielt.«

12. Dezember »Abends Whist gespielt.«

13. Dezember »Abends Romeo und Julie. Zu Tische Lortzings. Nachher Whist gespielt.«

18. Dezember »Romeo und Julie. Kamen die Frauenzimmer von Jena zurück. August war noch nicht wohl. Nach Tische Whist gespielt.«

26. Dezember »Nach Tische Whist gespielt.«

29. Dezember »Whist gespielt.«

30. Dezember »Das Leben ein Traum v. Calderon. Frau v. Heygendorf. Die Familie der Kunsttänzer. Mittags unter uns. Nach Tische Whist.«

An eher unvermuteter Stelle begegnet Whist im zweiten Teil des Aufsatzes *Shakespeare und kein Ende* von 1813. Die frühe Rhetorik des *Schäkespearstags* bedeutsam korrigierend, baut Goethe hier drei Abschnitte um eine einzige große dialektische These herum auf, wie es für eine literaturtheoretische Arbeit, die ihren Schiller kennt, nicht erstaunlich ist. Nach dem einführenden Kapitel *Shakespeare als Dichter überhaupt* bringt der anschließende zweite Teil einen Vergleich Shakespeares »mit den Alten und Neusten« der Dichtkunst. Ganz im Schillerschen Sinne werden hier antike von modernen, naive von sentimentalischen Geistern unterschieden. Auf die Seite Shakespeares kommen das Reale, die Notwendigkeit und das Sollen, auf die Seite der modernen Dichter das Ideale, die Freiheit und das Wollen zu stehen. Insbesondere den Kategorien von Sollen und Wollen geht Goethe nach, indem er »den alten Dichtungen ... ein Unverhältnis zwischen Sollen und Vollbringen, ... den neuern zwischen Wollen und Vollbringen« attestiert. Nun sei aber der menschliche Charakter eine vielfache Mischung von Sollen und Wollen. »Das Sollen wird dem Menschen auferlegt, das Muß ist eine harte Nuß; das Wollen legt der Mensch sich selbst auf, des Menschen Wille ist sein Himmelreich. Ein beharrendes Sollen ist lästig, Unvermögen des Vollbringens fürchterlich, ein beharrliches Wollen erfreulich, und bei einem festen Willen kann man sich sogar über das Unvermögen des Vollbringens getröstet sehen.« Für den Leser, welcher noch nicht ganz klar sieht und die Argumente etwas griffiger liebt, steigt Goethe im nächsten Absatz in die Niederungen der Freizeitunterhaltung, noch einmal die Kluft zwischen antiker und moderner Dichtung thematisierend: »Betrachte man als eine Art Dichtung die Kartenspiele; auch diese bestehen aus jenen beiden Elementen. Die Form des Spiels, verbunden mit dem Zufalle, vertritt hier die Stelle des Sollens, gerade wie es die Alten unter der Form des Schicksals kannten; das Wollen, verbunden mit der Fähigkeit des Spielers, wirkt ihm entgegen. In diesem Sinn möchte ich das Whistspiel antik nennen. Die Form dieses Spiels beschränkt den Zufall, ja das Wollen selbst. Ich muß bei gegebenen Mit- und Gegenspielern mit den Karten, die mir in die Hand kommen, eine lange Reihe von Zufällen lenken, ohne ihnen ausweichen zu können; beim L'hombre und ähnlichen Spielen findet das Gegenteil statt. Hier sind meinem Wollen und Wagen gar viele Türen gelassen; ich kann die Karten, die mir zufallen, verleugnen, in verschiedenem Sinne gelten lassen, halb oder ganz verwerfen, vom Glück Hilfe rufen, ja durch ein umgekehrtes Verfahren aus den schlechtesten Blättern den größten Vorteil ziehen, und so gleichen diese Art Spiele vollkommen der modernen Denk- und Dichtart.«

Ob nun Shakespeares Genie sich zum L'hombre oder Whist neige, das beantwortet Goethe, indem er ihm das Simultanspiel erfindet – Shakespeare ist für ihn derjenige, der »das Alte und Neue auf eine überschwengliche Weise verbindet«.

X

Xenien

Wenn ich mich introduzieren dürfte: Friedrich Nicolai, gehorsamster Diener; in Berlin (und im Reich) bestätigt man mir, zur Ausbreitung der Aufklärung und zur Entwicklung nützlicher Kenntnisse wie auch zum Ansehen des Kritikus manches beigetragen zu haben. – Nun, man wird angefeindet, freilich; nichts als Mißgunst, glauben Sie mir! Aber hören Sie sich das an: »Nicolai reiset noch immer, noch lang wird er reisen, / Aber in's Land der Vernunft findet er nimmer den Weg.« – »Querkopf! schreiet ergrimmt in unsere Wälder Herr Nickel, / Leerkopf! schallt es darauf lustig zum Walde heraus.«

Und das ist nur ein Paar der schamlosen Xenien, die zahlreich in dem Musenalmanach auf das Jahr 1797 ihre Notdurft öffentlich verrichteten. Nein, ich war nicht der einzige, den diese Herren (um Verzeihung!) Sch…kerle, die Schiller und Goethe, mit Unflat bewarfen. Obwohl sie's bei mir am übelsten trieben, bloß weil ich ihnen die heiligen Äpfel der *Horen* ein wenig madig gemacht! »Alter Berlinischer Steinbock« schalten sie mich und »schrecklicher Dorn« in Lessings Märtyrerkrone und »plumper Geselle«. Das grandioseste Denkmal der Akkuratesse, meine *Beschreibung einer Reise durch Deutschland und die Schweiz* in zwölf gewichtigen Bänden, zernichteten sie mir zu einem »Nicolai entdeckt die Quellen der Donau! Welch Wunder! / Sieht er gewöhnlich doch sich nach der Quelle nicht um«, und mein Lebenswerk der *Allgemeinen Deutschen Bibliothek* schmähten sie »Zehnmal geles'ne Gedanken auf zehnmal bedrucktem Papiere, / Auf zerriebenem Blei stumpfer und bleierner Witz«!

Herr Reichardt, ach, auch der hatte die Sünde begangen, die Gnädigsten mit seiner Feder zu inkommodieren. Pfui über die eklen Auswürfe, mit welchen die faunische Grobheit ihn besudelte – »Öfters nahmst du das Maul schon so voll und konntest nicht wirken; / Auch jetzt wirkest du nichts, nimm nur das Maul nicht so voll«!

Hätten die Memmen es wenigstens gewagt, neben ihren Dreckhaufen stehenzubleiben, damit man sie fürderhin am Gestank unterschiede! Nicht doch, die Ratten verkrochen sich in ihre Löcher, und zog man eine hervor, verpfiff sie die andere.

Zur Verbesserung ihrer Nation in Ästheticis hätten sie beitragen, deren Geschmack bilden wollen! Distichen von Martialischer Delikatesse hätten sie unters Lesevolk bringen wollen: »Denk' ich, so bin ich! Wohl! Doch wer wird immer auch denken? / Oft schon war ich, und hab' wirklich an gar nichts gedacht!« – »Zur Nation euch zu bilden, ihr hoffet es, Deutsche, vergebens; / Bildet, ihr könnt es, dafür freier zu Menschen euch aus.«

Nun frage ich Dich, Lesevolk, wie man indes einen Geschmack heißt, der den guten Wieland im Weiberrock auf die Straße zerrt! »Bücket euch, wie sich's geziemt, vor der zierlichen Jungfrau zu Weimar, / Schmollt sie auch oft – wer verzeiht Launen der Grazie nicht?«

Ich frage Dich, ob Du nicht billig ausspieest vor Kreaturen, welche die Besten unsrer Nation mit Schlamm bewerfen! »Urania. / Deinen heiligen Namen kann nichts entehren, und wenn ihn / Auf sein Sudelgefäß Ewald, der frömmelnde, schreibt.«

Ich frage Dich, wes Geistes Zeugnis diejenigen ablegen, welche adlergleich über ihre Mitwelt zu erheben sich anmaßen! »Jupiters Kette. / Hängen auch alle Schmierer und Reimer sich an dich, sie ziehen / Dich nicht hinunter, doch du ziehst sie auch schwerlich hinauf.«

Xenien

Wollten die Herren wirklich das unabsehbare Heer der Schwätzer und Schmierer angreifen, so wäre dies ein ungeheures Unternehmen, ihr eigenes Geschwätz und Geschmiere im Almanache noch ungerechnet. Die Herren gehen bloß von ihrem lieben Ich aus. Sie verböten gern den Tadel ihrer Schriften; da sie dies aber nicht können, so wollen sie ihre eigenen Kotzebue sein, welcher auch Xenien voll Kot herumwarf. Und so gehen sie, d. h. Schiller und Goethe, denn frisch daran, jeden mit kotigem Wasser zu bespritzen, der nicht zu ihnen und ihren sauberen Freunden gehört, welche als einzige im Besitze des Geistes seien. Nicht genug der Rauchwolken, denen Schiller in seinem Musenalmanch einen Abzug setzte, damit sie dem Publikum in die Nase stächen, sein bocksfüßiger Meckergeselle hat die Xenien dann auch noch im *Faust* auftreten lassen. (Und nicht nur die! Ein hämischer Hohlkopf erfrecht sich gar der Behauptung, mit dem dort figurierenden »Proktophantasmisten« sei niemand anders denn ich gemeint! Ich – ein Arschgeisterseher, nur weil ich offenherzig meine Blutegel am Steiß empfahl gegen die kurrente Seuche der Hirngespensterei!) Zweifellos, weil er seine Schubladen vom faulen Unrat, der sich darin angesammelt, hat reinigen wollen, verteilt' G. die restlichen Brocken im Walpurgisnachtstraum. »Insekten« und Satanskinder nennt er da die Xenien. Das dürre Wort! Schmeißfliegen, sage ich! Hat nicht dieser Mist-und-Musen-Almanach, auf dem sie sich niederließen, dreimal gestunken, will heißen, drei Auflagen erlebt? Drei!

Oh, Leser, erhebt Eure Augen vom schwärenden Sumpf und schmeißt und schweigt die Xenien tot, damit sie nimmer rühren sich!

Y

Yorick

Er gehört zu den witzigsten Anfängen der Weltliteratur, der erste Satz von *Yoricks empfindsamer Reise durch Frankreich und Italien* des Laurence Sterne: »In Frankreich, sagt' ich, verstehn sie das Ding besser ...« Wer könnte hier der Verführung zum Weiterlesen widerstehen! Nicht anders erging es den Zeitgenossen Goethes, die das englische Werk gleich im Jahr der Originalpublikation 1768 in der Übersetzung Johann Joachim Christoph Bodes in der Hand hielten, aus der sie es lange nicht gaben. Dieser Stern hätte schon früher am deutschen Literaturhimmel aufgehen können, doch war die erste Übersetzung seines frühen Werks *Tristram Shandy* (dem das Synonym Yorick entstammt) so lausig gewesen, daß es schon der *Sentimental Journey* bedurfte, um auch jenen hochkomischen Roman zu würdigen. Unter den Subskribenten auf den von Bode neu übertragenen *Shandy* war auch Goethe.

Einem Vorschlag Lessings zur Übersetzung des englischen »sentimental« verdankt sich der Name einer der folgenreichsten Tendenzen der Goethezeit. Das Wort »empfindsam« aus Sternes Titel wurde rasch allgegenwärtig; zuerst im positiven Sinne als die Empfindung von Rührung, Herzerhebung, Zärtlichkeit, Mitleid und Einfühlsamkeit verstanden, geriet es zunehmend zum Schimpfwort gewisser Kreise, die jene Empfindelei, wie es jetzt hieß, hinter sich wähnten. So konnte Goethe das Unnatürliche einer bloß künstlich erzeugten Natürlichkeit und das Falsche in der Kopie des echten Gefühls in seinem *Triumph der Empfindsamkeit* verspotten. Daß auch seine *Leiden des jungen Werthers* zu den Modebüchern der Empfindsamkeit gehörten – ungeachtet deren Unvergleichbarkeit mit Produkten wie dem Klosterroman *Siegwart* oder den zahlreichen »Empfindsamen Reisen« in Sternes Nachfolge –, war ihm wohl bewußt. Nur am Übel der Weinerlichkeit, an der angeblichen Selbstmordsucht, an der *Werther*-Wallung wollte er unschuldig sein: »›Werther‹, bei seinem Erscheinen in Deutschland, hatte keineswegs, wie man ihm vorwarf, eine Krankheit, ein Fieber erregt, sondern nur das Übel aufgedeckt, das in jungen Gemütern verborgen lag. Während eines langen und glücklichen Friedens hatte sich eine literarisch-ästhetische Ausbildung auf deutschem Grund und Boden, innerhalb der Nationalsprache, auf das schönste entwickelt; doch gesellte sich bald, weil der Bezug nur aufs Innere ging, eine gewisse Sentimentalität hinzu, bei deren Ursprung und Fortgang man den Einfluß von Yorick-Sterne nicht verkennen darf; wenn auch sein Geist nicht über den Deutschen schwebte, so teilte sich sein Gefühl um desto lebhafter mit. Es entstand eine Art zärtlich-leidenschaftlicher Asketik, welche, da uns die humoristische Ironie des Briten nicht gegeben war, in eine leidige Selbstquälerei gewöhnlich ausarten mußte.« (*Campagne in Frankreich*)

Gerade dieser englische Humor ließ Sterne an Goethes Horizont noch leuchten, als dessen Glanz bei denen, die nur um der Stimulanz der Tränendrüsen willen ins Licht schauten, längst von helleren Schnuppen überstrahlt worden war. Es ist bezeichnend, daß es die Makarie des späten Goethe, jene durchgeistigte, ätherisch-auratische Lichtgestalt ist, in deren Archiv mehrere Aphorismen wie dieser enthalten sind: »Yorik-Sterne war der schönste Geist, der je gewirkt hat; wer ihn liest, fühlt sich sogleich frei und schön; sein Humor ist unnachahmlich, und nicht jeder Humor befreit die Seele.« (*Wilhelm Meisters Wanderjahre, Aus Makariens Archiv*)

Ganz ähnlich formuliert das Aufsätzchen *Lorenz Sterne* den Respekt vor jenem Ahnherrn aus den Geschlechtern Esprit und Toleranz: »Es begegnet uns gewöhnlich bei raschem Vorschreiten der literarischen sowohl als humanen Bildung, daß wir vergessen, wem wir die ersten Anregungen, die anfänglichen Einwirkungen schuldig geworden. [...] In diesem Sinne mach' ich aufmerksam auf einen Mann, der die große Epoche reiner Menschenkenntnis, edler Duldung, zarter Liebe in der zweiten Hälfte des vorigen Jahrhunderts zuerst angeregt und verbreitet hat. An diesen Mann, dem ich so viel verdanke, werd' ich oft erinnert; auch fällt er mir ein, wenn von I r r t ü m e r n und W a h r h e i t e n die Rede ist, die unter den Menschen hin und wider schwanken.« (Erstdruck 1827 in *Über Kunst und Alterthum*)

Humanes hinter dem Skurrilen, »Verstand, Vernunft und Wohlwollen« hinter dem »Allerwunderlichsten« zu entdecken, das habe ihn Sterne gelehrt, und er sei es gewesen, der immer noch am besten die Eigenheit, die »ruling passion«, »das Menschliche im Menschen« habe beschreiben können.

Und so ist in *Makariens Archiv* eine alterungsbeständige Lektüreempfehlung aufbewahrt, um im 21. Jahrhundert aufgegriffen zu werden: »Auch jetzt im Augenblick sollte jeder Gebildete Sternes Werke wieder zur Hand nehmen, damit auch das neunzehnte Jahrhundert erführe, was wir ihm schuldig sind, und einsähe, was wir ihm schuldig werden können.«

Yo-Yo

Das Geschicklichkeitsspiel aus zwei Holzscheiben und einer Schnur war in der Terrakottaversion schon im fünften vorchristlichen Jahrhundert Griechenlands bekannt; seinen Höhepunkt als Modespielzeug »Emigrette« (Begleiterscheinung der großen Emigrantenbewegungen) oder »Jou-Jou« in Frankreich, als »quiz« oder »bandelore« in England erlebte es um 1790; erst seit seiner Wiedereinbürgerung 1932 trägt es bei uns den malaysischen Namen Yo-Yo.

Yo-Yo

Wie andere scheinbar banale Objekte verwendet Goethe auch den Zeitvertreib für gelenkige Finger als Bild; in einem der *Venetianischen Epigramme* dient er zur witzigen Charakteristik eines bestimmten Gebarens, doch implizit genauso der Versicherung beständigen Gefühls. Dabei gleicht der epigrammatisch-knappe Umschlag von Konkretum zu Abstraktum der raschen Bewegung des abrollenden Fadens, der zauberisch Rolle und Hand trennt und wieder vereint.

> Welch ein lustiges Spiel! Es windet am Faden die Scheibe,
> Die von der Hand entfloh, eilig sich wieder herauf!
> Seht, so schein' ich mein Herz bald dieser Schönen, bald jener
> Zuzuwerfen; doch gleich kehrt es im Fluge zurück.

Z

Zensur

Die *Editio Nova* von 1776 des amtlichen österreichischen *Catalogus Librorum ... Prohibitorum* verzeichnete (bevor die Liste der verbotenen Bücher 1780 ihrerseits als hochgefährliches Werk verboten wurde) unter dem Buchstaben L, zwischen »Lehrsätze (die eigenthümlichen) und Maximen der Jesuiten« und dem gleichfalls anonymen »Le je ne scais quoi« auch: »Leiden (die) des jungen Werthers. 1- und 2ter Theil. Leipzig 1774. in 8. [Oktav]«.

Weil Goethe sich nicht der gängigen Praxis zur Umgehung der Zensur bediente – falsche Angaben von Autor, Drucker, Druckort, Veröffentlichung auf eigene Kosten und in einem anderen Land –, wurden immer wieder Einzelbände seiner Gesamtausgaben konfisziert, Musenalmanache wegen seiner Gedichte indiziert, Theateraufführungen verhindert, Dramen verstümmelt oder »verbessert«.

Außer dem *Werther* gebührt folgenden Werken Goethes das Qualitätssiegel, irgendwann einmal in irgendeinem der deutschen Kleinstaaten zensiert oder verboten worden zu sein: *Clavigo, Das Jahrmarktsfest zu Plundersweilern, Prometheus, Stella, Egmont, Die Mitschuldigen, Römische Elegien, Venetianische Epigramme, Xenien, Faust.*

Ziemlich klar

Aus einem Brief Goethes an Charlotte von Stein, datiert Weimar, 27. August 1777: »Ich bin im Packen begriffen. Adieu.

Ziemlich klar

Meine Verständnisse sind dunckel, nur ist mir ziemlich klar dass ich Sie liebe. Adieu.«

Zuckererbsen

Wenn im *Werther* der titelgebende junge Herr betont, er habe sich »seine Zuckererbsen selbst gepflückt« und »abgefädnet«, selbst »einen Topf gewählt«, »sich Butter ausgestochen, Schoten ans Feuer gestellt, zugedeckt« und sie »manchmal umgeschüttelt«, so wird die Lebensweise eines Bürgersohnes, wie ihn Werther verkörpert, vom Schein, welcher aus jener kleinen Wahlheimschen Küche fällt, beleuchtet. Werther hatte in seinem Leben keine Tasse abgespült, sich kein Frühstücksei gekocht, keinen Lappen angefaßt, sich nicht selbst in seine Werther-Tracht geholfen. Doch nun, im Dunstkreis Lottes, die ihren Geschwistern eigenhändig das Brot schneidet, stilisiert er sich, Butterfaß in der Linken, *Odyssee* in der Rechten, zum Homeriden – »da fühl ich so lebhaft, wie die übermütigen Freier der Penelope Ochsen und Schweine schlachten, zerlegen und braten. Es ist nichts, das mich so mit einer stillen, wahren Empfindung ausfüllte als die Züge patriarchalischen Lebens, die ich, Gott sei Dank, ohne Affektation in meine Lebensart verweben kann.«

Zwischenkieferknochen

Es war 1790, in Venedig, am Lido: »Durch einen sonderbar glücklichen Zufall, daß Götze zum Scherz auf dem Judenfriedhof ein Stück Tierschädel aufhebt und ein Späßchen macht, als wenn er mir einen Judenkopf präsentierte, bin ich einen großen Schritt in der Erklärung der Tierbildung vorwärts gekommen. Nun steh' ich wieder vor einer andern Pforte, bis

Zwischenkieferknochen

mir auch dazu das Glück den Schlüssel reicht.« (An Caroline Herder, 4.5.1790) Die Lagunenstadt, ein Totenacker, Ironie und bedeutende Fördernis durch einen einzigen geistreichen Gedanken, das sind die Bedingungen für eine Goethesche Entdeckung, die es bis in aktuelle anatomische Atlanten geschafft hat. In der weniger privaten Atmosphäre des naturwissenschaftlichen Essays die Rolle des Dieners Götze unterschlagend, führt Goethe seine visionäre Idee auf jenes Ereignis zurück, »als ich, aus dem Sande des dünenhaften Judenkirchhofs von Venedig, einen zerschlagenen Schöpsenkopf aufhob«. Daß die Schädelknochen umgebildete Wirbelknochen seien, war die eine Erkenntnis aus dem Hammelhaupt, daß allen Wirbelträgern ein Zwischenkieferknochen eigne, die andere, »daß die Natur kein Geheimnis habe, was sie nicht irgendwo dem aufmerksamen Beobachter nackt vor die Augen stellt«, die bestätigte dritte.

Schon 1784 hatte Goethe seine These festgehalten, *dem Menschen wie den Tieren* sei *ein Zwischenknochen der obern Kinnlade zuzuschreiben*. Das os intermaxillare hatte bisher als Unterscheidungsmerkmal von Tier und Mensch herhalten müssen, doch Goethes vergleichende anatomische Studien an beispielsweise Pferde-, Stier-, Affen- und Menschenschädeln hatten gezeigt, was der glücklich zerbrochene Schafkopf später bekräftigen sollte: Der Zwischenkieferknochen der oberen Kinnlade, dessen äußere Begrenzung links und rechts der Schneidezähne bei Tierskeletten so eindeutig nachweisbar war, glich dem Befund beim Menschen; hierin unterschied sich Gottes Meisterleistung jedenfalls nicht von seinen anderen Geschöpfen.

Aus Jena, »Sonnabend Nachts« noch, erfährt Freund Herder am 27. März 1784 vom Durchbruch: »... muß ich dich auf das eiligste mit einem Glücke bekannt machen, das mir zugestoßen ist. Ich habe gefunden – weder Gold noch Silber, aber was mir eine unsägliche Freude macht – das os intermaxillare

Zwischenkieferknochen

am Menschen! Ich verglich mit Lodern [dem jenensischen Medizinprofessor, Anatomen und Chirurgen] Menschen- und Thierschädel, kam auf die Spur und siehe da ist es. Nur bitt' ich dich, laß dich nichts merken, denn es muß geheim behandelt werden. Es soll dich auch recht herzlich freuen, denn es ist wie der Schlußstein zum Menschen, fehlt nicht, ist auch da! Aber wie!«

Die aufgeregte Freude verdankt sich offenbar außer dem Stolz des Naturforschers, der Abstammungslehre ein osteologisches missing link geliefert zu haben, besonders der Genugtuung, die eigenen morphologischen Lehrsätze vom Zusammenhang des Tier- mit dem Menschentypus beglaubigt zu finden.

Knochen sind geduldig. Ihre Messung, Untersuchung und Gegenüberstellung ist die Beschäftigung mit einem Material, das verborgen, doch nicht mysteriös, das tot, doch nicht anorganisch, das gleichförmig, doch nicht seriell ist. Für Goethe gewann die Osteologie seit jenem Schatzfund des Intermaxillarknochens immer mehr an Bedeutung. »Sie haben mir durch Übersendung des Elephanten-Schädels ein großes Vergnügen gemacht«, schreibt er bald an Samuel Thomas von Soemmerring, berichtet ihm, daß er das »Ungeheuer« von Kopf sich nur heimlich zu studieren getraue (aus Angst, für verrückt gehalten zu werden), und bekennt dem berühmten Anatomen: »Wie sehr mich diese Wissenschaft, der ich im eigentlichen Sinne nur Minuten widmen kann, anzieht, werden Sie leicht fühlen, da Sie sich ihr ganz gewidmet haben.« (9.6.1784) Über 35 Jahre später verrät das Tagebuch, daß die Knochenkunde tatsächlich keine flüchtige Grille war. Am 28.11.1819 verzeichnet es »Übergang zu den osteologischen Studien«, einen Tag später »Morphologie« und »Nach Tische Osteologica«, am übernächsten Tag »Collectanea zum Zwischenknochen«, außerdem die Lektüre von Galens *De ossibus* und »hierauf bezüglicher Manuskripte aus früherer Zeit«; schließlich, am

2. Dezember: »John am Zwischenknochen dictirt. [...] Früh waren die Schubfächer mit den osteologischen Schätzen in die Stube geschafft worden.« Der erweiterte Zwischenkieferknochen-Aufsatz, dessen Erstdruck 1820 in *Zur Morphologie* erfolgte, war das Ergebnis von Diktat und Schubladeninspektion. Hauptsächlich Wirbelknochen, Kleintierskelette und Schädelfragmente waren es, die das Studienmaterial abgaben, welches nicht wie die Steine, Gemmen und Herbarien in den Wohnzimmer-Sammlerschränken, sondern separat aufbewahrt wurde. So geschah es dann auch 1826 mit einem ganz speziellen Objekt, das einige Wochen zu Goethes Verfügung stand. Ein Menschenschädel sollte vor der endgültigen Aufbahrung untersucht und gesäubert werden. Und weil Goethes Haus der letzten Ruhestätte in Gestalt der herzoglichen Bibliothek so nahe lag, auch weil er selbst großes Interesse an diesem Knochenverbund zeigte, diente ein Gartenpavillon hinter dem Gebäude am Frauenplan zu Zwischenlager und Restaurierung. Am 8. September 1826 hatte laut Goethes Notizen Kanzler von Müller wegen des Falles angefragt; am 26. desselben Monats sind »Schröter und Färber« schon seit längerem beschäftigt, »den Schädel zu reinigen und aufzustellen«. Wie stets in seinem Leben war die Begleitung solcher Arbeiten nicht die einzige Beschäftigung Goethes, der er in jener Zeit nachging. Während der Wochen im September diktierte er zahlreiche Briefe, er saß dem Hofmaler Schmeller Modell, empfing Besuche, korrigierte an eigenen Werken, expedierte Pakete, besah ein »Steincabinet«, machte prismatische Versuche, fuhr spazieren, las »Herzog Bernhards Tagebuch«, schrieb an einem Gedicht in Dantescher Strophenform. Der gleiche Eintrag, der von der Schädelpräparation berichtet, meldet auch den Abschluß letztgenannter Dichtung: »Die Terzinen abgeschrieben.« Das Werk erschien erstmals 1829, in der *Ausgabe letzter Hand*, am Ende von *Wilhelm Meisters Wanderjahren*, ohne Titel:

Zwischenkieferknochen

> Im ernsten Beinhaus war's, wo ich beschaute,
> Wie Schädel Schädeln angeordnet paßten;
> Die alte Zeit gedacht ich, die ergraute.
> Sie stehn in Reih' geklemmt, die sonst sich haßten,
> Und derbe Knochen, die sich tödlich schlugen,
> Sie liegen kreuzweis zahm allhier zu rasten.

Aus der Anordnung der Schädel leuchtet dem lyrischen Ich einer besonders hervor, dessen »Form« es »geheimnisvoll … entzückt«, dessen Gegenwart metaphysische Betrachtung anregt:

> Geheim Gefäß! Orakelsprüche spendend,
> Wie bin ich wert, dich in der Hand zu halten,
> Dich höchsten Schatz aus Moder fromm entwendend
> Und in die freie Luft zu freiem Sinnen,
> Zum Sonnenlicht andächtig hin mich wendend.
> Was kann der Mensch im Leben mehr gewinnen,
> Als daß sich Gott-Natur ihm offenbare?
> Wie sie das Feste läßt zu Geist verrinnen,
> Wie sie das Geisterzeugte fest bewahre.

Goethes Nachlaßbetreuer Eckermann und Riemer gaben dem Gedicht aufgrund des biographischen Zusammenhangs später eine Überschrift: *Bei Betrachtung von Schillers Schädel*.
In die gleiche Periode wird gewöhnlich eine von Goethes *Maximen und Reflexionen* datiert, die Ihnen, geduldigen Betrachtern von Goethes Zwischenkieferknochen, am Ende zu denken gegeben wird: »Höchst merkwürdig ist, daß von dem menschlichen Wesen das Entgegengesetzte übrigbleibt: Gehäus und Gerüst, worin und womit sich der Geist hienieden genügte, sodann aber die idealen Wirkungen, die in Wort und Tat von ihm ausgingen.«

Anhang

Chronik

1749	Am 28.8. geboren in Frankfurt/Main als Sohn von Catharina Elisabeth und Johann Caspar Goethe.
1750	Am 7.12. Geburt der Schwester Cornelia.
1765–1768	Studium der Rechte in Leipzig. Beziehung zu Anna Katharina Schönkopf.
1768	Gedichtsammlung *Annette*. *Die Laune des Verliebten*. Schwere Krankheit und Rückkehr nach Frankfurt.
1771	Beendigung des Studiums in Straßburg. Dissertation *De Legislatoribus*. Ossian-Übersetzung. Beziehung zu Friederike Brion. Sesenheimer *Gedichte*. Zulassung als Advokat. *Zum Schäkespearstag*.
1772	Empfindsame Freundeskreise. Tätigkeit am Reichskammergericht Wetzlar. Bekanntschaft mit Charlotte Buff. *Wandrers Sturmlied*. *Von deutscher Baukunst*.
1773	*Götz von Berlichingen*. Erste Arbeit an *Faust*. *Jahrmarktsfest zu Plundersweilern*. *Satyros*. *Prometheus*. *Götter, Helden und Wieland*.
1774	Begegnungen mit Lavater, Jacobi, Carl August. *Die Leiden des jungen Werthers*. *Clavigo*.
1775	Verlobung mit Lili Schönemann. *Erwin und Elmire*. Reise in die Schweiz. Lösung der Verlobung. Am 7.11. Umzug nach Weimar. Begegnung mit Charlotte von Stein. *Stella*. *Urfaust*.
1776	Einzug ins Gartenhaus. Beginn des weimarischen Staatsdienstes als Geheimer Legationsrat. *Gedichte* an Charlotte von Stein. *Claudine von Villa Bella*.

Chronik

1777	Beginn der Arbeit am *Wilhelm Meister*. Tod Cornelia Goethes. Erste Harzreise. *Lila. Der Triumph der Empfindsamkeit. Harzreise im Winter.*
1779	Goethe wird Geheimer Rat, übernimmt die Kriegs- und Wegebaukommission. Zweite Schweizer Reise. *Iphigenie* (Prosafassung).
1782	Adelsdiplom. Tod Johann Caspar Goethes.
1784	Entdeckung des Zwischenkieferknochens. *Über den Granit.*
1785	Erster Karlsbad-Aufenthalt. *Die Geheimnisse.*
1786	Am 3.9. heimliche Abreise von Karlsbad nach Italien. Wohnung in Rom als »Johann Philipp Möller«. Umgestaltung der *Iphigenie*. Kontakt zu Tischbein, Bury, Moritz, Lips, Kauffmann.
1787	Zeichnungen. Reise nach Neapel und Sizilien. Rückkehr nach Rom. Arbeit an *Egmont, Faust, Torquato Tasso.*
1788	Am 18.6. Ankunft in Weimar. Erste Begegnung mit Christiane Vulpius, erstes Treffen mit Schiller. *Römische Elegien. Einfache Nachahmung der Natur, Manier, Stil.*
1789	Am 25.12. Geburt des Sohnes August. Goethe wird Mitglied der Schloßbaukommission. *Torquato Tasso.*
1790	Zweite Italienreise. Truppenmanöver in Schlesien. *Venetianische Epigramme.*
1791	Goethe übernimmt die Leitung des Weimarer Hoftheaters.
1792	Goethe erhält von Carl August das Haus am Frauenplan. Teilnahme am Frankreich-Feldzug. *Beiträge zur Optik.*
1793	*Der Bürgergeneral. Reineke Fuchs. Die Aufgeregten.*
1794	Entscheidendes Gespräch mit Schiller.
1794–96	*Wilhelm Meisters Lehrjahre.*

1795	Arbeit mit Schiller an den *Xenien*. *Unterhaltungen deutscher Ausgewanderten*.
1796	*Hermann und Dorothea*.
1797	Dritte Schweizer Reise. Arbeit an *Faust*.
1798	*Die Metamorphose der Pflanzen*.
1799–1802	U. a. Arbeit an *Faust* und *Farbenlehre*.
1803	*Die natürliche Tochter. Leben des Benvenuto Cellini*.
1805	Tod Schillers.
1806	Am 19.10. Heirat mit Christiane Vulpius.
1808	Aufenthalte in Karlsbad und Franzensbad. Tod Catharina Elisabeth Goethes. Empfang bei Napoleon. *Pandora. Der Kammerberg bei Eger*. Als Band 8 der Werkausgabe (Cotta) erscheint *Faust. Der Tragödie erster Teil*.
1809	Arbeit an der *Farbenlehre*. *Die Wahlverwandtschaften*.
1810	*Zur Farbenlehre*.
1811–13	Mehrere Karlsbad-Aufenthalte. Arbeit an *Dichtung und Wahrheit*.
1814	Reise an Rhein, Main, Neckar. Begegnung mit Marianne von Willemer. *Des Epimenides Erwachen*.
1815	Ernennung zum Staatsminister.
1815–19	Ausgabe der *Werke* in 20 Bänden bei Cotta.
1816	Am 6. 6. Tod Christiane von Goethes. *Italienische Reise, 1. Teil*.
1817	*Urworte Orphisch. Italienische Reise, 2. Teil*.
1817–24	Beiträge *Zur Naturwissenschaft überhaupt, besonders zur Morphologie*.
1819	*West-östlicher Divan*.
1820	*Zahme Xenien. Wolkengestalt nach Howard*.
1821	In Marienbad Begegnung mit Ulrike von Levetzow. Erste Fassung von *Wilhelm Meisters Wanderjahre*.
1822	*Campagne in Frankreich*.

Chronik

1823	Ulrike von Levetzow lehnt Goethes Heiratsantrag ab.
1825–29	Umarbeitung und Vollendung von *Wilhelm Meisters Wanderjahre*.
1827	Tod Charlotte von Steins. *Chinesisch-deutsche Jahres- und Tageszeiten. Novelle. Marienbader Elegie*.
1827–30	*Ausgabe letzter Hand*.
1830	Tod August von Goethes in Rom.
1831	Abschluß *Faust II*.
1832	Am 22. 3. Tod in Weimar. Beisetzung am 26. 3. in der Fürstengruft.

Literaturverzeichnis

Johann Peter Eckermann: Gespräche mit Goethe in den letzten Jahren seines Lebens. Frankfurt/M. 1999 (= Bd. II,12 der Frankfurter Ausgabe).

Johann Wolfgang von Goethe: Briefe und Briefe an Goethe. Hamburger Ausgabe. München 1988 sowie Abteilung IV der Weimarer Ausgabe (die Briefe sind mit Adressat und Datum zitiert).

Johann Wolfgang von Goethe: Sämtliche Werke. Briefe, Tagebücher und Gespräche. Frankfurter Ausgabe. Frankfurt/M. 1987 ff.

Johann Wolfgang von Goethe: Werke. Hamburger Ausgabe. München 1981.

Goethes Briefwechsel mit seiner Frau. Herausgegeben von Hans Gerhard Gräf. 2 Bände. Frankfurt/M. 1916.

Goethes Werke. Herausgegeben im Auftrage der Großherzogin Sophie von Sachsen. Weimarer Ausgabe. Weimar 1887 bis 1919.

* * *

Friedemann Bedürftig: Taschenlexikon Goethe. München/Zürich 1999.

Ernst Beutler (Hg.): Goethes Gespräche. Zweiter Teil (= Gedenkausgabe der Werke, Briefe und Gespräche, Bd. 23). Zürich 1966.

Norbert W. Bolz (Hg.): Goethes Wahlverwandtschaften. Hildesheim 1981.

Literaturverzeichnis

Goethe aus der Nähe. Berichte von Zeitgenossen, ausgewählt und kommentiert von Eckart Kleßmann. Zürich 1994.

Goethe-Handbuch. 5 Bde. Stuttgart/Weimar 1996–1999.

Goethes Bibliothek. Katalog. Bearbeitet von Hans Ruppert. Weimar 1958.

Benjamin Hederich: Gründliches mythologisches Lexicon. Leipzig 1770.

Heinrich Hubert Houben: Der polizeiwidrige Goethe. Berlin 1932.

Friedrich Heinrich Jacobi. Briefwechsel. Bd. I,1, I,2 und II,3. Stuttgart-Bad Cannstatt 1981, 1983 und 2001.

Eckart Kleßmann: Christiane. Zürich 1992.

Petra Maisak: Johann Wolfgang Goethe. Zeichnungen. Stuttgart 1996.

Marina Moritz (Hg.): Goethe trifft den gemeinen Mann. Alltagswahrnehmungen eines Genies. Köln/Weimar/Wien 1999.

Martin Müller: Goethes merkwürdige Wörter. Darmstadt 1999.

Wolfgang Riedel: Eros und Ethos. Goethes *Römische Elegien* und *Das Tagebuch*. In: Jahrbuch der Deutschen Schillergesellschaft 40 (1996), S. 147–180.

Peter Rühmkorf: agar agar – zaurzaurim. Zur Naturgeschichte des Reims und der menschlichen Anklangsnerven. Reinbek 1981, auch Frankfurt/M. 1985.

Walter Schleif: Goethes Diener. Berlin/Weimar 1965.

Albrecht Schöne: Goethes Farbentheologie. München 1987.

Ders.: Götterzeichen – Liebeszauber – Satanskult. Neue Einblicke in alte Goethetexte. München ^{3}1993.

Ders.: Johann Wolfgang Goethe: Faust. Kommentare (= Bd. I, 7.2 der Frankfurter Ausgabe). Frankfurt/M. 1994.

Carl Schüddekopf (Hg.): Goethes Tod. Dokumente und Berichte der Zeitgenossen. Leipzig 1907.

Wulf Segebrecht: Das Gelegenheitsgedicht. Stuttgart 1977.

Wulf Segebrecht: Johann Wolfgang Goethes Gedicht »Über allen Gipfeln ist Ruh« und seine Folgen. Zum Gebrauchswert klassischer Lyrik. München/Wien 1978.

Erich Trunz: Ein Tag aus Goethes Leben. München ⁴1994.

Hans Rudolf Vaget: Der Schreibakt und der Liebesakt. Zur Deutung von Goethes Gedicht *Das Tagebuch*. In: Goethe Yearbook 1982, S. 112–137.

Carl Vogel: Die letzte Krankheit Goethe's. Berlin 1833. (Reprint:) Darmstadt 1961.

Manfred Wenzel: Goethe und die Medizin. Frankfurt/M., Leipzig 1992.

Roberto Zapperi: Das Inkognito. München 1999.

Register

Personenregister

Albert, Johann Valentin 26
Ampère, Jean-Jacques-
　Antoine 48 f.
Anna Amalia, Herzogin von
　Sachsen-Weimar-Eisenach
　18, 67, 73–75, 91, 201, 223

Becker, Christiane 201
Beethoven, Ludwig van 202
Behrisch, Ernst Wolfgang
　118, 202
Bernhard, Prinz von Sachsen-
　Weimar-Eisenach 203, 228
Bernhard der Große, Herzog
　von Sachsen-Weimar 247
Bertuch, Friedrich Johann
　Justin 202
Bode, Johann Joachim Chri-
　stoph 239
Boie, Heinrich Christian 201
Boisserée, Johann Sulpiz
　95 f., 172, 202, 204
Bos, Charles du 23
Böttiger, Karl August 83
Brecht, Bertolt 209

Breitkopf, Johann Gottlob
　Immanuel 117, 152, 201
Brentano, Bettine 11 f.
Brentano, Clemens 209
Brentano, Maximiliane von,
　geb. von La Roche 201
Brion, Friederike 64, 147,
　202, 230
Brion, Magdalena Salomea
　147
Büchner, Georg 231
Buff, Charlotte 64, 202
Bürger, Gottfried August 201
Bury, Friedrich 202
Büttner, C. W. 171
Byron, George Noël Gordon
　Lord 146, 202

Calderón de la Barca, Pedro
　233
Canova, Antonio 113
Carl August, Herzog von
　Sachsen-Weimar-Eisenach
　19, 22, 25, 38, 56, 64, 85,
　93 f., 99, 101, 121, 148 f.,

152, 154, 171, 194, 202, 204, 229
Caroline, Prinzessin von Sachsen-Weimar-Eisenach 202
Charef, Mehdi 226
Cotta, Johann Friedrich von 60, 153–156, 161, 202
Cotta, Johanne Wilhelmine 76
Coudray, Clemens Wenzeslaus 28

Dante Alighieri 247
Diderot, Denis 201
Dürer, Albrecht 25

Eckermann, Johann Peter 24, 28 f., 48, 50, 58, 79, 103, 155–157, 173, 179, 202, 212 f., 227 f., 248
Eichendorff, Joseph von 209
Einsiedel, Friedrich Hildebrand von 202
Engels, Ernestine 233
Euripides 21
Ewald, Johann Ludwig 237

Fabre, Jean-Henri 124
Fahlmer, Johanna Katharina Sibylla 51, 202
Falk, Johann Daniel 167
Färber, Johann Michael Christoph 194, 247

Fischer, Gotthelf 191
Fleischer, Johann Georg 117
Fontane, Theodor 209
Forster, Johann Georg Adam 201
Friedrich II. von Preußen 174, 201
Fritsch, Jacob Friedrich von 19

Galen 246
Gallitzin, Adelheid Amalie Fürstin von 201
Galvani, Luigi 25
Geist, Johann Ludwig 93, 195, 202
Gellert, Christian Fürchtegott 118, 201
George, Stefan 209
Gleichen-Rußworm, Friedrich Wilhelm von 214
Gleim, Johann Wilhelm Ludwig 151, 201
Göchhausen, Luise von 201
Goethe, Alma von 87, 156, 203
Goethe, August von 16, 20, 41, 88 f., 91, 93, 102, 110 f., 141, 195, 202 f., 205, 229, 233
Goethe, Catharina Elisabeth 11–13, 111, 154, 195, 202

Personenregister

Goethe, Christiane von, geb. Vulpius 16 f., 39, 55, 86, 88 f., 91, 102, 110 f., 141 f., 194, 202–204, 218, 229
Goethe, Cornelia (Großmutter Goethes) 201
Goethe, Cornelia Friederike Christiane, verh. Schlosser 118, 201
Goethe, Hermann Jacob 201
Goethe, Johann Caspar 117, 154, 185, 201, 232
Goethe, Ottilie von 28, 156, 203, 229
Goethe, Walther von 27, 87, 156, 203
Goethe, Wolfgang Maximilian von 24, 87, 156, 203, 229
Gore, Elisabeth Maria 40
Göschen, Georg Joachim 153 f., 202
Gottsched, Johann Christoph 201
Götze, Johann Georg Paul 38 f., 133, 194, 202, 244 f.
Griesbach, Johann Jacob 232
Grimm, Jacob und Wilhelm 24
Günther, Wilhelm Christoph 55 f.

Hacke, Axel 226
Hackert, Philipp 201
Hafis (Schams od-Din Mohammed) 24
Hamann, Johann Georg 201
Hammer-Purgstall, Joseph von 24
Hase, Pauline von 28
Hausleutner, Philipp Wilhelm Gottlieb 64
Hederich, Benjamin 44, 136, 139 f., 142, 200
Hegel, Georg Friedrich Wilhelm 202
Heine, Heinrich 24
Herder, Caroline 50, 150, 202, 245
Herder, Johann Gottfried 50, 55, 83, 117, 150, 201, 218, 245 f.
Hesse, Hermann 209
Heygendorf, Caroline von → Jagemann, Henriette Caroline Friederike
Hirschfeld, Christian Cay Laurenz 100, 103
Hoffmann (Weimarer Hofbuchhändler) 25
Hölderlin, Friedrich 209
Homer 244
Howard, Luke 33–36
Hufeland, Christoph Wilhelm 43
Humboldt, Alexander von 127

Huschke, Wilhelm Ernst Christian 43, 203

Ida, Prinzessin von Sachsen-Weimar-Eisenach 203
Iffland, August Wilhelm 93, 143, 202
Immermann, Karl Leberecht 209

Jacobi, Friedrich Heinrich 25, 55, 64, 66–70, 112, 151, 202, 209, 229
Jagemann, Henriette Caroline Friederike 93, 233
Jean Paul 207
Jerusalem, Karl Wilhelm 201
John, Johann August Friedrich 57–59, 156, 196, 202, 233, 247
Joseph II., deutscher Kaiser 201, 227
Jung-Stilling, Johann Heinrich 202

Kämpfer, Johann Gottfried 203
Kannegiesser, Karl Ludwig 24
Kant, Immanuel 25, 200 f.
Kapp, Christian Erhard 43
Kauffmann, Angelica 201
Kaufmann, Christoph 90

Keller, Gottfried 209
Kestner, Charlotte → Buff, Charlotte
Kestner, Johann Georg Christian 15, 201
Klettenberg, Susanne Katharina von 201
Klinger, Friedrich Maximilian von 151, 202
Klopstock, Friedrich Gottlieb 24, 151, 185, 201, 208
Knebel, Karl Ludwig von 69, 74, 85, 123, 130, 145, 202 f., 217 f.
Konstantin, Prinz von Sachsen-Weimar-Eisenach 228
Körner, Christian Gottfried 56 f.
Kotzebue, August von 238
Kräuter, Friedrich Theodor 156, 196 f.
Kraus, Georg Melchior 201
Krause, Gottlieb Friedrich 28 f., 156, 195 f.

La Roche, Sophie von 85, 201
Laßberg, Christiane Henriette Sophie von 201
Lauter, Carl 24
Lavater, Johann Caspar 74, 151, 201
Leisewitz, Johann Anton 151

261

Personenregister

Lenz, Jakob Michael Reinhold 55, 151, 201, 209, 229–231
Leopold Friedrich Franz, Fürst zu Dessau 100
Lessing, Gotthold Ephraim 68, 137, 151, 201, 236, 239
Leuchsenring, Franz Michael 202
Levetzow, Ulrike von 36, 203
Lichtenberg, Georg Christoph 120f., 201, 207f.
Lips, Johann Heinrich 202
Loder, Ferdinand Justus Christian 246
Lor(t)zing, Johann Friedrich 233
Louis Ferdinand, eigtl. Friedrich Ludwig Christian von Preußen 134
Ludwig I. von Bayern 15
Ludwig XI. von Frankreich 196
Ludwig XVI. von Frankreich 201
Luise Auguste, Herzogin von Sachsen-Weimar-Eisenach 202
Luther, Martin 174

Mann, Thomas 138, 160, 209
Marat, Jean Paul 27
Maria Ludovica, Kaiserin von Österreich 202
Marie Luise, Tochter Kaiser Franz' I. von Österreich 181
Martialis, Marcus Valerius 237
Mendelssohn, Moses 68
Mengs, Anton Raphael 201
Merck, Johann Heinrich 201
Metz, Johann Friedrich 43
Meyer, Conrad Ferdinand 138
Meyer, Johann Heinrich 113, 115, 150, 202f.
Meyer, Nicolaus 56
Mieding, Johann Martin 201
Miller, Johann Martin 208, 240
Mitterbacher, Bernhard 43
Mörike, Eduard 209
Moritz, Johann Christian Conrad 49
Moritz, Karl Philipp 49f., 195, 201, 226
Möser, Justus 201
Mozart, Wolfgang Amadeus 20, 201
Müller, Friedrich, gen. Maler Müller 90
Müller, Friedrich Theodor Adam Heinrich von 74, 86, 156, 203, 247
Mylius, Heinrich 41

Nähter, Amalie 229
Napoleon I. Bonaparte 134, 143, 174, 182, 202
Nees von Esenbeck, Christian Gottfried Daniel 78, 145
Newton, Isaac 171–174
Nicolai, Christoph Friedrich 236–238
Nicolovius, Georg Heinrich Ludwig 222 f.
Novalis 209

O'Donell, Josephine 58, 145
Oeser, Adam Friedrich 201

Platon 157
Plautus 136
Plessing, Friedrich Victor Lebrecht 149

Rehbein, Wilhelm 43, 202 f.
Reich-Ranicki, Marcel 94
Reichardt, Johann Friedrich 202, 237
Reichel, Georg Christian 43
Reichel, Johann Wilhelm 60, 203
Reiffenstein, Johann Friedrich 149
Reil, Johann Christian 43
Reinhard, Carl Friedrich von 150

Riemer, Caroline → Ulrich, Caroline
Riemer, Friedrich Wilhelm 156, 202 f., 248
Riese, Johann Jacob 202
Riggi, Maddalena 202
Rilke, Rainer Maria 209
Rochlitz, Johann Friedrich 86
Rousseau, Jean-Jacques 201
Rückert, Friedrich 209
Rühmkorf, Peter 186
Runge, Philipp Otto 202
Ruppert, Hans 26

Saint-Leu, Louis Bonaparte de 181 f.
Scafe, John 112 f.
Schiller, Charlotte von 82, 202
Schiller, Friedrich von 23 f., 32, 47, 56 f., 63, 83, 87, 93, 99, 102, 116, 150, 152–156, 175, 195 f., 201, 204, 219 f., 233, 236–238, 247
Schlegel, Caroline 195
Schlosser, Cornelia → Goethe, Cornelia
Schlosser, Johann Georg 201
Schlosser, Johanna 202
Schmeller, Johann Joseph 57, 247
Schneider, Karla 226

Personenregister

Schönberg, Arnold 173
Schöne, Albrecht 165–170, 190
Schönemann, Anna Elisabeth 51f., 55, 64, 202
Schönkopf, Anna Katharina 64, 118f., 202
Schreiber, Chr. 24
Schröter, Christian Friedrich 247
Schröter, Corona 141, 201
Schuchardt, Johann Christian 59
Schultz, Christoph Ludwig Friedrich Gabriel 79, 115
Schulz, Friedrich 83
Seidel, Philipp Friedrich 55, 73f., 194, 202
Seidler, Louise 28
Shakespeare, William 182, 229f., 233–235
Soemmerring, Samuel Thomas von 25f., 246
Solger, Karl Wilhelm Ferdinand 86
Sophie, Großherzogin von Sachsen 228
Staël-Holstein, Anne-Louise-Germaine de 202
Stark, Johann Christian 43
Stein, Charlotte von 16–18, 22, 27f., 49, 55, 64, 74, 91, 102, 140, 148, 152, 158f., 202, 205f., 218, 243f.
Stein, Friedrich Konstantin (Fritz) von 40, 194
Sterne, Laurence 208, 239–241
Stifter, Adalbert 209
Stolberg, Auguste zu 101f.
Stolberg, Christian zu 202
Stolberg, Friedrich Leopold zu 202
Strawinsky, Igor 173
Sutor, Christoph Erhard 194
Szymanowska, Maria 202

Textor, Anna Margaretha 11, 201
Textor, Johann Jost 201
Textor, Johann Wolfgang 201
Tischbein, Johann Heinrich Wilhelm 149f., 202
Tobler, Georg Christoph 74f.

Ulrich, Caroline 88, 203
Unger, Johann Friedrich 201

Valentini, Francesco 25
Varnhagen von Ense, Karl August 103
Vieweg, Johann Friedrich 153
Vogel, Carl 43, 80, 203
Vogel, Christian Georg Carl 202

Voigt, Christian Gottlob von 200, 202 f.
Voltaire, eigtl. François-Marie Arouet 201
Voß, Johann Heinrich 114 f., 151, 202
Vulpius, Christian August 24, 202
Vulpius, Christiane → Goethe, Christiane von
Vulpius, Ernestine 201
Vulpius, Juliane 201
Vulpius, Rinaldo 156

Wagner, Heinrich Leopold 151 f., 201
Walther, F. L. 25
Werner, Abraham Gottlob 127
Westrumb, J. F. 26

Weygand, Christian Friedrich 151–153, 202
Wieland, Christoph Martin 20, 67, 151, 158, 202, 207, 237
Willemer, Marianne von 24 f., 77, 86 f.
Winckelmann, Johann Joachim 86, 201
Wizenmann, Thomas 64 f.
Wolff, Caspar Friedrich 26

Zapperi, Roberto 65
Zelter, Carl Friedrich 41, 50 f., 59, 156, 170, 178, 202, 204 f., 222

Register der erwähnten Werke Goethes

Achilleis 143
Alles gaben Götter ... 102
Als Gottes Spürhund hat er frei ... 90
Am acht und zwanzigsten August 1826 16
An den Herzog Carl August 148
An den Schlaf 140 f.
An Frau von Martius bei Übersendung einer Artischocke 32
An Frau von Stein zu ihrem Geburtstag 16
An Frau von Willemer 31
An Schiller 31
Annette 118
Auf Miedings Tod 201
Aus meinem Leben. Dichtung und Wahrheit 12–14, 61 f., 67 f., 84 f., 117–119, 130, 137, 145, 147, 185, 204, 207, 230–232
Ausgabe letzter Hand 74, 91, 130, 152 f., 247

Bedeutende Fördernis durch ein einziges geistreiches Wort 245
Bei Betrachtung von Schillers Schädel 248
Besuch in Sesenheim 230
Bignonia radicans 39, 102
Biographische Einzelnheiten 69 f.
Bryophyllum calycinum 77

Camarupa 34
Campagne in Frankreich 15, 110 f., 129, 130–135, 149, 189 f., 240
Clavigo 153, 243

Da hatt' ich einen Kerl ... 94 f.
Dank des Sängers 20
Das Jahrmarktsfest zu Plundersweilern 243
Das Märchen 63, 78
Daß du zugleich ... 16
Das Tagebuch 105–107
Dem aufgehenden Vollmonde 39
Dem Menschen wie den Tieren ist ein Zwischenknochen der obern Kinnlade zuzuschreiben 194, 245–247
Den funfzehn englischen Freunden 15
Der Besuch 142
Der Bürgergeneral 129
Der Groß-Cophta 129

Register der erwähnten Werke Goethes

Der Kammerberg bei Eger 126
Der Triumph der Empfindsamkeit 100 f., 194, 239 f.
Der Verfasser theilt die Geschichte seiner botanischen Studien mit 53
Des Epimenides Erwachen 129, 143 f.
Deutsche Sprache 181
Dichtung und Wahrheit → Aus meinem Leben
Die Aufgeregten 129
Die Geheimnisse 21
Die Geschwister 159 f., 194
Die Geschwister (Gedicht) 137
Die guten Weiber 91 f.
Die Leiden des jungen Werthers 15, 47–50, 100, 145, 151, 153, 194, 201, 229 f., 239 f., 243 f.
Die Metamorphose der Pflanzen 218 f.
Die Mitschuldigen 120, 243
Die Natur 72–75
Die natürliche Tochter 129, 138, 207
Die Wahlverwandtschaften 15, 79, 160–164
Dornburg, September 1828 39
Du Schüler Howards 36

Egmont 139, 143, 182, 243
Ein Fastnachtspiel vom Pater Brey 116
Ein gleiches 17
Entoptische Farben 207
Epigramme 104, 123
Episteln (Motto) 189
Erläuterungen eigener Gedichte 220
Erläuterungen zu dem aphoristischen Aufsatz »Die Natur« 74 f.
Erlkönig 183
Erotica Romana 83
Euphrosyne 140

Farbenlehre 13, 120, 171 bis 174
Faust 21, 34, 36, 44, 63, 76 f., 95–98, 104, 120, 126–129, 136–139, 142–147, 155, 164–170, 174 f., 182, 186 f., 190, 206, 208, 238, 243
Feindseliger Blick 80
Früh, wenn Tal, Gebirg und Garten ... 39

Ganz gehorsamstes Promemoria 210 f.
Gegen Früchte aller Arten ... 32
Gegentoast der Schwestern 20

267

Register der erwähnten Werke Goethes

Geheime Nachrichten Von den letzten Stunden Woldemars 67 f.
Gesang der Geister über den Wassern 20
Geschichte seiner botanischen Studien 160, 217
Glückliches Ereignis 219
Götter, Helden und Wieland 230
Götz von Berlichingen 44 f., 182, 206

Hanswursts Hochzeit 61 f.
Harzreise im Winter 24, 30
Hermann und Dorothea 71 f., 113–116, 129, 153
Herr Schöne 190
Hochbild 185
Hör-, Schreib- und Druckfehler 121 f., 225–227
Howards Ehrengedächtnis 34 f.

Infusions-Thiere 214–216
Iphigenie auf Tauris 22 f., 31, 140, 182, 194
Italienische Reise 40 f., 53, 149, 206, 216 f., 224

Jugendlich kommt sie … 37

King Coal 112 f.
Kurze Notizen zu eignen und fremden Novellen 189

Lilis Park 51–53
Lorenz Sterne 240 f.

Maifest 185
Maximen und Reflexionen (Sprüche in Prosa) 61, 170, 248
Meteorologische Beobachtungen 34
Mit Wahrheit und Dichtung 187

Nachträge zu den Gedichten 199
Noten und Abhandlungen zu besserem Verständnis des West-östlichen Divans 185 f.
Notizbücher 64 f., 91, 191
Novelle 212–214

Oden an meinen Freund 205

Paläophron und Neoterpe 223
Pandora 98
Prometheus 68, 207 f., 243
Prüfung 174

Rameau's Neffe 145
Reineke Fuchs 54, 129
Römische Elegien 41, 64, 83 f., 90, 143, 243

Schlesische Reise 61
Shakespeare und kein Ende 233–235
Solgers nachgelassener Briefwechsel 86
Sophien-Ausgabe → Weimarer Ausgabe
Späne 191 f.
Spiral-Tendenz der Vegetation 102
Stella 152, 182, 194, 243
Symbolum 20

Tagebücher 74, 85, 102 f., 195, 203, 206, 210, 212, 232 f., 246 f.
Tag- und Jahres-Hefte 77, 85 f., 91, 92 f., 109, 119, 133
Torquato Tasso 45–49, 182
Trauerloge 20
Trilogie der Leidenschaft 48

Über den Dilettantismus 99
Über den Granit 126
Über Kunst und Altertum 86, 181, 225, 241
Unmaßgeblicher Vorschlag 210 f.

Unterhaltungen deutscher Ausgewanderten 63
Unterredung mit Napoleon 134
Urworte. Orphisch 13 f., 220 f.

Venetianische Epigramme 78, 91, 242 f.
Verschwiegenheit 20
Versuch, die Metamorphose der Pflanzen zu erklären 102
Versuch einer Witterungslehre 98
Vier Jahrszeiten 99
Vom Vater hab' ich die Statur ... 14

Wandrers Nachtlied 17
Warum gabst du uns die tiefen Blicke ... 158
Was ist denn aber ... 80
Weimarer Ausgabe 82 f., 191 f., 210
Welchen Leser ... 99
Wenn ein verständiger Koch ... 123
Wenn sich lebendig Silber neigt ... 179
Werther → Die Leiden des jungen Werthers

Westen mag die Luft regieren ... 177
West-östlicher Divan 95, 97, 116, 140, 143, 175–177, 184 f., 187
Wie aus einem Blatt unzählig ... 77
Wilhelm Meister 18–21, 45, 56, 60, 68, 79, 95, 120, 124–126, 136 f., 145, 164, 182, 207, 226 f., 240 f., 247
Winckelmann 86
Wolkengestalten nach Howard 34

Xenien 56, 236–238, 243

Zahme Xenien 43, 80 f., 130, 170, 173 f., 177 f.
Zauberflöte, zweiter Teil 21
Zu brüderlichem Andenken Wielands 20
Zueignung 37
Zum Schäkespearstag 182 f., 233
Zur Logenfeier des dritten Septembers 1825 20
Zur Morphologie 39, 66, 77, 107 f., 190 f., 221, 247
Zur Naturwissenschaft überhaupt 35

Schneller geht's nicht. Klassiker für Eilige

EDGAR RAI
Homer für Eilige
Die »Odyssee« und die »Ilias« sind die wichtigsten Dichtungen der Antike. Ihre Helden werden heute noch bei jeder Gelegenheit zitiert. Doch wer weiß noch, wie alles anfing und wie alles endete? Wer überblickt die Verstrickungen der eitlen und leicht beleidigten Götter? Wer kennt die deftigen und überraschend zeitgemäßen Urszenen der europäischen Literatur? – Mit Sinn für Komik und den Kampf der Geschlechter erzählt Edgar Rai Homers Werke auf erfrischende Weise nach und bringt sie uns als das nahe, was sie sind: großartige Storys voller Spannung und Psychologie.
214 Seiten. Mit 16 Abbildungen. AtV 1899

TORSTEN KÖRNER
Schiller für Eilige
Friedrich Schiller gehört noch immer zu den populärsten und meistgespielten deutschen Dramatikern. Und doch: Wer weiß schon so ganz genau, warum Wilhelm Tell den Apfel vom Kopf seines Kindes schießen mußte? Torsten Körners Nacherzählungen der acht wichtigsten Dramen Schillers sind pointiert, originell und eine gänzlich unverstaubt lustvolle und unterhaltsame Einführung in das Werk eines großen Klassikers.
152 Seiten. AtV 1959

KLAUS SEEHAFER
Goethe für Eilige
Mit »Faust« beginnend, liefert uns Klaus Seehafer pointierte Nacherzählungen der Dramen und Romane, er wendet sich den spannenden Erzählungen ebenso zu wie den großen autobiographischen Büchern. Zum Schluß weiß der Leser: Goethe ist immer wieder neu zu entdecken.
»Intensivkurse zu großartigen Storys. Sehr empfehlenswert für Einsteiger, aber auch für diejenigen, die andere Sichten erkunden wollen.« STADTMAGAZIN COTTBUS
220 Seiten. AtV 1889

MARY UND CHARLES LAMB
Shakespeare für Eilige
Die zwanzig besten Stücke als Geschichten
Die berühmte Sammlung besteht aus einfühlsamen Nacherzählungen der 20 bekanntesten Shakespeare-Stücke. Ein vorzügliches Geschenk für Schüler, Studenten, das junge Kinopublikum der letzten Shakespeare-Verfilmungen und alle, die raschen Überblick suchen. »Die Geschichten sind mit Respekt erzählt und gehen weit über eine bloße Inhaltsangabe hinaus.« EKZ
Aus dem Englischen von Karl Heinrich Keck. Hrsg. von Günther Klotz. 396 Seiten. AtV 1744

AtV